本书为国家社会科学基金重大项目"中国特色网络内容治理体系及监管模式研究"（项目编号：18ZDA317）的阶段性成果。

PHILOSOPHY

人民日报学术文库

网络评论
理论与实践

谢新洲　朱垚颖｜著

人民日报出版社
北京

图书在版编目（CIP）数据

网络评论：理论与实践／谢新洲，朱垚颖著．—
北京：人民日报出版社，2023.7
ISBN 978‐7‐5115‐7812‐9

Ⅰ.①网… Ⅱ.①谢… ②朱… Ⅲ.①互联网络—舆
论—中国 Ⅳ.①G219.2

中国国家版本馆 CIP 数据核字（2023）第 085899 号

书　　名：网络评论：理论与实践
　　　　　WANGLUO PINGLUN：LILUN YU SHIJIAN
作　　者：谢新洲　朱垚颖

出 版 人：刘华新
责任编辑：程文静　杨晨叶

出版发行：人民日报出版社

社　　址：北京金台西路 2 号
邮政编码：100733
发行热线：（010）65369509　65369527　65369846　65369512
邮购热线：（010）65369530　65363527
编辑热线：（010）65363530
网　　址：www.peopledailypress.com
经　　销：新华书店
印　　刷：三河市华东印刷有限公司
法律顾问：北京科宇律师事务所　010‐83622312

开　　本：710mm×1000mm　1/16
字　　数：341 千字
印　　张：19
版次印次：2025 年 1 月第 1 版　　2025 年 1 月第 1 次印刷

书　　号：ISBN 978‐7‐5115‐7812‐9
定　　价：98.00 元

前　言

谢新洲

近年来，互联网和新兴媒体快速发展，已经成为人们获取信息、参与讨论、表达意见的重要渠道。多样化的应用平台和不断增长的用户规模催生了多种类型的网络评论，近几年来网络评论快速繁荣发展，成为一股影响社会方方面面的重要力量。

"网络评论"作为新媒体环境下兴起的概念，其发展轨迹最早可追溯到"新闻评论"。民国时期报业开始繁荣，针对社会时事进行评论成为社会风潮。新中国成立后，新闻评论继续作为政治宣传的重要工具，在重大议题中发挥作用。改革开放后，评论开始出现多样化的主题和新的话语方式。直到1994年，中国正式接入国际互联网，媒体平台也逐渐从传统媒体发展到了互联网上的新平台，许多主流媒体积极接入互联网，筹建了网络评论平台，网络评论作为一种新的评论形态正式诞生，并随着技术和平台日益发展。21世纪前后，主流媒体积极接入互联网，筹建了网络评论平台，1997年1月1日《人民日报》建立"网络版"，人民网诞生；1997年11月7日，新华社与中国电信合作建立了新华社网站；1998年1月1日，光明网正式创办；1999年5月，基于人民日报论坛的强国论坛出现……上述党媒党报网站的诞生，代表着传统媒体进入互联网时代，开始了主动"触网"。21世纪，商业门户网站纷纷发布原创评论或转载评论，网易、新浪和搜狐三家重要的综合门户网站上的评论内容不断发展，成为除传统媒体网络发布评论外的重要网评内容。2009年8月，新浪微博诞生，2012年4月，微信推出朋友圈功能，网民评论全新形式由此快速发展，自媒体评论兴起。近年来，抖音、快手等短视频平台上，视频类网络评论内容迅速崛起。20世纪末至今，网络评论的发布平台、内容形态、参与主体呈现出阶段式的不同特征。

　　作为网络内容的一种新的形态，网络评论是一把"双刃剑"。一方面，网络评论拓展了传统评论的范围，创新了评论形式，为人们提供了更为便利、自由的交流平台和表达空间，承载着多元化的信息和意见，是做好网上舆论工作、建设网络精神家园、落实网上群众路线不可忽视的重要阵地。另一方面，来自不同主体的网络评论良莠不齐、纷繁复杂，使得网络舆论环境更为复杂，舆论引导难度直线上升，增加了社会治理风险，深刻影响着社会环境和网络舆情的发展与演变。

　　认识网络评论的重要意义，可以从以下几个角度来分析。

　　首先，网络评论是互联网信息时代的产物，是网络内容生态建设的重要对象。互联网独特的开放、互动的特征属性赋予了它不同于传统评论的特征，平等开放的互联网环境给予每个人发声的机会，对于同一事件的网络评论可能会出现完全不同，甚至是针锋相对的多种声音。互联网技术让网络评论的参与主体变得多元，发声视角也更为丰富，时效性和传播力也更强，这些新的评论特点也影响着网络内容环境。网络评论承载着净化网络空间的重要使命，对网络生态建设具有深远影响。可以说，网络评论是什么样，网络上的内容生态就是什么样。提升网络评论的质量，是建设网络强国的重要方面，也是实现网络空间天朗气清的重要举措。

　　其次，网络评论是网上舆论工作的重中之重，对社会发展有着重要影响。2013年8月19日，习近平总书记在全国宣传思想工作会议上指出，宣传思想工作是做人的工作，人在哪儿重点就应该在哪儿，强调要根据形势发展需要把网上舆论工作作为宣传思想工作的重中之重来抓。作为一种基于新媒体平台的新型评论形态，网络评论工作是网上舆论工作不可忽视的重要一环，是宣传思想工作的关键阵地之一。网络评论可以汇聚多方声音、集纳网民智慧，是人民群众表达意见、党和政府了解民意与舆论的重要渠道，是新形势下实现网上舆论引导的有效途径。此外，网络评论还有利于贯彻和落实网上群众路线，加强网络道德和精神文明建设。

　　最后，网络评论是网信工作的重要组成部分之一，是国家网络空间治理的有效方法和常用措施。依法管理网络信息，有效治理网络空间，主要手段和方法可以分为"讲道理""讲道德""讲法治"三个层次。而网络评论正属于"讲道理"的范畴，它在网信工作中起到基础和先导的作用。所谓"讲道理"，就是要通过网络评论端正网络信息传播活动的导向。网络评论的核心就是通过摆事实、讲道理来引导网络环境朝着健康方向发展，强调逻辑性和说理性。网信工作中能够用"讲道理"解决的问题，应该通过网络评论来实现。通过语言形式的变化和内容表达的策略，用浅显易懂的道理表达自己的观点，这既需要媒体工作者和网络评论员利用网络评论引导舆论，也需要每位网民规范自己的言行。一方面，网络评论在面对模糊信息和错误信息时，要起到引导和批驳的作用，澄清是非、探求真相、传播真知、坚持真理；另一方面，在虚拟的网络空间，网民评论也要讲文明、讲诚信、讲道理，做到理性上网、客观发言。

习近平主席在第二届世界互联网大会开幕式上指出，要加强网络伦理、网络文明建设，发挥道德教化引导作用，用人类文明优秀成果滋养网络空间、修复网络生态。网络环境纷繁复杂、瞬息万变，网络评论在重大事件宣传、思想理论阐释、热点事件发酵、突发事件应对、市场营销等领域都可发挥正面导向作用，弘扬正能量，产生社会积极影响。

正是因为网络评论的重要意义和影响力，关注网络评论的发展目标就变得尤为重要。随着中国网民规模的不断扩大，网民表达意愿的不断增强，未来网络评论的影响仍将不断提升。影响越大，责任就越大。鉴于此，网络评论的研究者和实践者们需要明确树立三个目标："基础目标"是网络评论要立破并举，端正舆论导向；"阶段目标"是网络评论要传播正能量，以打造清朗空间；"终极目标"是网络评论最终要发挥凝聚共识、推动"同心圆"形成的重要作用。

在"基础目标"上，网络评论要立破并举，端正舆论导向。为了达成这一目标，把握好立什么和破什么是关键，不能只破不立，也不能只立不破。只有这样，才能扶正祛邪，言之有物，牢牢占领网络舆论阵地，端正好网络舆论导向。具体而言，首先，网络评论要在实事求是的基础上，立住好人好事，揭露坏人坏事。对于埋头苦干、真抓实干的人和克己奉公、无私奉献的光荣事迹给予热情歌颂，对于作风漂浮、哗众取宠的人和尔虞我诈、自私自利的卑劣行为进行严厉贬责。其次，网络评论要坚持国家和人民至上的立场，立住有利于维护我国核心利益和人民群众根本利益的观点，驳斥那些危害国家长治久安和侵犯人民合法权益的观点。在国际层面上，驳斥西方敌对势力抹黑和扭曲中国的声音，立住中国自己的观点。在国内层面上，要区别对待人民外部矛盾与内部矛盾：对境内分裂势力和异见分子，要毫不留情地戳破他们的阴谋；对以"有色眼镜"看问题、在网上网下发出"不和谐"声音的普通网民，要以商量沟通的口吻适当批评，并表明正确观点，积极进行疏导。最后，网络评论的目的在于去粗取精、去伪存真、古为今用、洋为中用，必须在多元文化中坚守自己的核心价值。网络评论要坚持社会主义核心价值观的中心地位和价值引导作用，要始终"不忘初心"，善于在丰富多彩的文化中吸收借鉴，使一切有益的东西为我所用，引领网络文化朝着积极向上的方向发展，切实端正好舆论导向。

在"阶段目标"上，网络评论要传播正能量，打造清朗空间。互联网开启了一个价值多元的时代，也给主流价值观和精神信仰带来挑战。习近平总书记在全国宣传思想工作会议上的重要讲话中指出，我们正在进行具有许多新的历史特点的伟大斗争，面临的挑战和困难前所未有，必须坚持巩固壮大主流思想舆论，弘扬主旋律，传播正能量，激发全社会团结奋进的强大力量。对网络评论本身而言，积极正确的价值观是不可或缺的。在态度上，网络评论要真诚客观、活泼向上，不可萎靡颓废、没有活力。在内容上，网络评论要遵纪守法、符合道德、守住底线、规范言行，要积极弘扬主旋律，努力传播正能量，让主流文化和主流声音成为网络空间最强音，绝对不能触碰法律红线，不能突破道德底线。优质合规的网络评论内容会产生正面的影响，有利于积极弘扬主旋律，引导网民践行道德规范，有利于正能量的传播和合规网络空间的构建，而失去正确价值观、打破内容底线的网络舆论引导，只能成为释放网络负能量和污染网络环境的帮凶。此外，网络评论要发挥引领作用，推动理性讨论，团结网民力量共建清朗空间。网络评论要善于借助"两微一端"等优质媒体平台的品牌效应，让正能量评论能真正广泛传播出去，影响更多受众。同时，在争议面前，网络评论要保持冷静，成为裂痕的弥补者而不是撕裂者，推动建立公共讨论的理性基础，让网络讨论更加冷静而非众声喧哗。此外，网络评论也要让多元网络评论主体携起手，共同驱除弥散在网络世界中的"雾霾"，努力让谣言、流言等不实信息和暴力、色情等有害信息销声匿迹，让网络空间和谐干净起来。

在"终极目标"上，网络评论要凝聚共识，形成"同心圆"。作为舆论引导的重要手段，网络评论有利于为协调推进"四个全面"战略布局、加快实现"两个一百年"奋斗目标提供思想和舆论支持，在凝聚共识方面发挥着日益重要的作用。此外，在新闻舆论的"同心圆"格局中，中国共产党的领导是核心，而网络评论则是"画圆"的重要动力之一，成为舆论引导的主渠道和主战场。因此，网络评论必须紧紧围绕党和政府工作大局，最大限度地凝聚人心、凝聚智慧、凝聚力量，促进网上网下"同心圆"的形成。其一，网络评论要主动吸纳多元参与主体的智慧，平等尊重不同参与主体的观点和意见，唤起亿万党员干部、媒体从业者、专家学者和人民群众的共同努力，让他们的声音在网上充分涌流。网络评论只有依靠众力，才能对现实矛盾和问题作出正确分析，得出经得起实践和历史检验的结论，从而引导人们形成共识。其二，网络评论要推动不同参与主体之间的沟通互动，并对参与主体进行适当引导，形成一种既生动活泼又秩序井然的交流局面。网络评论要促进党政干部、媒体从业者、专家学者和人民群众等参与主体之间的平等对话和沟通互动。

在网络评论日益发展的当下，针对网络评论的相关研究也在深入。当前新闻与传播领域中，对新闻评论进行应用梳理与案例分析的研究较多，但学术性、理论性、系统性的研究较少。因此，本书尝试将理论与实践相结合，探索网络评论的历史、特点和未来发展。

在创新性上，本书首先结合网络评论的理论研究和真实案例，总结出网络评论自1997年以来发展的三个主要阶段，并厘清了网络评论和新闻评论在参与主体、评论对象、传播平台、呈现形式、社会影响力上的差异，进一步完善了网络评论的概念界定。概念的厘清，也将为后续研究指明方向，提供思路。

此外，本书从网络内容建设和网络舆论发展视角切入，辨析网络评论在网络空间的地位和角色。作为对现实社会影响深远的内容形态，网络评论有其特殊性：它是一个抓手和对象，往往是特定事件或相关话题、议题诞生之后再引发传播和讨论的"二传手"，也往往能够从热门网络评论中管窥社会矛盾和舆论争议焦点。抓住核心问题，进而深掘深挖。分析网络评论，既要从其内容特殊性来切入，也要意识到其不仅仅是一类网络内容，背后投射出的是更为深层的社会问题，反映着广大人民群众心之所想、脑之所思。

另外，本书还侧重关注当前新技术和新媒介环境下网络评论的平台属性和呈现方式，既聚焦新闻网站、论坛、博客、微博、微信等平台，也梳理了客户端、社会问答社区、短视频平台等新兴平台，关注视频评论、H5评论、弹幕评论等新形式。技术视角是分析网络评论的重要视角，近年来不断涌现的新媒介平台和技术特征也为网络评论探索出更广袤的空间和更丰富的可能性。网络评论作为"苟日新，日日新，又日新"的发展对象，解构技术变革对其传受关系和内容形态的深层影响，将为探索网络评论未来发展趋势提供重要启发。

　　网络评论既是人生产和传播的内容，也是人所处的重要网络内容环境。它无处不在，也潜移默化地影响着社会方方面面。"评论即信息"，这是网络评论在新媒体时代凸显的最本质性的差异。由于网民的广泛参与，事实和话题本身所承载的信息因为各类观点、意见的互动而得到不断补充和丰富，甚至形成强大的舆论力量，进而推动事件的发展、影响事件的走向。从这个层面上来看，网络评论不仅是观点生产的方式，更是信息传播、信息交互、信息聚集的方式。而研究网络评论，绝非仅仅研究一种评论形态，而是要从政治、技术、文化、社会等复杂系统来切入。"入之愈深，其进愈难，而其见愈奇。"我们期待未来与其他研究者一道继续探索网络评论领域，持续关注网络内容研究。

目 录
CONTENTS

第一章　网络评论的产生与发展 ……………………………… 1

第一节　网络评论的演变脉络 ……………………………… 1

第二节　萌芽期网络评论（1997 年至 21 世纪初） ……… 5

第三节　发展期网络评论（21 世纪初至 2015 年） ……… 8

第四节　繁荣期网络评论（2016 年至今） ……………… 11

第五节　新闻评论与网络评论 …………………………… 14

第二章　网络评论在网络内容建设中的特殊地位及影响 …… 19

第一节　作为网络内容的网络评论地位 ………………… 19

第二节　网络评论对网络传播效果的影响 ……………… 27

第三节　网络评论左右网络舆论导向 …………………… 30

第四节　网络评论对网络内容生态的作用 ……………… 33

第三章　网络评论的特殊性 ………………………………… 38

第一节　网络评论目的的多样性 ………………………… 38

第二节　网络评论社会影响的特殊性 …………………… 43

第三节　网络评论主体的特殊性 ………………………… 48

第四节　网络评论内容的特殊性 ………………………… 50

第五节　网络评论形式的特殊性 ………………………… 54

第四章　网络评论的主体研究 ……………………………… 57

第一节　网络评论的主体演变 …………………………… 57

第二节　专业网评员：从新闻评论员到网络评论员 …… 58

第三节 自媒体评论者之大 V ⋯⋯⋯⋯⋯⋯⋯⋯⋯⋯⋯⋯⋯⋯ 61

第四节 普通网民 ⋯⋯⋯⋯⋯⋯⋯⋯⋯⋯⋯⋯⋯⋯⋯⋯⋯⋯⋯⋯ 65

第五节 职业化网络水军 ⋯⋯⋯⋯⋯⋯⋯⋯⋯⋯⋯⋯⋯⋯⋯⋯⋯ 71

第五章 网络评论的重要应用领域 ⋯⋯⋯⋯⋯⋯⋯⋯⋯⋯⋯ **78**

第一节 用于重大事件宣传的网络评论 ⋯⋯⋯⋯⋯⋯⋯⋯⋯ 78

第二节 用于阐释思想理论的网络评论 ⋯⋯⋯⋯⋯⋯⋯⋯⋯ 85

第三节 用于关注热点事件的网络评论 ⋯⋯⋯⋯⋯⋯⋯⋯⋯ 92

第四节 用于突发公共事件的网络评论 ⋯⋯⋯⋯⋯⋯⋯⋯⋯ 98

第五节 用于营销的网络评论 ⋯⋯⋯⋯⋯⋯⋯⋯⋯⋯⋯⋯⋯ 102

第六章 网络评论的内容风格 ⋯⋯⋯⋯⋯⋯⋯⋯⋯⋯⋯⋯⋯ **108**

第一节 事实型评论 ⋯⋯⋯⋯⋯⋯⋯⋯⋯⋯⋯⋯⋯⋯⋯⋯⋯⋯ 108

第二节 情感型评论 ⋯⋯⋯⋯⋯⋯⋯⋯⋯⋯⋯⋯⋯⋯⋯⋯⋯⋯ 113

第三节 兴趣型评论 ⋯⋯⋯⋯⋯⋯⋯⋯⋯⋯⋯⋯⋯⋯⋯⋯⋯⋯ 117

第四节 数据图表型评论 ⋯⋯⋯⋯⋯⋯⋯⋯⋯⋯⋯⋯⋯⋯⋯⋯ 122

第七章 网络评论的传播平台 ⋯⋯⋯⋯⋯⋯⋯⋯⋯⋯⋯⋯⋯ **128**

第一节 网站 ⋯⋯⋯⋯⋯⋯⋯⋯⋯⋯⋯⋯⋯⋯⋯⋯⋯⋯⋯⋯⋯ 129

第二节 社交网络平台 ⋯⋯⋯⋯⋯⋯⋯⋯⋯⋯⋯⋯⋯⋯⋯⋯⋯ 135

第三节 新兴平台 ⋯⋯⋯⋯⋯⋯⋯⋯⋯⋯⋯⋯⋯⋯⋯⋯⋯⋯⋯ 142

第四节 网络评论的平台联动策略 ⋯⋯⋯⋯⋯⋯⋯⋯⋯⋯⋯ 146

第八章 网络评论的呈现形式 ⋯⋯⋯⋯⋯⋯⋯⋯⋯⋯⋯⋯⋯ **153**

第一节 网络评论呈现形式特点 ⋯⋯⋯⋯⋯⋯⋯⋯⋯⋯⋯⋯ 153

第二节 文字类呈现形式 ⋯⋯⋯⋯⋯⋯⋯⋯⋯⋯⋯⋯⋯⋯⋯⋯ 154

第三节 图片类呈现形式 ⋯⋯⋯⋯⋯⋯⋯⋯⋯⋯⋯⋯⋯⋯⋯⋯ 159

第四节 音视频类呈现形式 ⋯⋯⋯⋯⋯⋯⋯⋯⋯⋯⋯⋯⋯⋯⋯ 165

第五节 其他网络评论呈现形式 ⋯⋯⋯⋯⋯⋯⋯⋯⋯⋯⋯⋯ 171

第九章 网络评论与舆论引导 ⋯⋯⋯⋯⋯⋯⋯⋯⋯⋯⋯⋯⋯ **175**

第一节 网络舆论与网络评论 ⋯⋯⋯⋯⋯⋯⋯⋯⋯⋯⋯⋯⋯ 175

第二节 舆论形成早期特征及网络评论引导策略 ⋯⋯⋯⋯⋯ 177

第三节　舆论演变中期特征及网络评论引导策略 ………………………… 180

第四节　舆论演变后期特征及网络评论引导策略 ………………………… 183

第十章　网络评论与社会治理 …………………………………………… **188**

第一节　网络评论与社会治理的关系 …………………………………… 189

第二节　政府角度的网络评论与社会治理 ……………………………… 191

第三节　市场角度的网络评论与社会治理 ……………………………… 194

第四节　网民群体角度的网络评论与社会治理 ………………………… 197

第五节　网络评论对社会治理的影响和作用 …………………………… 200

第十一章　网络评论与知识传播 ………………………………………… **202**

第一节　进行知识传播的网络评论类型 ………………………………… 202

第二节　网络评论中的知识生产 ………………………………………… 207

第三节　网络评论中的知识分享 ………………………………………… 210

第四节　网络评论与科技领域的知识传播 ……………………………… 215

第五节　网络评论对知识传播的作用与影响 …………………………… 218

第十二章　自媒体评论 …………………………………………………… **222**

第一节　自媒体评论定义 ………………………………………………… 222

第二节　自媒体评论的发展历程 ………………………………………… 224

第三节　自媒体评论的特点 ……………………………………………… 227

第四节　自媒体评论文章的生产与传播 ………………………………… 234

第五节　当前自媒体评论存在的问题 …………………………………… 237

第十三章　网络评论人才培养 …………………………………………… **241**

第一节　高校教学：重视课程体系，强调专业发展 …………………… 241

第二节　学术研究：加强学理研究，提供理论指导 …………………… 245

第三节　媒体平台：强化技能训练，夯实人才队伍 …………………… 248

第四节　政府：加强顶层设计，各领域全面发力 ……………………… 251

第十四章　网络评论的研究方法与效果监测 …………………………… **253**

第一节　网络评论的研究方法 …………………………………………… 253

第二节　网络评论动力分析的研究路径 ………………………………… 259

第三节　虚假网络评论的检测与处理 …………………………… 262

第四节　网络评论效果的监测和评估 …………………………… 266

第十五章　网络评论的未来发展 …………………………… 270

第一节　技术使用：关注人工智能，加强数据分析 …………… 270

第二节　符号形式：形式多元化，表达方式更丰富 …………… 274

第三节　评论内容：多领域发力，形成传播合力 ……………… 279

第四节　评论引导：加强网络评论监管，促进网评法治化 …… 281

后　记 …………………………………………………………… 286

第一章

网络评论的产生与发展

伴随信息技术和新媒体平台的发展，网络评论作为一种新的评论形式在各类网络平台涌现，产生着深远的社会影响力，引起了业界和学界对其发展、定义、特点、作用的广泛讨论。作为网络新媒体环境下的一种新的表达方式，网络评论与新闻评论既有联系，又有区别。若完全以新闻评论的视角去理解网络评论，会忽视许多网络评论独有的属性与特征，也很难真正掌握网络评论生产与传播的规律。本章内容将以评论的产生为起点，关注从新闻评论发展到网络评论的演变历程，深入研究网络评论的三大发展阶段，并对比网络评论与新闻评论的核心差异。

第一节　网络评论的演变脉络

评论形式由来已久。民国时期，上海的《申报》与天津的《大公报》等国内发行的报纸就常见评论专栏，对社会议题进行点评，对当时社会的舆论走向和政策发布有着重要的影响。例如，当时针对旧时婚姻习俗的话题讨论，就有报纸发表评论，指出"中国现在的婚姻制度，在新旧潮流互相冲突之下，所演的悲剧，实不忍目视……在这种潮流的婚姻制度之下，旧式婚姻固不满意，而自由恋爱，亦不足取，故婚姻制度之在今日，实有改良之必要"[①]。当时的评论虽然形式上仍以古言白话文掺杂呈现，但内容上已初具评论的核心特点：对社会热门事件或舆论争议之处，发表评论者的观点和立场，影响舆论走向。

新中国成立后，各大媒体机构高度重视党媒党报新闻评论的意识宣传作用，坚持马克思主义新闻观，指出"新闻服从于政治斗争的要求"。这一时期的新闻评论主要服务目的是宣传政治工作，政治性大于一切，评论对象也以国家政治大事为主，较少关注民生及其他社会事件。

---

① 永. 改良婚姻制度案［N］. 申报，1932-07-27（1）.

改革开放以来，新闻评论的评论对象、目的、手段、形式等不断发生着变化。首先，传统的新闻评论第一个重要变化是在功能和定位上实现了突破式发展，逐渐从"唯工具论"变为"实事求是、反映社会"。1978 年 5 月 11 日，《光明日报》发表特约评论员文章《实践是检验真理的唯一标准》，观点鲜明提出"社会实践不仅是检验真理的标准，而且是唯一的标准"，以该评论为起点，新闻评论不再是唯工具论，而是以实事求是、探讨社会问题、推动社会进步和发展为核心目的；新闻评论也从"一言堂"转为"多元化"，多样化的主题和新的话语方式开始出现。进入 21 世纪后，随着文化繁荣和社会发展，广泛的社会主题进入网络评论关注的领域，一些商业平台的评论内容也进一步丰富了网络评论的定位和目标，在各个领域关注社会问题、反映社会民心民意、实现交流和互动成为网络评论的新目标。

其次，新闻评论发展的第二个核心特征是传播技术的发展，新闻评论形态不断丰富，从报刊文字评论逐渐发展到了广播评论、电视新闻评论、网络评论等多种形式。进入 20 世纪末，随着网络技术的发展，网络评论作为一种新的评论形态正式诞生，并随着互联网和新媒体平台的发展而不断演变，形成了初步繁茂生长的局面。1994 年，中国正式接入国际互联网，媒体平台也逐渐从传统媒体发展到了互联网上的新平台，许多主流媒体积极接入互联网，筹建了网络评论平台，如 1997 年 1 月 1 日《人民日报》建立"网络版"，人民网诞生；1997 年 11 月 7 日，新华社与中国电信合作建立了新华社网站；1998 年 1 月 1 日，《光明日报》"网络版"光明网正式创办；1999 年 5 月，基于人民日报论坛的强国论坛出现；1999 年 9 月，中国经济网的前身《经济日报》"网络版"上线；2001 年 3 月，人民网推出《人民时评》；2003 年 7 月，《经济日报》"网络版"正式转型为中国经济网……人民网、新华网、光明网等党媒党报网站的诞生，代表着传统媒体进入互联网时代，开始了主动"触网"。这些传统媒体网站在不断发展的过程中，纷纷推出专门的评论页面，发布网络评论，早期的"网络评论"由此诞生。

20 世纪末及 21 世纪初，除了传统新闻媒体机构开设的网络媒体平台外，许多商业互联网平台也参与到了网络评论领域，尤其是商业门户网站纷纷以原创或转载等形式发表网络评论，网络评论数量快速上升。如 1997 年 6 月，网易成立，并推出网易新闻门户网站；1998 年，新浪网正式建立；1999 年，搜狐推出新闻及内容频道。网易、新浪和搜狐三家重要的综合门户网站均在 20 世纪末初见雏形，并在 21 世纪初迅速发展，成为对网民群体影响深远的重要内容平台。这些综合门户网站上均设立了网评专栏或专区，一方面会积极转载传统媒体的新闻内容,另一方面一批具有草根性的评论者账号不断发展,这也成了综合门户网站重要的评论内容来源。

2010年左右,门户网站日益发展,在这一时期也诞生了许多各具特点的商业门户网站,这些网站成为各具体领域专业网络评论的主要平台。如2010年12月上线的36氪网站,以科技类评论为重点;2012年5月诞生的虎嗅网,专注于贡献原创、深度、犀利优质的商业资讯和相关评论。与此同时,基于商业门户网站回帖以及贴吧、博客而出现的网民评论也在逐渐兴起。如网易新闻中最具特色的就是网易用户的回帖和跟帖,这种基于评论而衍生的网友评论成为互联网时期别具特色的评论内容。2003年11月,百度贴吧诞生,贴吧的诞生使得UGC(User Generated Content,用户生成内容)不断兴起,用户回帖和讨论成为网络评论的新形式。2005年4月,新浪推出博客服务,成为个人写作与用户分享浏览的交互平台,博客成为网民发表评论的新阵地。2009年8月,新浪推出微博服务,网民可以通过微博发布文字、图片、音视频等内容,并转发、评论、点赞其他用户发布的内容,这成为网络评论的全新形式。2012年4月,2011年诞生的微信进一步推出朋友圈功能,延伸发展了基于私人社交关系而来的网民评论形式。

在2010年后,除社交媒体平台外,各大自媒体平台快速发展,成为网络评论发展的重要领地,众多自媒体平台、机构、个体账号发布了大量网络评论。相比社交媒体上的网民发帖评论,这类自媒体平台发布者更具有网络评论的意识,针对各类社会事件往往会有集中发布、观点鲜明甚至专业化的评论内容出现。2012年8月23日上线的微信公众平台成为自媒体发展的主要阵地;2012年8月上线的今日头条以头条号迅速吸引众多自媒体者入驻;2013年3月,知乎向公众开放,成为知识问答类网络评论的聚集地;2016年3月,腾讯正式推出企鹅媒体平台企鹅号;2016年底,百度开通百家号自媒体平台……这一时期,各大内容平台基于其用户资源和内容运营的优势不断推出各内容领域的网络评论,自媒体的涌入使得网络评论的量急速增长,但问题也不断涌现,如何实现网络评论质的保障成为关键。

2016年后,抖音、快手等短视频应用的火爆也使得网络评论的发展阵地进入短视频领域,而以今日头条为代表的个性化推荐式算法类平台的出现,进一步为自媒体评论账号提供了发展机遇。这一时期,一些新型自媒体账号团队开始以新的媒体类型制作、生产和发布新型网络评论,短视频等技术为网络评论形态发展不断助力,算法推荐更是加快了网络评论的传播速度,使其影响力不断扩展。

总的来看,网络评论诞生至今,在功能定位和表现形式上不断演变和发展,逐渐经历了以下几个时期：第一，传统媒体"触网"评论时期（1997年至21世纪初），这一时期以党报党刊开办新闻网站为主要事件，新闻评论开始以网络评论形式展现，此外，综合类门户网站建立，早期门户网站以转载、编辑传统媒体的评论内容为主，后期商业门户网站也逐渐拥有了自己的评论员队伍，随后向垂直领域新闻网站发展，评论内容更为专业，问题也更加聚焦；第二，网友跟帖评论出现，自媒体评论兴起（21世纪初至2015年），以贴吧、博客为主导的网民跟帖、回复、转发等成为新的网络评论类型，这一时期手机端社交媒体上网民评论功能的兴起进一步推动草根化评论的发展，此外，微信公众平台、今日头条头条号、知乎问答、百度百家号等自媒体平台不断发展，使得一批自媒体人开始进行网络评论，这一时期网络评论和早期新闻评论相比已经发生较大变化，自媒体内容问题屡现也成为网络评论发展中面临的新困境；第三，短视频应用成为新平台（2016年至今），这一时期评论形式从传统图文向短视频发展，评论类型多元、评论形式丰富、评论内容海量，网络评论进入全新发展阶段。

　　图1.1.1以网络评论的形式发展和网民参与程度作为主要区分维度，展示了网络评论自诞生至今的发展时期，并由此总结出三个核心发展阶段，后文将对由新闻评论而来的网络评论萌芽期、网民评论及自媒体评论兴起的网络评论发展期、多元化发展的网络评论繁荣期三个阶段进行梳理介绍。

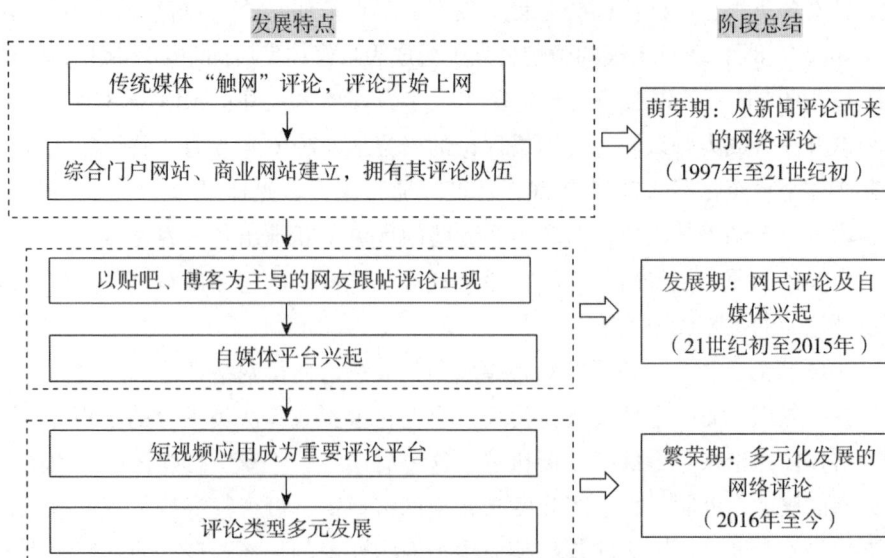

图1.1.1　网络评论发展历程

第二节　萌芽期网络评论（1997 年至 21 世纪初）

早期网络评论产生和发展的各个阶段并不是完全割裂的，而是同一时期可能有着多种发展形态。但总体来看，网络评论是从新闻评论中演变而来，其发展特点和新闻评论有着相似之处，但也在技术的推动下逐渐形成自身独有的特征。下文就将以萌芽期网络评论，即主要是指新闻网站、门户网站等由新闻评论发展而来的网络评论作为分析对象，对其特点和影响进行总结。

一、"评论上网"，网络评论开始出现

萌芽期的网络评论，有两类具有代表性的评论类型：第一类是传统媒体开始涉足网络评论，实现了"评论上网"；第二类则是网络论坛开始建立，网民成了热门社会事件的评论参与者。

网络评论诞生的重要事件是 1997 年 1 月 1 日《人民日报》建立"网络版"，从此新闻媒体正式迈入网络平台时代，由此新闻评论也与"互联网"相接轨，形成了网络评论。这一时期的网络评论主要还是"网络新闻评论"，通常指由传统媒体刊载或首发于互联网上的图文新闻评论形式。图 1.2.1 展示了目前人民网上通过检索还可以回顾其 1999 年的一些专家评论内容。

图 1.2.1　人民网 1999 年部分网络评论截图

　　1999 年 5 月 9 日，《人民日报》"网络版"人民网开设了第一个电子论坛。当时，正值以美国为首的北约集团用导弹袭击中国驻南斯拉夫大使馆，网民纷纷就此进行评论，一个月内帖子数量就达到了 9 万个。此外，由于评论内容不断从大使馆被袭事件转向其他国家问题，1999 年 6 月 19 日，《人民日报》"网络版"将原"抗议论坛"改名为"强国论坛"①。强国论坛的诞生，为时政类社会事件的讨论提供了主要平台，网民们在论坛上发布大量的网络帖子，也构成了早期的网民评论内容。这一时期虽然已经有了论坛，但人民网的编辑会在强国论坛进行值班，编辑也会在论坛上设置一些话题供网民们进行讨论，传统媒体仍然对论坛进行着管理和运营，媒体在网友评论当中的主导角色仍较为突出。

　　1997 年 6 月，网易成立；1998 年，新浪网成立；1999 年，搜狐推出新闻及内容频道。网易、新浪和搜狐三家重要的综合门户网站均在 20 世纪末成立，而且都设置了网评专栏和网民评论入口，门户网站和商业网站的成立也为网络评论增加了新的类型，网民群体的参与性不断增加。

　　萌芽期网络评论的写作主体仍主要是传统媒体记者或各个领域专家，这些网络评论写作主体也是新闻评论时代在报纸、电视等媒体上发布评论的主要群体。这类主体多生产专业性强、权威性高的内容，他们以文字为主或者图文结合、文字视频相结合等形式，针对国内国际重大事件、社会要闻等内容表达观点、发表意见、参与讨论。而除了记者和专家外，网民虽然也开始在强国论坛等平台上发布帖子、发表看法，但他们仍然是在传统媒体主管的论坛中进行发言，发言内容相对保守。商业门户网站的出现，减少了这种保守性，也为后期网民评论的观点自由、表达自由提供了初步土壤。

二、内容多元化，话语风格趋向生动

　　尽管萌芽期网络评论刚刚由新闻评论演变发展而来，在内容选择、形式表达、话语方式等方面仍然存在一些新闻评论的特征。但互联网技术和社会文化环境的发展，使得这一时期网络评论在内容风格上开始呈现出一些新的特点。

　　第一，评论内容从单一变得多样化。新闻评论内容以党和国家大事为主，但到了网络评论发展初期，内容表达形式不断变化，网络评论的议题开始呈现出多样化的特征。首先，除了新闻评论所要关注的重大主题和突发事件，网络评论的议题还会围绕社会生活的方方面面展开，正如强国论坛 1999 年 6 月最初

---

① 韩志坚，崔卫平．网络媒体论坛对传统评论的挑战与互补［J］．新闻知识，2003（02）：
　　54-55.

成立时只有时政内容，在 8 月就增加了体育、中日关系等其他分论坛。其次，网络评论的观点也更加多元。平等开放的互联网环境给予不同观点都能发声的机会，评论不再是单一观点的输出，对于同一事件的网络评论可能会出现完全不同，甚至是针锋相对的多种声音。

第二，话语风格从严肃变得更加生动活泼。早期的评论以严肃议题为主，因此话语风格上也是以传统媒体的严肃、理性为主。到了互联网发展的初期，新兴平台的出现使得网络评论的内容表达形式更加活泼、生动，以一种更平民化的形式表达观点，部分内容呈现出意味深长而又充满趣味的特点。

三、互动性增强，受众习惯被重塑

网络评论的开始出现，和新闻评论时代相比，一个极大的转变就是传播模式从单向变为双向互动。新闻评论主要是以评论者写、读者阅读作为传播方式，内容的表达和输出是单向传播的。而互联网是一种典型的双向传播媒介，它颠覆了传统媒体时代从传播者到受众的单向传播模式，在赋予受众更多主动权的同时，增强了传播过程的互动性。在网络评论的实践活动中，网民在阅读网络评论的同时，例如在各大论坛中阅读完评论后可以参与讨论，发表自己的观点和意见，形成新的网络评论，或者可以进行转发、转载，实现进一步传播。21世纪初，新浪网每条新闻后面都有"发表评论"的链接，网民可以发表评论，实现与新闻内容的双向互动①。

这一时期的网络评论塑造了新媒体时期评论受众习惯。对于千禧年（2000年）前后的网民来说，新闻网站、门户网站等新媒介平台的出现，使得他们不断接受新的信息内容。而早期网络评论在评论主体、评论对象、话语方式、具体形态等方面的种种改变，塑造了网民对网络评论的新认识，打开了他们对于网络评论新世界的大门，越来越多的评论受众开始关注评论下方的互动版面，积极参与到互动过程中，也习惯了网络评论不仅可以在主流媒体平台上看到，一些商业门户网站和知名博主也以多元化的话语方式不断生产出网络评论。读者观看网络评论的习惯和心态发生了变化后，也进一步推动了网络评论参与主体的增多，尤其是一些受众开始从"接受者"的心态转变为尝试通过自媒体方式发布评论。萌芽期的网络评论促使受众心态发生转变，而受众转变更促进了网络评论与时俱进、跟随受众新的需求不断发展。

① 邹伟，何志武. 网络评论的自由与控制 [J]. 新闻界，2003（02）：24-25.

总的来说，处于萌芽期的网络评论是评论发展历程中的重要转折点，预示着新闻评论正式迈入互联网时代，又为后期自媒体评论、短视频评论、游戏评论等新评论形态铺垫了良好的环境和基础。

回顾网络评论的发展历程，20世纪末的传统媒体"触网"到21世纪初的门户网站无疑是重要的转折期，也是网络评论发展的正式起点。正是在这一时期，评论新的形态开始出现，评论也从广播、电视、报纸时代正式迈入"互联网时代"。在这一时期，越来越多的传统媒体平台被新技术、新平台和新评论所吸引，纷纷进入网络评论的发展领域，而越来越多的商业互联网公司也看到了网络评论的发展潜力，最终促使网络评论进入21世纪后的繁荣发展期。

萌芽期网络评论多样化特点为移动互联网阶段网络评论的发展奠定了基础。如果说最初的网络评论仍然以PC端为主，那么紧随着这一时期，移动互联网技术的发展和智能手机的兴起推动了移动互联网应用快速崛起，越来越多的网民开始从电脑屏幕转向手机屏幕阅读网评，网络评论的文风、格式、呈现方式都需要配合手机端进行调整。这一时期网络评论多样化评论内容特点的形成，以及对社会方方面面话题的关注，都使得用户更好地接受了网络评论这一新形式，为后续用户在手机移动端阅读网络评论奠定了基础。

第三节　发展期网络评论（21世纪初至2015年）

进入21世纪以来，伴随着互联网技术、移动化技术和新型内容的不断发展，以微博、微信为代表平台，其上的网民群体发布的评论内容逐渐增多。这一时期网络评论已经逐渐和新闻评论有所区别，传播平台、发布主体、内容形态、传播方式也均呈现出新的特点。

一、"微"时代到来，移动端平台兴起

2005年4月，新浪博客正式诞生，2005年也被称为中国的"博客元年"，博客逐渐成为网民发表评论的新内容阵地。博客时代的来临，令网络评论的写作主体扩充为媒体工作者、专家学者、政府机构、"意见领袖"和普通网民等群体，评论形式虽然仍以文字为主，图片、音视频为辅，但评论的对象和内容变得更加丰富。

如果说博客时期还属于较长的文字评论，对评论者的文字素养、表达能力、文化水平有着一定要求。那么到了微博时代，早期新浪微博140字的字数限制，

使得这一时期的网络评论开始向"短、平、快"的文字评论转变，简短的评论形式也使得许多网民能对事件发表观点和看法，一张图加一句话的简短评论不断充斥着网络内容空间。

微博评论的兴起，也代表着网络评论开始向自媒体评论发展。许多专业人士、普通网民均在微博上发布内容，也有一些专门针对社会舆论事件发布评论的微博账号出现，这类账号借助互联网快速、高效的传播特点，迅速在互联网上引起广泛热度。

2012 年，微信公众平台的出现，更是将自媒体网络评论推向发展高潮。2018 年中国微信公众号数量新增 70.9 万个，2019 年新增 98.1 万个，2020 年达到了 162 万个，2020 年中国微信公众号文章获取阅读数量为 381 亿次[①]。这一时期，许多政府部门、媒体机构纷纷在微信上开设政务类、传统媒体和网络媒体类公众号，但更多的是商业机构或普通用户开设的自媒体账号。像罗辑思维、新世相等不同内容领域的自媒体公众号对各个相应领域的社会事件发布评论，成了这一时期网络评论的重要类型之一。

总的来说，传播终端从 PC 端向移动端发展。早期的新闻客户端、贴吧时代，用户还主要是以电脑端来阅读网络评论，但这一时期，手机逐渐开始普及，移动端技术也日益发展，微信这类基于私人社交关系的软件更成为用户手机打开频率极高的应用，人们越来越习惯用手机获得资讯、阅读网络评论内容。

二、评论主体丰富，"意见领袖"显现

发展期的网络评论，评论主体从媒体工作者变得多元化。网络时代，开放性是互联网的根本特征，依托于互联网平台的网络评论也是如此，开放性是网络评论最重要的特征，由此带来更为多元的网络评论主体。新闻评论的主体一般是媒体工作者，但网络评论的主体还有专家学者、政府机构、"意见领袖"和普通网民。不同的教育背景、不同的专业背景以及不同的人生阅历，使得网络评论的内容生产可以进入不同的领域，网络评论的内容生产在原则上可向所有网民开放。

网络评论中的"意见领袖"开始出现。人民网舆情监测室撰写的《2012 年中国互联网舆情分析报告》，对"意见领袖"在网络舆论场的角色和作用进行了

---

① 智研咨询.2020 年中国微信公众号发展现状及发展趋势分析：新增数量近 65 万个［EB/OL］.2021-07-07［2022-07-21］.https：//baijiahao.baidu.com/s？id＝1704615713684373064&wfr＝spider&for＝pc.

专章分析，指出网络"意见领袖"的构成日益多元化，并和传统媒体共同塑造主流民意。报告对100位"意见领袖"进行综合职业分析后发现，媒体人士最多，其次是学者、作家与撰稿人、党政干部、企业家和商人、公益人士、律师、演艺圈名人、网络达人等；另外，有超过三成"意见领袖"具有两到三种社会身份，具体见图1.3.1①。网络"意见领袖"的出现，预示着网络评论权力开始分散到不同的评论主体手中，这也呼唤着更健全、完善的网络评论监管机制的出现。

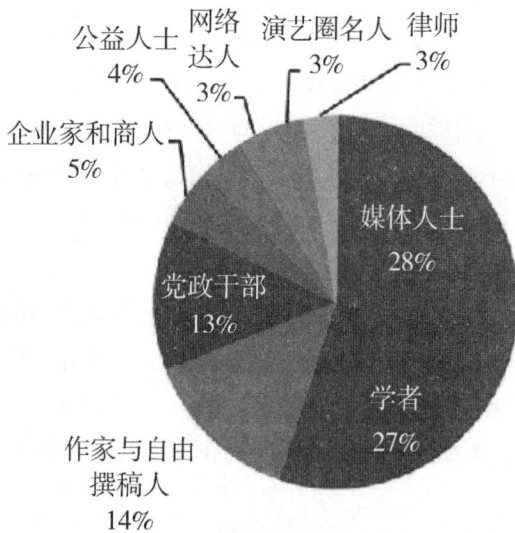

图 1.3.1　2012 年排名前 100 位"意见领袖"的行业分布

三、内容碎片化，评论质量不一

随着微博、微信公众平台的兴起，以及用户移动端获取信息资讯习惯的养成，这一时期的网络评论内容逐渐向碎片化转变。也正是从微博时期开始，网络评论不再仅是长篇文字形式，越来越多的短评论成为网评主体，"一句话"评论类型开始出现。这类评论和网民的互动回帖较为相似，即它们也具有观点和意见表达，但往往缺乏理性论证的过程。这类碎片式网络评论若单独出现在网络空间，不会在互联网上掀起什么涟漪，但如果大量的同类型观点的碎片化评论充斥网络空间，也会产生较大的传播影响力和舆论效应。

---

① 人民网.2012 年中国互联网舆情分析报告［EB/OL］.2014-08-01［2022-11-11］.http://www.cac.gov.cn/2014-08/01/c_1111902975_2.htm.

这带来的影响是，这一时期的评论大大降低了发布者和参与者的门槛，发布网络评论不再独属于专业人士，普通网民更积极主动地参与到了网络评论的发布队伍中来。网络内容的量急速增长，这也导致了网络舆论空间极度活跃、舆情事件层出不穷的情况。但当评论不再需要扎实的专业背景和极强的论证表达能力，随意发布的几句话也能成为一则评论内容甚至影响其他用户，这会导致网络评论质量难以把关，网络评论内容良莠不齐，甚至会出现大量危害网络生态的信息。

此外，这一时期评论的互动性进一步增强，从评论者和网民的互动转向多主体的互动模式，网民之间的评论互动也在兴起。早期网络评论写作互动传播等特点也延续到了这一时期，企鹅号、百家号、微信公众平台等自媒体平台也纷纷在此基础上设立了互动版本、细分垂直领域的评论区。网络评论的"互动模式"让网民们可以更自由地在感兴趣的话题下展开评论和讨论，进一步实现了话题的延伸，也使得网民进一步增强了评论"参与者"的意识。

第四节　繁荣期网络评论（2016 年至今）

不断兴起的新型内容平台和传播技术进一步推动了网络评论多元化发展的脚步，这一时期网络评论向多平台多元化发展，与新闻评论的差别也逐渐增大，对社会的影响力不断提升。

一、技术催生新发展，各类平台涌现

2016 年至今，网络评论延续了之前的评论类型，主流媒体网络版、综合门户、新闻客户端、微信公众平台、微博等依旧是关键的网络评论平台，内容也是延续着早期风格，在重大政治事件、社会舆论、民生新闻等诸多领域持续发声。

但相比之前的文字类网络评论，当下的网络评论形态更为多元化，其中较典型的评论类型是近年来兴起的短视频评论和社交媒体平台上的评论。2016 年9 月上线的抖音平台在过去几年伴随 5G 技术、智能手机等技术的发展，成为当下最具影响力的内容平台之一。短视频已经成为影响用户观念、态度和行为的重要内容平台。在人人都能拍摄、上传视频成为博主的当下，一个普通的事件也许就能引发几千万人的观看或转发，影响社会舆论。由此，短视频网络评论类型开始出现，并促发网络评论新形式诞生与快速发展。

此外，不少网络评论也开始利用 H5（第五代 HTML）、VR（Virtual Reality，虚拟现实）、AR（Augmented Reality，增强现实）等技术手段，在以输出观点、表达看法为核心的技术上，利用新型技术，推出了 H5 评论、小游戏评论及其他新型评论形式，在内容鞭辟入里的同时保障形式新颖、扩大传播效果。

这一时期，很多评论形式会融合多种技术形态，产生和传统文字、图片、视频评论完全不同的新型评论形式，例如将短动画、短视频等内容进行融合，这既能使评论内容更为适应手机上的传播，也能充分吸引用户的兴趣。

在当下，新型传播技术对网络评论产生的影响更大。短视频、虚拟增强等技术成为网络评论发展的重要技术支持，这一阶段的网络评论唯有依赖好的内容质量和丰富的视频、动画等效果来实现形态上的升级，方能在竞争日益激烈的网评环境中更好地吸引用户的注意力，也能为用户参与网络评论提供便利。

二、内容导向性突出，社会影响力极强

相比网络评论萌芽期"初步兴起"和发展期"野蛮生长"的状态，繁荣期的网络评论的发展在内容属性特点上更强调意识形态属性，此外也在技术特征上与新的互联网传播技术逐渐靠拢。具体来看，当下网络评论在内容属性上具备以下特点。

第一，内容的导向性更被重视和强调。在网民评论和自媒体评论兴起后，因监管意识不足，网络评论内容一度出现了思想舆论空间争议较多、负面舆论事件层出不穷的现象。党的十八大以来，以习近平同志为核心的党中央高度重视宣传思想工作。习近平总书记在 2013 年 8 月 19 日召开的全国宣传思想工作会议上指出，宣传思想工作就是要巩固马克思主义在意识形态领域的指导地位，巩固全党全国人民团结奋斗的共同思想基础。宣传阐释党的理论和路线方针政策，推动习近平新时代中国特色社会主义思想深入人心、落地生根，是新时期网络评论发展的核心要义。

第二，网络评论成为内容生产的"二传手"，在一些争议事件中发挥重要的社会影响作用。网络评论并不是新闻报道，它往往不是首发的内容，而是在事件内容已经引起社会关注和讨论之后，或者议题本身就存在争议时，作为"二传手"的观点表达、意见输出和舆论引导的内容形态在社会事件中发挥后续影响力。网络评论的这一特点，也使得它需要时刻关注社会中备受人们关注的话题和一些争议话题，积极回应公众质疑，引领公众思考，将舆论生态和事件走向往好的、健康的、积极的方向引导。

第三，网络评论深刻影响网络内容生态，成为长期内容建设的关键主体。在内容生态日益复杂的当下，网络评论作为重要的网络内容之一，俨然成为长期内容建设的主体。作为网络内容的一部分，网络评论的观点导向会深刻影响着身处互联网时代的网民群体，它的观点也会影响着社会舆论。因此，在国际局势日益复杂、舆论危机不断出现的当下，网络评论对内容生态的建设影响也十分关键，网络评论影响力越发升级，在一些争议事件中越能产生关键影响。

在网络评论成为一股重要的网络内容影响着网络空间生态甚至是现实社会时，党和政府高度重视网络评论工作。尤其是在过去几年内，网络评论发展日益成熟，不少媒体机构也纷纷认识到了网络评论的重要性，积极布局各个平台的网评队伍建设，既抓好传统评论形式，也在新的内容平台上发布紧跟技术发展的新型评论类型。在这样的背景下，网络评论的影响力不断升级。

三、移动化趋势明显，形成矩阵传播

伴随移动通信技术的进一步发展和智能手机的广泛普及，当前网络内容移动化的趋势更为凸显。截至 2024 年 6 月，我国手机网民规模达 10.96 亿，较 2023 年 12 月增长 528 万人，网民中使用手机上网的比例为 99.7%；在信息设施建设方面，截至 2024 年 6 月末我国累计建成 5G 基站 391.7 万个，占比较一季度提高 2.4 个百分点，累计开通 26 个互联网骨干直联点，网间带宽扩容 6.17T，总带宽达到 58.9T①。智能手机的普及以及相关通信设施在基层的普及，使人们摆脱了时间、空间的限制，可以越发自由地获取碎片化的网络资讯，其中也包括网络评论。

在移动化时代，网络评论多平台共发、共建的意识更强，各大传播主体往往有意识在 PC 端、移动端等形成立体式传播矩阵。当前，无论是主流媒体，还是自媒体，都会在多个平台上发布网络评论，例如在微博、微信、百家号、企鹅号、今日头条、抖音等诸多平台建立自己的评论账号。多媒介平台时代，一个传播主体会在多个平台上设立多个账号，瞄准不同平台的用户定位，从而实现不同的传播需求。以"央视新闻"为例，在各大媒介平台上都会设立相应的平台账号，发布资讯信息和评论内容，在抖音和 B 站上都会根据平台定位发布

---

① 中国互联网络信息中心. 第 54 次中国互联网络发展状况统计报告［R/OL］. 2024-08-29［2022-10-22］. https://www.cnnic.net.cn/NMediaFile/2024/0911/MAIN17260176 26560DHICKVFSM6.pdf.

内容。

在对外传播中，一些媒体也会设置多个账号，形成传播矩阵。以《人民日报》海外传播为例，其2019年底在脸书（Facebook）上线了文化旅游、科技成就、商业动态、时尚娱乐等子账号，设立传播矩阵。近年来，《人民日报海外版》以"望海楼"、"侠客岛"、海外网等平台为阵地，创新组织形式，组建跨部门舆情应对小组，探索融合策划模式，推出《"美国吃亏"就是一笔亏心账》《"美国公平"就是不讲公平》等系列报道和评论，有效澄清事实和谬误，有力传达中国立场和中国声音①。

繁荣期网络评论的多元化发展为未来网评形式的多样性指引方向。网络评论本身是不断发展、不断变化的事物，从每个阶段的呈现和发展来看，它在上一个阶段的核心特点往往也会延续到下一个阶段。当前阶段网络评论多平台、多元化、多类型的核心技术特点，也会指引着未来网络评论进一步向综合性评论形态持续发展。网络评论的形态越丰富多元，越要求评论者和发布者明确网络评论的定位和立场，避免陷入"形式丰富但内容空洞"的误区之中。

第五节　新闻评论与网络评论

与新闻评论相比，网络评论的定义相对而言更复杂，外延也更广。如果要全面完整地看待网络评论，则需要脱离新闻评论的窠臼，将其作为网络信息的一种表现形式来理解。

一些学者认为，网络评论就是在网络上进行新闻评论的采写和传播，与新闻评论的要求相同。② 这种说法在一定程度上忽视了网络评论所具备的新媒体特征，并不完全准确。也有人认为，新闻评论是成文的，网络评论是不成文的；新闻评论是语言规范的，网络评论是语言随意的；新闻评论是理性中立的，网络评论是感性极端的。③ 这种说法则将网络评论与新闻评论完全对立，显然也是不可取的。

通过前文对网络评论与新闻评论概念的辨析，互联网传播环境下的特征已

① 李婕，聂传清. 跨越重洋，"海味"更浓——人民日报海外版加强国际传播能力建设的实践与思考［J］. 传媒，2021（22）：9-11.
② 杨娟. 网络与新媒体评论［M］. 北京：北京大学出版社，2015：36-37.
③ 杨新敏，许海燕，等. 网络新闻评论研究［M］. 苏州：苏州大学出版社，2009：3.

经被清楚地展现出来。网络评论不再是由媒体新闻工作者和专家学者独享，也不再只是政府部门引导舆论、进行宣传的工具，而是所有网络参与者和使用者都可以用来表达意见和态度的内容形式。

一、参与主体和评论对象

新闻评论和网络评论的核心差异之一，是作为生产者的参与主体有了质和量的区别。新闻评论作为新闻实务的一种，其参与主体主要是新闻从业人员和媒体相关人士，包括记者、编辑、评论员、特约撰稿人等，其生产模式往往是由专业的媒体从业者进行内容生产，再由专业编辑进行校对、审核后，经过媒体层层把关再进行发布。

而网络评论的参与主体不仅包括新闻评论的参与主体，也包括政府机关和企事业单位、"意见领袖"和普通网民。互联网的普及让更多的人成为信息传播活动的生产者和参与者，网络技术为公众搭建了一个平等开放、跨越时空的交流平台，并且提供论坛、博客、新闻跟帖、微博、弹幕等多样化的评论渠道。这也使网络评论参与主体的范围得到了极大扩张，参与主体的构成更加多元化。

在评论主客体的关系上，新闻评论承袭的是单向的、线性的、一对多的、自上而下的传播模式，即评论主体是"传播者"，评论客体是"受传者"。对于站在客体位置的社会大众而言，他们只能在彼此隔绝的情况下被动倾听。而网络的出现，模糊了"传播者"和"受传者"之间的界限，评论主客体不再具有显著的界限，并且彼此之间的互动成为可能。普通网民也可以成为评论主体，而新闻从业者也可以听见来自更多角度的评论声音。观众作为新闻评论的客体，在网络评论中逐渐掌握了主动权。

在评论对象上，新闻评论的评论对象主要有两类，一类是"有价值的新闻事件"，另一类是"有普遍意义的紧迫问题"①。新闻评论的评论对象往往是社会中备受关注的事件或是较为普遍的社会现象，很多微小的事件因为报纸、电视广播等传统媒体的版面或播放时长限制，而不被评论者们考虑在内。

而在新媒体时代，互联网这一载体打破了新闻评论的"版面"限制，像网站、短视频等平台可以呈现海量网络评论内容，用户可以选择自己感兴趣的内容进行阅读。因此，任何事情都可能"上网"传播，网络评论的对象范围也大大扩展，大到国家大事、社会热点，小到日常生活、鸡毛蒜皮，都可以成为网

---

① 丁法章．新闻评论教程［M］．上海：复旦大学出版社，2002：15．

络评论的对象。这种评论对象的丰富化，也让网络评论可被运用到的事件领域和内容风格呈现出和新闻评论时期截然不同的特点。

二、传播平台和呈现形式

通常认为，网络评论是以文字、图片、音视频、跟帖和转帖等多媒体形态，在网站、社交媒体和其他网络平台上传播的观点性信息，与新闻评论有着本质的区别。

目前，业界和学界尚存在将"网络评论""网络新闻评论""新闻评论"等概念不加区分、混为一谈的情况，可见"网络评论"虽然已经是被普遍使用的术语，但尚未形成严谨而清晰的定义。

在界定"网络评论"的定义时，可以从狭义、广义两个角度来解读。狭义的网络评论专指网络新闻评论，即传统媒体刊载或首发于互联网上的，以表达和传播观点为主要目的，通过图文、音视频或其他形式呈现的新闻作品。无论是"新闻评论"还是"网络新闻评论"，都是一种对新近发生的新闻事件、社会问题、热门话题等事实性信息发表意见，以传递观点性信息并指导实践的文体，二者的本质都是一种传统意义上的新闻实务。不同之处在于，"网络新闻评论"是以网络为内容传播渠道。

广义的网络评论则泛指所有通过互联网传播的观点性信息，包括传统媒体通过互联网发表的新闻评论，网络媒体自行策划、制作和传播的评论，以及存在于博客、论坛、微博、贴吧等社交媒体和自媒体中的庞杂多样的网民意见。本书探讨的网络评论是指广义的网络评论，因此新闻评论就是包含在网络评论之中的一种形态，网络评论本身的范围则更加宽广。

伴随评论的生产和传播平台发生区别，评论的呈现方式也受到技术影响，变得更丰富。在评论形式的差异上，信息一般有六种形式：文字、声音、图像、视频、动画、符号①。因为早期的新闻评论主要是在报纸、新闻节目、广播上发布，所以其多数是单独以图文或音视频方式呈现。而互联网所具有的多媒体、超文本的技术属性，不仅使各种信息形式组合出现变成现实，还产生了表情包、H5、动画等纷繁新颖的形式。这些形式不仅增强了网络评论的表现力、有趣性、可读性，还可以蕴含和传达出纯文字评论所不能传达的深意。

"网络评论"是互联网时代的产物，它的传播载体是互联网，而发布和传播

---

① 王世华. 网络评论再认识：概念、分类、特征及意义［J］. 编辑之友，2014（10）：48-51.

平台则包括除了新闻媒体"网络版"之外的其他众多平台，呈现形式也更加新颖丰富。当前，互联网的传播环境较之传统媒体时代的传播环境发生了翻天覆地的变化，因而对于网络评论的理解，决不可与新闻评论同日而语。要对"网络评论"进行概念的界定，就必须认识到网络评论的"网络"属性，对其传播平台和呈现形式进行深入分析。

三、社会影响力

无论是新闻评论还是网络评论，其本质属性都是"评论即信息"，这是网络评论在新媒体时代凸显的本质核心。新闻评论通常是对既有新闻和事实进行认识，并进行观点的生产。因为新闻评论的一项重要内容是评论国家政治大事，所以评论影响力更多体现在政治性和思想性上，对中国政策导向、思想变化有着重要的引导作用。

到了网络评论时期，网络评论的内容量远远超过新闻评论，互联网评论既有对事实和话题发表专业化观点、意见的媒体评论，也存在海量的网民评论。由于网民的广泛参与，事实和话题本身所承载的信息因为各类观点、意见的互动而得到不断补充和丰富，甚至形成强大的舆论力量，进而推动事件的发展、影响事件的走向。从这个层面上看，网络评论不仅是观点生产的方式，更是信息传播、信息交互、信息聚集的方式，具有极大的社会影响力。

新闻评论和网络评论对社会舆论的影响有差异。传统媒体时代，因为评论经历严格的"把关人"环节，经由新闻评论而生的社会舆论引导较为可控。但在网络环境下，诸多新评论主体的加入以及微博、微信等社会化媒体平台的兴起，让网络评论呈现出复杂的舆论方向，公众可以更深入地参与到某个事件的环节中来，自媒体大 V、广大网民群体都可以发表意见，形成社会舆论，产生复杂影响。

新闻评论和网络评论对社会治理、知识传播的影响也存在差异。互联网时代，网络评论成了不同主体交流沟通的重要方式，能够让网民对事件进行更自由充分的表达，网民意见的加入带来了新的治理难题，但也丰富了社会治理的手段。而在知识传播层面，阅读评论是获取信息，也是获取知识，新闻评论时期的内容类型比较单一，内容的知识性体现不足。但在当下，网络评论中 B 站、果壳等平台呈现出知识和评论相结合的趋势，这也将推进知识内容在不同受众群体中的广泛传播。

总体来看，网络评论和新闻评论的概念既有交织，也各有特点。网络评论基于新闻评论而生，在演变和发展中又逐渐形成属于自身的参与主体、评论对

象、评论形式、社会影响力。在思考网络评论的缘起和演变时，需要以动态和
发展的眼光去看待这一变化中的对象。

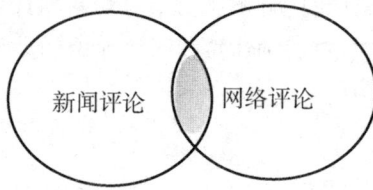

图 1.5.1　新闻评论和网络评论的关系图

第二章

网络评论在网络内容建设中的特殊地位及影响

随着网络强国战略的实施，信息化、数字化、智能化正在全面推进，优化网络舆论生态环境也越来越落到实处。网络评论阵地建设，成为网络舆论生态环境建设的关键内容。网上正面积极的舆论在振奋精神、激扬民气、凝聚人心、增强合力方面发挥着重要作用，而过于负面和消极的舆论会给社会的和谐稳定带来严峻挑战，不利于天朗气清的网络空间建设。网络谣言、网络暴力等有害信息的传播和扩散，不仅会扰乱网络秩序，还会恶化网络生态，对网络内容建设造成极大的危害。从这个意义上讲，网络评论的特殊地位注定了它在网络内容建设中的重要影响力。因此，进一步加强网络评论在网络舆论引导中的作用、推进网络内容生态建设势在必行。

本章将首先探讨作为网络内容之一的网络评论的地位和影响，进而分析网络评论对网络传播效果的作用，然后讨论网络评论对网络舆论导向的引领作用及其对网络生态的影响。

第一节　作为网络内容的网络评论地位

网络评论在纷繁复杂的社会环境、转型融合的媒介环境和多元开放的受众环境中，发挥着重要的实践功能和社会作用。它既可以作为新闻评论的延伸，起到引导舆论、凝聚共识的作用；也可以利用自身优势，及时为民众释疑解惑、澄清是非；还可以成为表达民意的重要渠道，引发公共讨论，深化社会影响；更具备商业利益和获取流量收入作用。

一、引导舆论走向，凝聚社会共识

网络评论具备大众传播性质，因此能够影响舆论的形成和发展。而作为一种意见表达形式，网络评论本身也可以构成舆论的内容。舆论引导可以说是网络评论重要的作用。

第一，网络评论的舆论引导作用表现在通过发出权威声音来引领社会主流舆论意见的方向。在面对国家重大主题和战略需要权威声音进行解读的时候，网络评论的舆论引导功能就体现得更为显著。例如，人民网 2019 年 5 月 16 日发表网络评论《高质量共建一带一路》，指出"一带一路"是"聚焦经济增长这一根本问题、聚焦全球发展失衡这一关键课题、聚焦绿色发展这一核心理念、聚焦对话协商这一合作方式"①。这一评论内容对"一带一路"这一国家重要倡议和决策进行了意义层面的梳理和升华，目标是加强对该战略的社会认同和广泛共识。

第二，网络评论的舆论引导作用还表现在通过对社会事件和社会现象的评论，来表明自身的立场和态度，进而引导公众舆论。例如，获得第三十一届中国新闻奖文字评论一等奖的《警惕"精致的形式主义"》一文，批判了一张照片中的情景：一位市场管理人员蹲在菜摊前拉起直线，测量菜农的菜品是否摆放整齐。其背后的新闻是，推进"精细化管理"，但这种精细化却落入了形式主义。该评论不止于一事一议，而是站在党和人民事业发展的高度，以及时的"症候预警"针砭时弊，体现了强烈的现实针对性与自觉的媒体责任感②。这种对社会真实现象的观点讨论，能够推动公众思考和社会进步，也能影响社会舆论。

第三，网络评论可以通过传递事实信息来端正受众思想，通过对政策法规、新闻事件、社会现象等客观事物的及时解读，为受众释疑解惑，引导受众正确看待问题。例如，中国政府网刊载的网络评论《疫苗案"先行问责"应成为善治样本》就舆论场中持续震荡的山东疫苗案处理情况作出说明。③ 这篇评论及时回应了人们的疑惑，端正了受众的思想，引导舆论往正确的方向发展，对这一事件的解决起到了推动作用。

第四，网络评论能够透过客观事物的外在表现，去抓住事物的内核、把握事物本质，进而引导民众超越刻板印象，对事物进行重新认知。例如，澎湃网

① 顾学明.高质量共建一带一路［EB/OL］.人民网，2019－05－16［2022－01－27］. http：//opinion. people. com. cn/n1/2019/0516/c1003－31087166. html.

② 刘庆传，颜云霞.太阳每天都是新的——《警惕"精致的形式主义"》采写体会［J］. 中国记者，2021（12）：117.

③ 方明.疫苗案"先行问责"应成为善治样本［EB/OL］.中华人民共和国中央人民政府网站，2016－04－14［2022－01－26］. http：//www. gov. cn/zhengce/2016－04/14/content_5064032. htm.

发布评论《教育公平该如何考核?》,认为教育考核的"硬件指标"和优质教育的"软件要求"体现出教育存在不公,是教育治理结构的问题,当软硬件条件纷纷达标的时候,校长、教师乃至教育行政管理,才是决定一所学校好起来还是差下去的关键。① 该评论引导读者对教育公平的本质进行再思考,有助于通过晓之以理的说服方式使受众在认知上达成共识。

实践证明,无论是新闻评论还是网络评论,它们因为能够阐明党和政府的基本立场和根本原则,所以一直被看作新闻传播活动中引导社会舆论、凝聚社会共识的主要方式。从宏观角度来看,网络评论可以引导社会舆论方向;从微观角度来看,网络评论则能够起到说服受众、引导民众、端正思想的作用。毕竟,舆论是民众意见的集合,如果脱离受众盲目引导,非但不能起到端正思想的作用,可能还会适得其反。总而言之,引导舆论方向,端正受众思想,是网络评论重要的功能,也是网络评论工作的重中之重。

二、释答群众疑惑,澄清事情真相

网络评论有着巨大的社会价值。其中,当社会面临一些议题困惑,或是存在话题争论亟待解决时,纯粹的话题引导是无法彻底解释回答群众的困惑的,此时网络评论工作直接的作用就体现为解答民众困惑、澄清事件真相。

网络评论的性质,要求其在服务社会、面向公众的前提下,通过严谨的分析、推敲,将有关事实和观点梳理并解读给受众,在满足人们信息需求的同时,解答困惑,实现"烛照社会、启迪心智"的作用。

首先,在社会热点事件浮现之际,网络评论能够就民众关心的问题和存在的疑惑作出及时回应。例如,新华网发表题为《雄安新区将为改革开放提供新经验》的网络评论,就民众普遍关心的雄安新区问题作出了解答。文章认为,我国改革开放进入深水区,原有改革开放试验田的边际效应也不可避免地出现相对递减,要推动改革开放继续向前走,就必须克服已有的路径依赖和经验的僵化与惰性。② 该篇评论就国家重大主题表明正确的立场和态度,同时满足了民众希望获得权威消息、解答自身疑惑的需求。

其次,遇到某些紧急突发事件或社会冲突事件的时候,网络评论还可以起到传播有效信息、澄清事件真相的作用。正因如此,网络评论也可以被看作通

---

① 教育公平该如何考核?［EB/OL］. 澎湃网,2017-05-24［2022-01-26］. http://www.thepaper.cn/newsDetail_ forward_ 1692869.

② 雄安新区将为改革开放提供新经验［EB/OL］. 新京报,2017-04-03/2022-01-26,http://www.xinhuanet.com/comments/2017-04/03/c_ 1120745188. htm.

向真理的"先导"。网络评论可以挖掘事件真相，传递事实信息，澄清是非，以正视听。例如，获得第三十三届中国新闻奖二等奖的评论《海南公开为一名正厅长级干部澄清正名》就对海南通过召开澄清正名会等形式为某市委书记澄清不实举报进行了评论，公开对正厅长级领导进行了澄清正名①。该评论在海南日报多平台刊发，海南日报微信公众号、客户端阅读量超 4 万+，人民网、新京报、澎湃、腾讯、网易、搜狐等迅速转发这一报道。随后中国新闻网、极目新闻、新京报等陆续刊发深度解读、评论等文章，后续传播效果极佳。这篇网络评论澄清是非，在传递事实信息的过程中起到了关键作用。

最后，网络评论可以澄清不实信息，驳斥有害观点，起到拨乱反正、激浊扬清的作用。例如，针对网络中广为流传的"外卖正在毁掉我们的下一代"，光明网刊载网络评论《毁掉下一代的不是外卖而是片面的环保观》，指出一种新产业的出现可能带来新的污染，但并不意味着旧产业就是纯粹天然环保的，以更多的污染替代摆在眼前的一种污染，显然不是抵制外卖的正当理由②。该评论呼吁每个人从自身环保理念和日常习惯的塑造做起，对片面的环保观念进行了有力的批驳，提供了对外卖行业的一种新的切入视角，让人们更全面、理性地看待类似社会问题。

作为以论是非、辨真相为基本内容的舆论引导方式，网络评论理所应当立足于对现实问题的理性思考，着眼于对人们思想行为的正确引导，起到释疑解惑、澄清是非的作用。这是由社会主义新闻传播事业的性质所决定的，也是由网络评论的功能定位所决定的。

三、畅通民意渠道，发挥监督功能

网络评论具有一定的公共性，它不再是媒体工作者的"专利"，而是成为普通网民均能积极参与的方式。在互联网时代，网络评论已经发展成为普通民众直接表达意见的方式和反映民意的渠道，发挥着重要的舆论监督作用。

首先，网络评论的舆论监督功能体现在对权力机构的监督。网络评论往往能够直截了当地指出新闻事件背后公权力失范的本质，并对权力机构提出批评和建议。例如 2012 年 8 月，陕西省包茂高速安塞段发生特大交通事故，一张新

---

① 尤梦瑜，况昌勋，金昌波. 海南公开为一名正厅长级干部澄清正名 [EB/OL]. 海南日报. 2022-10-28 [2024-09-30]. http：//news. hndaily. cn/resfile/2022-10-28/006/hnrb20221028006. pdf.

② 王钟的. 毁掉下一代的不是外卖而是片面的环保观 [EB/OL]. 中国青年报，2017-09-21 [2022-01-26]. https：//www.chinanews. com. cn/cj/2017/09-21/8336333. shtml.

闻图片拍摄到陕西省安监局原局长杨某面带微笑出现在事故现场,引发网友愤怒声讨。随着事件的发展,网民逐渐发现他多次佩戴名表出席活动的情况,网民评论的重点也从事件本身转移到可能存在的贪污腐败现象。最终,杨某因犯受贿罪和巨额财产来源不明罪,被判处有期徒刑 14 年。

其次,网络评论的舆论监督功能体现在对社会环境的守望。传播学理论认为,大众传播的主要功能之一就是监视环境,守望社会,包括对自然环境的监测和对社会运行的监督。网络评论往往在新闻报道的基础之上演变和形成一定的社会舆论氛围,进而实现社会守望功能。例如,2021 年在"饭圈"风气日益盛行并导致网络暴力、负面舆论事态频现的当下,《人民日报》发布《治理饭圈乱象,营造风清气正网络空间》一文,指出:"粉丝文化理应健康向上。激发粉丝群体的正向价值,需要粉丝自律、文明追星、理智应援,也离不开明星更好地发挥表率和引导作用。治理'饭圈'乱象,各方要形成合力,共同营造文明有序健康的网上精神家园。"① 该文被多家主流媒体和内容平台转载,对净化"饭圈"乱象起到重要作用。

再次,网络评论的舆论监督功能还表现在对社会正气的维护。社会现象五花八门,各类新闻事件难辨正邪,网络评论能够直截了当地作出判断,以弘扬正气、传递正能量。例如,针对社会热议的所谓女德文化研究学者丁璇在江西九江学院的讲座内容,光明网发表网络评论《不要为"三从四德"招魂》,揭示了女性解放在理论共识和社会实操之间仍存巨大缺口这一值得重视的社会现实。②

最后,政务新媒体上的评论内容也将成为网民监督的重要方式。近年来,政务新媒体的建设如火如荼,不少政府机构都开设了网站,开通了政务微博、微信公众号、头条号、企鹅号等社交媒体账号和自媒体账号。相比于官方网站,这类社交媒体与民众的距离感会更弱。政府主体可以通过微博、微信和自媒体平台发表评论,与网民及时互动,起到畅通民意渠道的作用。政府一方面可以借助网络澄清事实,表达观点;另一方面通过网络评论的方式也可以介绍政府工作、公告政府决定、通报政府信息,使政府信息透明化、公开化,实现民众与政府的便捷沟通。此外,它还提供给公众直接反映民意的渠道,不同以往需要通过传统媒体的报道,如今公众可以通过网站评论直接表达意见,在畅通民

---

① 邹翔. 治理饭圈乱象,营造风清气正网络空间 [EB/OL]. 光明网,2021 - 08 - 17 [2022-01-27]. https://m. gmw. cn/baijia/2021/08/17/1302492243. html.

② 光明网评论员. 不要为"三从四德"招魂 [EB/OL]. 光明网,2017-05-20 [2022-01-26]. https://baijiahao. baidu. com/s? id=1567892317117230&wfr=spider&for=pc.

意渠道的同时，也促进了政府决策的民主化和群众监督的日常化。

四、引发公众思考，深化社会影响

网络评论除了可以在微观事件中起到引导舆论、凝聚共识、释疑解惑、澄清是非的作用之外，更能够引发公众对社会问题的讨论与思考。所谓真理越辩越明，好的网络评论能够通过直击痛点、抛出观点、引起讨论，使各方意见可以深入交流，共同推动事件的解决和社会的进步。

首先，网络评论可以汇集各方观点，引发公众讨论。社会争议事件的出现，往往不是短时间内能够解决的，这时候不仅需要相关部门的直接介入，更需要各方意见的交流，在观点的不断碰撞中寻找最适合的解决途径。在任何一个社会争议事件的解决过程中，网络评论都是不可忽视的推动力量。

其次，在一些和日常民生紧密相关的事件讨论之中，网络评论还可以引发人们对事件更进一步的思考，寻找问题的本质，促进问题的解决。例如，针对三孩政策，人民网发表的网络评论《完善适宜生育的政策体系》指出，"我国的生育政策一直在根据经济社会的发展情况而灵活调整、不断完善……要加快建立健全相关政策体系和制度框架，在政策托举上出实招、见实效，让适龄生育家庭得实惠，让三孩生育政策落地见效"[①]。围绕当前备受关注的三孩政策，这篇网络评论进行了深入的思考，让更多人意识到鼓励生育政策的出台背后也需要及时调整相应的政策，让更多适龄生育家庭得到实惠。

最后，网络评论是网民参与意识增强的表现。无论是陷入网络舆论漩涡的李天一事件，还是网络舆论监督作用下，最终促使山西霍宝干河矿难"封口费"得以真相大白，都体现出了网络评论促进社会舆论形成，最终推动事件解决、推动社会进步的作用。

需要注意的是，当前网络舆论环境纷繁复杂，网络评论中不乏缺少理性思考、刻意吸引眼球的内容，在事件真相未明时，也存在许多冲动亢奋、哗众取宠的网络评论。这既不利于网络舆论的引导工作，也不利于社会冲突事件的解决。就目前的网络舆论生态而言，网络评论需要在深度思考和理性表达上有所提高。在舆论事件发生初期，"信息匮乏"和"事实缺乏"是很难避免的情况，网民和网络评论工作者都需要作审慎判断，保证理性、独立的思考和应有的严谨与克制。

---

① 赵忠. 完善适宜生育的政策体系［EB/OL］. 新华网，2021－06－23［2022－01－26］. http：//opinion. people. com. cn/n1/2021/0623/c1003－32137775. html.

五、获得商业利益，获取流量收入

网络评论的作用不仅停留在引导舆论、澄清事实、畅通民意、引发思考等领域，发展至今，很多自媒体账号愿意涌入网络评论的生产队伍。其中，很重要的原因是网络评论可以获得商业利益，帮助自媒体平台、机构和个人获得流量，产生经济效益。

首先，网络评论本身是网络内容的重要组成部分，获得更多关注是其获得流量的核心。在"注意力经济"时代中，网民群体的注意力是有限的，网络评论发展的根本是获得受众的关注，越高的点击量、转发量、评论量等数值的背后是其商业流量的体现，对于诸多自媒体账号来说，网络评论可以帮其更好地获得流量和关注，从而成为大 V，获得商业利益。

其次，从商业发展的角度来看，一些自媒体账号通过网络评论适当获得收入，尤其各个平台对优质内容的鼓励，可以更好地推动网络评论的长期发展。各大平台目前都在积极出台政策鼓励优质网络评论内容的诞生，如今日头条平台陆续推出千人万元计划、青云计划、行家计划、"内容品鉴官计划"、"优质创作者扶持计划"等扶持政策，持续鼓励优质创作者生产内容。2018 年 11 月，企鹅号推出了 TOP（优质内容出品）计划，提供不低于 50 亿元的专项内容创作基金、超 100 亿的全平台日流量，重点扶持超 10000 个潜力型创作者，鼓励原创和优质内容的生产。

因此，人们在认识网络评论的作用时，不仅要关注其在政治宣传上的作用，也需要用商业思维去看待它的作用和未来发展。只有持续生产出优质的网络内容，商业媒体或自媒体才能在网络评论市场中立于不败之地，实现商业发展、流量引导、持续盈利的作用。

六、推进网民参与，自下而上传播

习近平总书记指出，中国共产党根基在人民、血脉在人民[①]。党的新闻内容建设坚持走群众路线，网络内容想要长久发展也需要关注人民群众所关注的，发表人民群众所关切的，以人民群众的需求为导向。

贴近人民群众是党的新闻舆论工作的力量之源，推动网民参与也是网络评论发展中的重要动力来源。这不仅需要依赖广大网民群众主动参与网络事件中的发帖和评论，形成理性探讨的意识，也需要官方平台或机构进行顶层设置，

---

① 习近平. 坚持人民至上 [J]. 求知，2022（11）：4-5.

为网民的积极参与搭建平台。

在人民网"人民来论"板块上，栏目责编会挑选关注现实、理性客观、具有观点启发的网民评论进行发布，在梳理了 2022 年 12 月至 2023 年 2 月该栏目的网民评论主题后，不难发现网民评论主题内容多元，涉及文明过节、春运出行、食品安全、市民生活等社会民生方方面面的议题，很多评论都是急民众所急，谈民众所想。

人民网 >> 观点 >> 人民来论

• 人民来论：深入基层，挖掘公共文化服务高质量发展更多功能	2023-02-19 11:15
• 人民来论："灵魂砍价"造福罕见病患者	2023-02-16 08:56
• 人民来论：外摆试点，让城市"烟火气"加速聚拢	2023-02-03 09:13
• 人民来论：舞动春运，在祥和画卷中感受铁路温度	2023-01-17 08:19
• 人民来论：口袋公园，兜住居民幸福的口袋	2023-01-13 14:18
• 人民来论：面对春运返乡，乡村应有更多准备	2023-01-07 17:00
• 人民来论：让新闻图片更有意义	2022-12-14 15:49
• 人民来论：严厉打击医美乱象，决不手软！	2022-12-10 09:26
• 人民来论："适儿化"改造，需坚持"1米高度"视角	2022-12-08 09:33
• 人民来论：让更多清洁热源保障居民温暖过冬	2022-12-06 18:47

图 2.1.1　人民网"人民来论"主题页面

这种自下而上的网民参与评论在自媒体评论中同样有所体现。新榜 2019 年发布的数据显示，2019 年 10 月 25 日，新榜日常监测的 90 万个微信公众号，共发布超过 72 万篇微信文章。其中，原创文章 3.2 万篇，占当天所有文章的 4.5%①。近几年，这一数据更是持续上升。2022 年整年，微信公众号共产生超 3.98 亿篇文章，日均超 109.27 万篇。其中，原创文章数为 1966.34 万篇，占比超 4.92%②。上述数据可见，微信自媒体账号数量较大，每日发布文章也较多，这是新闻评论时期难以达到的评论数据量，这些数据的背后其实大多是普通网

---

① 新榜，网易 H5. 微信公众号 10w+ 数据报告：每天只有 200 篇原创 10w+ ［EB/OL］. 2019-09-25 ［2022-01-28］. https：//mp. weixin. qq. com/s？ _ _ biz = MzA3MzIxMDkzOA = = &mid = 2649530856&idx = 1&sn = da0f625b3da9ee565ddf82488aa0867c&chksm = 870a8cbdb07d05ab9d88bb053f9e4d78eefd8ab7e2d27ab9d6f2bafe7c048a14bc4a716eef0c&scene = 21#wechat_ redirect.

② 新榜. 微信公众号的 2022：每 1 万篇推送产出 9 篇 10w+，1 年累计发文超 3.98 亿篇 ［EB/OL］. 2023-01-15 ［2023-07-26］ https：//mp. weixin. qq. com/s/rJh9xCK t8DZUnG8Sks8Ew.

民用户在互联网上进行发声。在以微博、微信为代表平台的自媒体账号发展中，自媒体网络评论成为体现普通民众观点的重要类型。在网民积极参与网络评论的过程中，实现了评论观点自下而上的传播。

第二节　网络评论对网络传播效果的影响

2016年，习近平总书记在党的新闻舆论工作座谈会上指出，随着形势发展，党的新闻舆论工作必须创新理念、内容、体裁、形式、方法、手段、业态、体制、机制，增强针对性和实效性①。要适应分众化、差异化传播趋势，加快构建舆论引导新格局。要推动融合发展，主动借助新媒体传播优势。要抓住时机、把握节奏、讲究策略，从时度效着力，体现时度效要求。

当今，随着移动手机的普及，更多人选择通过手机端来浏览新闻。这使得新闻阅读者对于新闻和评论的时效性要求更高，他们希望第一时间了解最新热点以及阅读评论。这对于新闻工作者的要求高于以往，增加了他们的工作难度。网络评论员需要在第一时间找出阅读者最关注和最感兴趣的新闻与话题，同时要在最短时间内对新闻进行有效的深入评论，全面提升网络评论的时效性、传播力和影响力，从而净化网络环境，推动网络生态的建设。

一、网络评论的时效性：快速高效，紧跟热点

在发生重大突发性危机事件时，网络评论团队要在最短的时间调整状态，采取合理高效的应对措施，引导网络评论的趋势转向正面、和谐，维护公共秩序，保障社会成员的个人生命和财产安全。网络评论依托互联网平台，具有开放性、多元性、实时性、互动性、碎片性的特点，因此突发事件的网络评论往往第一时间发布，内容多样，变化较快，迅速应对舆情，具有快速高效、紧跟热点的特征。这主要体现在两个层次：第一层是面对突发事件，网络评论必须准确及时、快速反应，第一时间回应网络舆论热点；第二层则是网络评论要在官方和民间、网上和网下之间及时快速地架起桥梁，促进有效的实践互动，最大限度凝聚共识。

---

① 中共中央宣传部新闻局编. 习近平总书记党的新闻舆论工作座谈会重要讲话精神学习辅助材料 [M]. 北京：学习出版社，2016：79.

（一）迅速应对舆情

网络评论要准确及时、快速回应重大舆情事件。网络新闻的重要特点，就是快速及时，力求同步传递。网络评论同样如此，应以快速反应、先声夺人见长。它比一般的理论文章更讲究时效性，更具有指导性和针对性。

相较于传统媒介的评论，网络评论不需要经过纸媒的编辑和印刷，也不需要经过电视和广播媒体（除直播评论节目外）安排固定的评论时段发布。新闻事件发生后第一时间进入读者视野的常常是网络评论。因此，网络评论的时新性相对于传统媒体新闻评论有了较大的提高。

网络的即时性特点要求网络评论准确及时地发声，目前网络舆论的流瀑效应与群体计划效应更是要求第一时间进行意见对冲，传达理性声音①。面对重大突发事件、热点话题，网络评论主体，特别是有关部门和媒体要立刻抓住正确站位、主流视角，并且铁肩担责任，全面掌握网络舆情，力争在危机发生的第一时间迅速准确地将事实的真相传达给广大网民，对一些负面的舆论进行正确的疏导，对一些正面的网络舆情进行引导，做到未雨绸缪，顺畅广大网民表达意见的渠道和出口。

2019 年末，网红宇芽遭遇家暴，连续一周上微博热搜，《人民日报》迅速回应并多次发声，"反家暴，需要更多人勇敢站出来""家暴不是家务事，必须零容忍"，从情理和法理两个视角关注家暴问题，坚定织密、织牢全社会反家暴防护网的决心，促进妇女儿童保护法律体系健全完善。

（二）及时沟通互动

网络的时新性为网络评论提供了网上网下有效互动的平台。网络媒体使普通人获得了高度自由的表达权，网民能够快捷地参与到对新闻事件的关注和评论中，在网络这个平台上与他人平等自由地交流。

这一方面体现了在这个信息爆炸的时代，人们在每一分钟甚至每一秒都有可能接收和发送各式各样的新闻与信息。舆论不是静态的或者偶发的，也不是渐变的和可预见的，而是呈现融媒体、多终端、动态化的发展趋势。公共舆论环境愈加复杂多变，热点事件的舆情发酵周期受到多重因素的影响，不但舆情走势更加难以预测，舆情妥善处置也变得更加难以把握。

另一方面也说明了在网络开放的舆论环境中，政府和主流媒体需要更加注

---

① 田勇，陈冬冬. 网络评论：在解构与重构中传递正能量［J］. 新闻与写作，2013（02）：19.

重以平等的意见交流态度和方式，重视内容内在的价值和逻辑力量，将相关意见吸纳和落实，实现网上舆论的共鸣，官民之间的有效互动。

二、网络评论的传播力：全面覆盖，分众传播

网络评论要坚持全面覆盖，分众传播原则。第一，网络评论要充分覆盖和利用不同平台的优势，根据实际情况，尽可能全面地选择发布渠道，以得到更好的传播效果。第二，网络评论要注重平台之间的联动效应和系统效应，优化发布的方案，在不同平台形成合力，短时间内占据舆论高地。第三，网络评论要保证内容质量，富有针对性和互动性，而不是无的放矢，使读者"解渴"而不是"放马后炮"。

针对网络传播对象分众化、网络传播方式个性化等特点，网络评论要注重平台之间的联动和系统效应。随着媒介技术的快速发展，"两微一端"成为媒体的标配，抖音、快手等新型平台的受众也不断下沉。新闻媒体逐步开始布局平台型媒体，打造"中央厨房式"的全媒体平台和新媒体矩阵。

不同平台间的网络评论要实现联动和系统效应。这一方面指的是媒体内部，不同部门根据不同媒体平台的特点，选择适合的内容类型和表现形式，在适当时间点予以分发。借助媒体平台，同样一篇网络评论，在网络上不同节点、不同终端，采用不同的呈现形式，可切实提高传播效果。另一方面指的是传统媒体与商业平台优势互补，合作共赢。近年来，网络新平台强势崛起，日益成为信息传播的新阵地、社会沟通的主渠道、宣传舆论的最前沿、公共服务的第一线。传统媒体和地方政府部门要积极入驻新的网络媒介平台，加快推动网络评论正能量的输出。

三、网络评论的影响力：舆论引导，影响扩大

互联网已经成为社情民意上传下达最便捷有效的沟通渠道。主流媒体通过网络评论积极回应社会关切，倾听民意、汇聚民智，是"放大主流声音，凝聚思想共识"的重要手段。从技术角度来看，相较于新闻评论，网络评论的立场、立意、表述策划等都将扩大事件的传播力，影响舆论的形成和发展。一个知名网络平台的网络评论影响力是不可低估和难以想象的。一则影响力深远的评论往往代表了社会态度，数以万计的网民都会被网络评论的内容及其价值观所影响，并进行评论、分享转发。

网络评论是把"双刃剑"，立场正确的网络评论会给社会带来更多正能量，给年轻人起到良好的带头作用，让更多人去学习与进步。相反，偏离正轨的评

论将掀起舆论的再一次发酵，形成负面的影响。因此，这也要求新闻评论工作者要起好带头作用，为民众做好正确的舆论导向，切勿给读者灌输错误的思想。在热点新闻出现时，需要评论者引导读者在第一时间了解事实的真相，减少谣言传播的可能性。

在新媒体时代的网络评论更加考验评论员观察问题的敏锐性和分析问题的透彻性。评论员需要不断地深入学习党的理论、坚守党的立场，才能主动把握住评论的方向、基调，一针见血地指出事件背后的真相，将正确的舆论传播出去，将新观点、新思路、新语言的影响力扩大。

四、网络评论的综合性：推动网络生态的建设

随着更多新媒体和自媒体的出现，民众有了更多阅读新闻评论的选择，然而这也暴露出了更多问题。自媒体最初出现的时候，缺乏有效的监管，他们对热点事件进行评论。好的评论可以带来积极、正能量的态度，然而一些别有用心者却利用一些读者缺乏主观判断意识，任意散播假新闻与谣言，给社会带来了负面的影响。因此，平台和监管单位需要对自媒体上的内容加强规范和监管，这样才会减少虚假新闻的传播。

具有正能量的新闻评论会净化网络环境，给社会带来积极向上的价值观，让民众提高自己的社会责任感。因此，主流媒体需要起到带头作用，为网络评论创造一个良好的生存发展空间，同时要保证网络评论内容的积极向上，价值观正确，宣传正能量，这才会提升自己的长期公信力与影响力。

网络评论是建设网络强国的重要方面，也是提升网络舆论传播力、引导力、影响力、公信力的关键阵地之一。党的十八大以来，面对意识形态领域错综复杂的形势，习近平总书记发表了一系列重要讲话，他强调，做好网上舆论工作是一项长期任务，要创新改进网上宣传，运用网络传播规律，弘扬主旋律，激发正能量，大力培育和践行社会主义核心价值观，把握好网上舆论引导的时、度、效，使网络空间清朗起来。在新媒介环境下，网络评论员需要把握住媒介的特点，善于、敢于发声，积极抢占网络舆论阵地，让社会主义核心价值观成为网络评论主旋律，推动网络生态的建设。

第三节　网络评论左右网络舆论导向

2013 年 8 月 19 日，习近平总书记在全国宣传思想工作会议上指出，宣传思想工作是做人的工作的,人在哪儿重点就应该在哪儿,强调要根据形势发展需要把网上舆论工作作为宣传思想工作的重中之重来抓。① 这不仅是宣传思想工作者们掌握舆论主动权的需要,更是保障我国意识形态安全和政权安全的需要,还是对我国网络发展现状的清晰认知、理解和判断,具有很强的科学性、指导性。

在纷繁复杂的网络环境下,网络评论作为一种基于新媒体平台的新型评论形态,可以正确引导网络民意表达,是新形势下实现网络舆论引导、确立主流意识形态领导权、净化网络空间的有效途径。

一、高举旗帜,引领导向

在新的时代条件下,党的新闻舆论工作的职责和使命是高举旗帜、引领导向,围绕中心、服务大局,团结人民、鼓舞士气,成风化人、凝心聚力,澄清谬误、明辨是非,联结中外、沟通世界。网络评论最重要的功能就是引导舆论。网络评论本身也可以构成舆论的内容。使用网络评论来引导舆论,端正导向,是媒体工作者和网络评论员的必修课。网络评论作为新兴的发声渠道,在舆论导向中发挥着重要作用。要承担起舆论导向的职责和使命,必须把政治方向放在第一位,坚持党性的原则,坚持马克思主义新闻观。

相较于传统网络,新媒体的话语评论方式更为灵活,网络舆论传播往往源于新媒体平台,新媒体已然成为观点交锋的重要工具,也成为思想文化的集散地,对社会舆论环境影响深远。

新媒体网络评论的内容同样需要高举旗帜、引领导向,坚持阵地意识。具体而言,新媒体网络评论首先要体现出党的意志、反映党的主张,维护党中央权威、维护党的团结,做到爱党、护党、为党。其次要增强看齐意识,同党中央在思想上政治上行动上保持高度一致。阵地正确是网络评论的灵魂,网络评论员唯有学好马克思主义新闻观,才能做好党的政策传播者,推动时代进步,守望公平和正义。最后,网络评论需要坚持正确的舆论导向和正面引导宣传,坚持党性和人民性相统一,把党的理论和路线方针政策变成人民群众的自觉行动,及时把人民群众创造的经验和面临的实际情况反映出来,丰富人民精神世界,增强人民精神力量。针对具有负面影响的新闻报道,网络评论需要有效疏导公众的愤怒和不满。搭建政府与公众沟通的平台,使公众能够了解政府的工

---

① 坚定文化自信,建设社会主义文化强国 [EB/OL]. 求是网,2019-06-15 [2023-03-18]. http://www.qstheory.cn/dukan/qs/2019-06/15/c_1124626824.htm.

作，政府也能了解公众所思所想。

2019年4月，多家媒体报道"云南孙小果"案件。一名21年前的死刑犯，却能多次减刑，最终神奇地走出监狱，继续涉黑涉恶、为非作歹，直至再次被捕，其背后的疑点引起全国人民的震惊和热议。人民日报微博账号发表评论《谁是孙小果的权力拐杖？》，评论提到"从回应关切到拉直问号，从'打伞破网'到'打财断血'，从一查到底到一查到'顶'，用法律驱散孙小果案带给公众的恶霸想象和正义焦虑"①，及时、准确、坚定地表明了国家扫黑除恶的立场，回应了舆论的关切、公众的期待。此外，抖音平台中，不少自媒体评论也对该事件进行评论，例如"看度时评""黄河评论"等账号对此发表评论"坏人伏法才能让好人安心"，更为直接地表达了百姓的情感诉求。

二、牢固思想防线，坚守意识形态

"意识形态工作是党的一项极端重要的工作，能否做好意识形态工作事关党的前途命运、国家长治久安、民族凝聚力和向心力。"② 从党的历史看，意识形态工作具有非常重要的作用。网络评论员必须做到坚持以马克思列宁主义、毛泽东思想、邓小平理论、"三个代表"重要思想、科学发展观、习近平新时代中国特色社会主义思想为指导，宣传党的思想和政策。坚决维护以习近平同志为核心的党中央权威和集中统一领导，自觉在思想上政治上行动上同党中央保持高度一致。

对任何国家、任何执政党而言，舆论都是主流意识形态话语权在人们生活中的显现，是意识形态建设的重中之重。在互联网时代，网络评论是建构舆论的重要方式，不同观点的评论声音共同组成了网络舆论生态，这是一个社会良性运转的关键。

然而，当今世界局势云谲波诡，西方敌对势力对我国的思想渗透不断加速。在任何国家网络评论都没有无限制的绝对话语自由，总是存在一定的安全边界。因此，有关部门和媒体迫切需要强化网络评论的引导，建构主流网络评论的话语权，将新媒体的网络评论引导工作作为网络意识形态领导权建构的着力点，让主流意识形态成为新媒体的核心话语。

---

① 人民日报. 孙小果案：谁是孙小果的权力拐杖？[EB/OL]. 新浪网，2019－05－24 [2022－01－24]. http：//news. sina. com. cn/s/2019-05-24/doc-ihvhiews4371794. shtml.

② 北京市习近平新时代中国特色社会主义思想研究中心. 做好意识形态工作既要有斗争意识又要有斗争艺术 [EB/OL]. 光明日报，2019－12－10 [2023－03－19]. http：// dangjian. people. com. cn/n1/2019/1210/c117092－31498410. html.

面对前所未有的严峻的意识形态环境，网络评论做好意识形态宣传工作有以下几点要求：第一，坚持把习近平新时代中国特色社会主义思想作为网络评论的根本指导思想；第二，利用网络评论的群众基础，从网民中来到网民中去，高举旗帜、引领导向；第三，发挥网络评论的灵活性和及时性，用各种形式的网络评论宣传党和国家的思想和政策。

三、净化网络环境，营造清朗网络空间

互联网是亿万民众共同的精神家园，加强和创新互联网治理，净化网络环境符合人民的利益。党的十八大以来，以习近平同志为核心的党中央高瞻远瞩地提出了一系列网络治理新理念、新思想和新战略。党的十九大报告提出"净化网络环境，营造清朗的网络空间"，更是为网络治理提供了指导方针。

有一段时间，飞速发展的网络泥沙俱下，"虚拟照进现实"，信息日益多元，民众却越来越难以对谣言和真相做出区别。尤其网络舆论形成过程中呈现出"蝴蝶效应"，网络空间中任何一个微小事情，经过互联网放大、聚焦、传播、热炒，都可能迅速演变成社会舆论焦点①。"蝴蝶效应"既有良性效应，也存在恶性效应，当蝴蝶扇动翅膀，信息开始传播时，有关部门和媒体要果断利用网络评论积极引导传播方向，趋利避害，使之形成正面效应，让网络舆论向良性方向发展。

此外，网络舆论还具有"避雷针效应"，即疏导策略。面对网络危机事件，若缺乏相应疏导机制，则会导致该事件在网络公共空间发酵、膨胀产生极大的负面影响。因此，有关部门和媒体需要及时清除网络上的污泥浊水，提供阵地意识坚定的网络评论，为人们提供一个规范、有序、健康的网络环境，使网络空间清朗起来。

实践证明，主流媒体主导网络秩序，一方面要清除谣言，另一方面要注入健康的评论，这不仅不会扼杀网络活力，反而可以兴利除弊，激发更多网络正能量。用好的网络评论引导舆论走向，推动网络空间健康发展。

第四节　网络评论对网络内容生态的作用

2016年4月19日，习近平总书记在网络安全和信息化工作座谈会上强调，

---

① 汪波. 中国网络监督与政府治理创新［M］. 北京：北京师范大学出版社，2013：309.

网络空间是亿万民众共同的精神家园。网络空间天朗气清、生态良好，符合人民利益。我们要本着对社会负责、对人民负责的态度，依法加强网络内容建设，做强网上正面宣传，培育积极健康、向上向善的网络文化，用社会主义核心价值观和人类优秀文明成果滋养人心、滋养社会，做到正能量充沛、主旋律高昂，为广大网民特别是青少年营造一个风清气正的网络空间①。网络评论承载着净化网络空间的重要使命，对网络生态建设具有深远影响。鉴于此，党和政府各部门以及主流媒体机构必须积极推动和创新网络评论实践，切实做好网络评论工作。本节将从内容、形式、官民互动、平台协作四个方面探讨网络评论如何不断消减网上负能量，不断增强网上团结稳定，激发全社会团结奋进的强大力量，从而使网络空间成为一个既高度开放、又高度文明的网络社会。

一、丰富网络内容多样性

传统媒体在评论复杂的新闻事件时，需要对新闻进行抽象概括，过程中有可能带有主观倾向。并且，传统媒体评论的篇幅有限，只能着重于大多数人所关心的方面，缺乏个性化内容设置，不能覆盖所有受众的阅读需求。传统媒体只能单向传播，受众缺少发表个人意见的途径，不能与新闻评论员进行交流。故而，传统媒体评论的内容缺乏多样性。

近年来，新兴媒体的快速发展，使互联网已然成为社会生活中表达民意、畅通民情、汇聚民智的重要渠道，成为各种意识形态交流、交融、交锋的重要平台。多元思想观点在网上百花齐放，丰富了网络内容的多样性，具体而言，可以体现在主体、平台两个层次。

第一，人人可以表达自己的观点，丰富评论内容。网络评论与以往其他媒体评论的最显著差异就是没有可以设置媒介组织的信息传播"把关人"，使公众的意见都可以便捷地显现到新媒体的各种意见平台上，并为这些意见传播提供平台的机会②。因此，网络评论由于参与群体的匿名性和平等性而更加接近客观民意。它甚至还能反映出传统媒体未曾出现的意见或表达不充分的公共意见，为公众参与社会管理，维护自身权益，实现个体诉求，提供了表达、传播、引发关注的渠道。

第二，专家和意见领袖的加入，引领民众认知。网络评论可以引领网上新型知识分子，积极发表具有权威性的社会主流意见，可以加强对活跃在网络上

①　论坚持党对一切工作的领导［M］. 北京：中央文献出版社，2019：137.
②　曹劲松 . 政府网络发言［M］. 江苏：江苏人民出版社，2012：180.

的"意见领袖"的政治引领和政治吸纳，使之认同主流意识形态和社会主义核心价值理念，发挥其正能量。在知乎、悟空问答等新兴知识付费平台，受众可以和某领域的权威专家直接进行交流，邀请专家对新闻热点进行专业的评论。新媒体为不同领域和背景的人搭建了一种便捷的沟通渠道，不同观点之间相互碰撞产生思想的火花，极大丰富了网络内容的多样性。

第三，平台形态多元化，广泛影响民意。网络评论能即时发布，且形式多样，一方面可以迅速回应民众诉求，有效配合党和政府的中心工作、重大部署、开展正面引导；另一方面可以围绕网上热门话题，快速组织有深度、有说服力的文章，释疑解惑，坚持导向。例如，微信、微博、抖音、快手、小红书等网络平台都为受众提供了极为便捷的互动功能，使得受众能够在第一时间对某一事件进行评论。此外，新媒体平台还会通过各种活动引导受众参与某件事的评论。如国庆70周年，新浪微博推出"我和我的祖国"话题，强烈地引发了大家的共鸣，网友以各种不同的形式表达自己的爱国情怀。

综上所述，网络空间的开放性极大地方便了用户的意见表达，为网民的自由发言提供了一个浩瀚的虚拟空间，使得不同声音的共存成为可能。网络评论的出现"改变了以往传媒言论一统天下的局面，打破了观点趋同的传播模式，网民可以从不同角度、不同层面、不同立场出发，自由发表意见，表达不同诉求，甚至站在与传媒观点相反的立场上"[①]。网络评论多元主体交流互动、网络平台形态丰富的特点，使得意见表达更为多元化，丰富了网络内容的多样性。

二、创新网络内容形态

传统媒体评论员，需要扎实的新闻评论功底、具备专业的背景知识，所写出的评论经过层层把关后才能向大众传播。媒介融合的今天，网络评论不仅需要第一时间发表新闻评论，还要创新内容生产方式。所谓"创新网络内容形态"，就是不拘泥于某一种具体形式，要充分发挥其多主体、多媒体、多渠道作用，创造性采用多种多样的表现形式。

网络评论形态的拓展，同新兴互联网应用的出现轨迹相吻合，逐步经历了从最初的网站评论和网络专栏评论，到后来的网络论坛评论、网民跟帖以及博客评论，再到当前的微博、微信评论这样一个发展过程。

新型评论形态也为旧有评论形态提供了新的传播渠道。一些微博用户通过

---

① 涂光晋，吴惠凡．表达·交流·争论·整合——新媒体时代新闻评论的变化与反思
[J]．国际新闻界，2011（05）：21．

微博平台发布网站评论或博客论文的摘要和链接，而很多微信用户则通过朋友圈转发主流媒体在公众号上发布的长篇评论文章，促成了此类评论的二次传播。

此外，网络传播者可以根据传播需要选择一种或几种传播形式。网络评论的文本形式有留言板跟帖、言论频道新闻评论和论坛评论等。其中，留言板跟帖是网络评论的特有类型。和留言板跟帖完全不同的是言论频道的新闻评论，言论频道的新闻评论基本上都是完整的评论文章，与报纸新闻评论并无本质区别，留言板是针对单条新闻所设置的交流与讨论平台，论坛则是针对社会某方面内容的交流与讨论平台。

除了文本形式之外，网络评论还可采取文字、图片、音视频等其他媒介形式。例如 2019 年下半年，央视新闻推出"主播说联播"短视频栏目，不仅采用能引起共鸣的内容与幽默诙谐的语言，更在传播渠道上选择了"两微一快一抖"，实现了多屏互动和全平台传播，深受用户喜爱。由于网络评论几乎具备了所有互联网的特征，即超链接、多媒体、交互性、具有极为丰富灵活的表现形式，极大地丰富了网络空间的内容。

三、畅通民意表达渠道

习近平总书记在网络安全和信息化工作座谈会上的讲话指出，要把权力关进制度的笼子里，一个重要手段就是发挥舆论监督包括互联网监督作用①。网络评论有效地发挥舆论监督作用，网民从一些小事件中挖掘出一系列违法犯罪、权力滥用、学术腐败等新闻。

例如，发表在《湖北日报》上并获得第 32 届中国新闻一等奖、在互联网上广泛传播、转载的《决不允许"鸡脚杆上刮油"》，该评论全文仅 594 字，但直击党风廉政建设和反腐败问题，尤其回应了基层群众特别是困难群众的担忧。从小事进行挖掘，结合民众案件举报进行评论，短促有力，回应问题。此外，如人民网设置了"人民建议""为群众办实事"等板块，对群众发言及评论进行回复，如 2023 年 7 月 26 日留言数 5563 条，回复数为 2163 条，回复率近 40%。

近年来，政府越来越关注热点事件中的网络评论，并从中了解群众的需求、收集切实可行的治理意见。很多党政部门积极利用网站、微博、微信公众号等平台传播正能量，主动向错误观点亮剑。《2020 政务指数·微博影响力报告》显示，截至 2020 年 12 月 31 日，经过微博平台认证的政务微博已达到 177437

---

① 论坚持党对一切工作的领导 [M]. 北京：中央文献出版社，2019：137.

个，其中政务机构官方微博 140837 个，公务人员微博 36600 个①。政务微博的规模继续稳定增长，并朝矩阵化、专业化、垂直化的方向发展。网络评论是重要的民意表达渠道，充分反映了人民群众的所思所想，为党的执政方法提供事实依据。

四、加速平台协同合作

网络评论需要了解不同网络平台的定位和特点，充分分析不同平台受众的群体特征和信息传播特点，熟练掌握平台的使用方法。才能针对不同平台生产出适合传播的评论内容，扩大评论覆盖的受众群体，提高评论对受众的影响力。

第一，在评论工作准备过程中，网络评论需要根据各个平台的特点及使用策略建立应急机制。在应对重大主题、思想理论问题等的阐释和评论工作时，要明确各个平台的定位和角色。在网络评论工作的实际开展中，各个平台要多管齐下、协同合作。

第二，网络评论工作需要在实际工作中摸索前行，总结经验，确定平台间的合作机制。网络评论平台间的合作模式不是一朝一夕可以形成的，而是要在长期的实践过程中慢慢探索适合每个平台的策略，以及在各类事件发生之后具体如何应对、如何实现平台之间的合作，在经验总结中搭建合作机制和具体框架。具体而言，同一个媒体在不同平台都会开设账号，甚至在同一平台会开设多个账号。例如，《人民日报》在微信上就开设了"人民日报""人民日报评论""人民日报政文"等多个评论类公众号。在事件发生后，各个账号会发表不同话语体系、评论视角、思考角度的评论，形成互动和包围圈，从而实现网络评论目的。

第三，网络评论工作团队应和各大网络内容平台建立合作机制，从平台角度对网络评论进行监管。微博、微信、各大论坛、抖音等当前网络内容和信息传播的关键平台为信息交流主体提供中介服务和平台服务，能够进行平台服务板块的设置、监管平台信息，对于网络生态建设发挥着重要作用。许多平台服务提供商都会删控平台上的传播信息、封锁具体账号等，从而净化平台上的传播环境、维护平台运营秩序。当一些谣言信息、不实信息、恶意评论在网络空间蔓延时，网络评论工作团队应当与传播平台合作应对，合法处置这类评论信息，在根源上保障网络空间的天朗气清。

---

① 光明网．《2020 年政务微博影响力报告》发布 ［EB/OL］. 2021-01-26 ［2022-01-17］. https：//m. gmw. cn/baijia/2021-01/26/34573835. html.

第三章

网络评论的特殊性

网络技术的发展使得越来越多的受众可以在网络上发表言论，发表评论的人数增多，评论主体也在变化，研究这种变化有利于了解网络评论的现状。而网络评论的内容特殊性以及类型特殊性，都是网络评论发展过程中随之而来的衍生品。本章内容将从网络评论的目的、对社会的影响力、主体特殊性、内容特点和类型特点几个方面来研究当下网络评论的现状。

第一节 网络评论目的的多样性

随着互联网的迅速发展，当下民众处于一个信息爆炸的年代里，打开手机会收到各种各样的信息。人们接收着信息，人们也可以发布信息，在这种情况下，网民群体需要看到有意义有深度的内容，也要发布一些内容来表达自己的诉求。网络评论的出现满足了这一点要求，它是新闻评论与民情反映在网络平台的扩展，极大地丰富了网络空间的内容，并且产生了越来越大的影响，这也是网络评论的重要贡献之一。网络评论针对一件事情而产生讨论，形成了多元化的意见表达，具有舆论监督和舆论导向双重作用。而网络评论的目的具有多样性，主要有以下几点。

一、宣传意识形态，传播正能量

"山无脊梁要塌方，人无脊梁会垮掉。"舆论是影响社会发展的重要力量，坚持正确导向是主流媒体发展的核心和灵魂。习近平总书记在党的新闻舆论工作座谈会上指出，党的新闻舆论工作坚持党性原则，最根本的是坚持党对新闻舆论工作的领导①。

新闻舆论工作各个方面、各个环节都要坚持正确舆论导向。新闻舆论工作作为党的一项重要工作，坚持正确舆论导向，事关旗帜和道路，事关贯彻落实党的理论和路线方针政策，事关顺利推进党和国家各项事业，事关全党全国各族人民凝聚力和向心力，事关党和国家的前途命运。坚持正确舆论导向，既是主流媒体新闻舆论工作者们必须自觉践行和坚守的核心价值和职业道德，也是主流媒体新闻舆论工作存在的价值和意义所在。

"用正确的舆论引导人"一直以来都是新闻评论的追求之一，尤其是对主流媒体来说，新闻评论是其权威性与公信力的体现。新闻媒介第一职责就是应该成为社会的"守望者"，客观、平等、全面、真实地改善和消除社会成员间的信息不对称状况。其公信力则是"媒介所具有的赢得公众信赖的职业品质与能力"。新闻评论内容是新闻媒介传播中的一种，受众对新闻评论内容的接受判断是公信力的评判标准之一。因此，公信力问题一直以来都是大众关注的焦点。

但随着社会的发展，当越来越多的社会问题涌现的时候，人民群众内总会产生不同的诉求，需要得到有力疏导。网络评论在某种程度上，完成了这一任务。当下网民数量不断扩增，网络新闻传播速度越来越快，这使得网络舆论越来越成为新闻舆论的重要力量。所以要坚守网络评论阵地，加强网络思想舆论阵地建设，通过网络评论发出主流声音、传达主流思想，传播正能量。

在第二十九届中国新闻奖中，有一部获得特等奖的文字评论作品，题目为《创造历史的伟大变革——纪念改革开放 40 周年》。该篇文章站在当下时代发展的立场上，列举了改革开放时期人民高举社会主义旗帜所做的每一步探索，党中央坚持全心全意为人民服务所做的每一步伟大规划，正是这些伟大创举，使四十年后的人们拥有了美好生活，此外作者对未来有着美好的期待——"中国人民将走向更加光辉的未来，中国特色社会主义将迎来更加美好的明天"②。这种类型的评论文章不仅在传统媒体上发表，还能通过互联网进行传播，增加影响力，这能进一步加强主流价值观对网民的传播效果，有利于意识形态的宣传。

除此之外，针对一些即将发布或刚刚发布的新政策，也需要相应的网络评论进行解读。这些更"接地气"的政策解读不仅能起到引导公众、减轻舆论压

---

① 中共中央组织部党建研究所编. 党的建设大事记［M］. 北京：党建读物出版社，2018：365.

② 任仲平：创造历史的伟大变革——纪念改革开放 40 周年（上）［EB/OL］. 人民日报，2018－12－14［2022－01－02］. http：//china. cnr. cn/news/20181214/t20181214 _ 524449121. shtml.

力的作用，还能帮助公众多角度地认识现实，明白问题结症之所在。例如，在国家互联网信息办公室出台《互联网信息服务算法推荐管理规定》后，中青网发布《〈互联网信息服务算法推荐管理规定〉发布 算法新规剑指"大数据杀熟"等乱象》①，对规定细节进行分析解读。

国内还有很多主流媒体网站拥有评论品牌，比如人民网评、光明时评、新华网评等。在党的十八大、十九大和二十大召开的时候，这些网络评论向大众转述了会议讨论方向，传递出了政府的观点和态度，让人们有了社会建设的参与感。这些文字评论内容，从高角度、高站位出发，以大视角阐述了当下发展趋势，宣传了我国的意识形态基本问题，并且向人民群众传播着正能量。

二、端正舆论导向，推动社会进步

网络评论在舆论导向中能够发挥重要的作用，在某种程度上，是新媒体时代舆论的风向标。社会热点事件的出现总是会引起民众的激烈讨论，这些讨论中也存在一些不和谐的声音，这些声音可能会使不了解真相的民众对事件本身产生误解。这个时候，国家层面的媒体评论的出面会引导舆论的走向。这种主流声音不仅要能引导舆论，还要整合分散零碎的网络意见。

2019 年，时隔十年之后重新修订的《中华人民共和国食品安全法实施条例》即将正式实施的时候，光明网上出现了一篇针对该条例的时评，强调了新规定中的"四个最严"以及其中几大利于人民的制度亮点②。此类网络评论不仅使民众更快更迅速地了解国家进一步对食品管制的举措，也能明白未来发展方向，同时针对不和谐的声音予以有力反击。随着科学技术与互联网的发展，当下新闻传播的授受关系不再像以往那样单一，在互联网上任何人都可以生产、发布自己的信息，这样的评论环境中，由于网民文化层次不同，评论庸俗化的现象层出不穷，部分网民评论在一定程度上存在被不理智的声音所影响的情况。

2018 年 10 月 28 日，重庆发生了"万州公交车坠江"事件，事件发生后，很多网友对"女司机逆行导致公交车坠江"这一结论深信不疑，并且大力抨击另一条道路上驾驶的女司机，直到黑匣子被打捞上来，真相被公布出来后，网友们才得知真相是司机与乘客激烈争执导致的公交车坠江。真相大白后，《人民

---

① 何春中.《互联网信息服务算法推荐管理规定》发布　算法新规剑指"大数据杀熟"等乱象［EB/OL］. 中青网，2022－01－05［2022－01－29］. https：//baijiahao. baidu. com/s? id =1721064376224241813&wfr=spider&for=pc.

② 安子州：以"四个最严"守护"舌尖上的安全"　［N/OL］. 光明网，2019－12－03［2022－01－29］. https：//guancha. gmw. cn/2019－12/03/content_ 33371571. htm.

日报》、新华社等众多媒体对此事进行了总结分析，其正向的导向作用改变了舆论方向。而主流媒体的新闻评论在此时的作用正是在规范新闻事件中的舆论方向。

网络新闻评论依托于互联网平台这一载体，大大促进了新闻评论的产量，提高其评论内容的质量。但如果没有把关人机制起到把控和引领作用的话，那么网络评论的内容就会难以控制质量，甚至在某些舆情事件中起到反作用。因此，需要主流媒体、平台管理者等主体发挥好把关人作用，对网络评论的内容加以引导。

三、丰富讨论议题，充盈网络内容

以往的评论都是在传统媒体上发布的，比如报纸、广播、电视等，这需要一定的门槛以及相应的准入制度，但互联网的发展使得人人都可以成为信息发布者。网络评论涉及的范围十分广泛，从国际大事到家长里短，都可以成为评论的对象。评论内容与评论主体的扩充，使得网络评论达到了一种繁荣状态。

由于网络具有一定的匿名性，可以隐去发言者的很多外在信息，这就使得发言者能更加顺利地表达自己的观点。当公民针对某一事件或者现象在网络上发表自己的评论的时候，其所表达的内心真实想法往往可以激发出更多方面、更深层次的讨论。但这也是一柄"双刃剑"，也有人会利用网络的匿名性来发布一些不当言论。

除了一些积极的正面事件的评论，网络评论也会针对一些负面消息进行评论。新京报在微信公众号上开辟了一个"新京报快评"板块，专门用于对时事进行新闻评论。比如，一篇《走出"豫章书院"阴影，别让受害少年"独行"》的评论文章，不仅介绍了豫章书院的相关后续报道，而且鞭辟入里地分析了社会层面应该为问题少年家庭做的事情，给读者以深度思考的空间①。人民网上有一篇名为《人民网评：决不能让广大农民工空手回家过年！》的文章，介绍了一个拖欠农民工薪资的事件，同时介绍了劳动法相关规定、国家相关福利政策等内容②。这些评论不仅让读者了解到一些社会负面事件，也让受众知道一

①　西坡. 走出"豫章书院"阴影，别让受害少年"独行"［EB/OL］. 新京报，2019-11-22［2022-01-29］. https://baijiahao. baidu. com/s？id = 1650968991147631649&wfr = spider&for=pc.

②　秦川. 人民网评：决不能让广大农民工空手回家过年！［EB/OL］. 人民网，2019-12-03［2022-01-29］. https://baijiahao. baidu. com/s？id = 1651813456372635218&wfr = spider&for=pc.

旦他们遇到类似事件，应如何理性应对。

网络评论议题的丰富性不仅在于评论事件的多样性，还来源于评论角度的多元化。当一个社会事件发生后，通过网络新闻评论，广大的网民群众不光可以了解这一事件，还可以从法律、社会、文化、经济等多个角度出发，仔细思考这个事件背后的成因以及解决办法，网民因此可以获得更加丰富多元的内容信息，了解多元价值观，并从多个角度深入思考社会议题。

四、表达多元诉求，引起社会讨论

在当下的互联网环境中，公众可以在各种网络平台针对社会热点事件进行评论或发布意见和看法，也可以表达自己的愿望或者某个群体的诉求。以往，传统的民意表达有报纸读者来信、群众信访、政府门户、市长信箱等形式。对于民众来说，这些表达途径不仅反馈速度较慢，而且部分渠道还需要较高的文化水平，门槛较高。但现在，民众可以在微博、论坛、微信等多种新媒体平台进行发帖评论，表达自己的意见或诉求。这种现象的出现既改变了民意表达的途径，便利了表达的方式，也更深层次地激发了群众表达的热情，是对民众在网络空间生态中发表意见和观点的积极鼓励。另外，由于时代与技术的发展，很多在传统媒体时代没有被大众媒介所关注的议题进入了人们的视野，比如关于网络暴力、数据遗产的问题。这些新的议题需要网民群体去交流讨论。

在某种程度上，社会沟通的方式改变了，以往信息是自上而下传递，民众的很多诉求无法得到即时表达和呈现。但现在自上而下和自下而上的双向信息传递打破了以往的沟通壁垒，使党和政府作为决策主体可以更全面地把握社会不同群体的诉求，了解民众的所思所想。

前文也谈到，在人民网上，有一个专门为网友评论开辟的专栏，名为"网友来论"，其中的评论文章都非常符合当下群众的情感、生活、利益诉求。网络评论可以使公众对各类话题进行深入讨论，从多个层面探讨成因与解决方法。这有助于对社会现象的深入分析和解读，并促成社会整体素质的提高。例如，2022年11月的一则标题为《以社会合力帮助"银发族"融入数字时代》的"人民来论"，就将评论目光投向了数字时代的一个全新问题——社会各界应帮助银发一族更好地应对互联网，相关主体应积极进行互联网适老化的探索①。

---

① 赵静. 人民来论：以社会合力帮助"银发族"融入数字时代 [EB/OL]. 人民网，2022-11-23 [2023-02-24]. http：//opinion. people. com. cn/n1/2022/1123/c431649-32572688. html.

这类对数字时代中老年人弱势群体的关注，较好地反映了群体诉求，也将部分群体所关心的社会议题拉入网络舆论的讨论当中。

五、吸引流量关注，实现利益转换

除了宣传主流价值观、丰富议题、表达诉求之外，网络评论还可以吸引流量关注，实现商业利益。网络时代，人人都能发声，人人都有机会成为"意见领袖"。而一个领域中拥有大量粉丝的"意见领袖"的商业价值是巨大的。在网络上，很多"意见领袖"转化为网红，他们产出内容，并且将网友、粉丝的关注转化为流量，成为自身谋取利益、赚取收入的途径之一。其中一些网红追求利益不顾内容导向，加剧了网络空间过度娱乐化、商业化的趋势。

在信息爆炸的网络环境中，信息泛滥、鱼龙混杂，所以优质内容就成了网民的普遍追求。在网络评论方面，网友赋予有价值的知识内容以价格，用"知识付费"来使网络评论开辟新市场。比如知乎、微博、分答等平台的付费提问，吸引了大量网络红人的驻扎。另外，还有平台为了吸引流量关注而针对创作者给予一定奖励。比如今日头条、一点资讯、百家号、企鹅号等资讯平台对优质创作者有着较为完善的鼓励机制，一位自媒体人凭借自身实力获取流量关注，是可以实现自身商业价值的。但同时也有很多人为了吸引眼球，创作一些刺激但没营养的内容，这种商业化、娱乐化的内容使网络评论在一定程度上趋于庸俗化，也是网络评论者们应当避免的。

第二节 网络评论社会影响的特殊性

网络评论作为一种网络内容，在社会事件的传播、发酵和扩散过程中往往承担着特殊角色和作用，会带来深远的社会影响力。这里的社会影响力不仅指舆论层面的影响力，还指对事件本身的后续发展和解决有着实质性的作用和影响。

一、作为内容生产的二传手，影响事件发展

网络评论和其他网络内容的生产有一个本质的不同，在于网络评论一定有一个抓手和对象，是特定事件或相关话题、议题已经诞生之后才会由不同主体发表评论进而再引发传播和讨论。因此，在诸多社会事件的后续发展中，网络评论往往会成为引发舆论讨论乃至影响事件走向的重要节点。其所发挥的具体

作用有促进相关主体关注并解决事件、解决或加剧事件矛盾、出现新的讨论关注点引发事件反转等。

首先，在促进相关主体关注到社会事件进而导致事件有效推动甚至解决上，网络评论具有重要的作用。其中，政府主体的加入，是网络评论促进事件解决的常见情形。例如，2016年9月，海口市住建局下发红头文件要求市内的装修从业人员，必须在一个名为"海口市室内装饰装修协会"的机构办理诚信档案。该机构涉嫌将多个国务院早已废除的"装饰项目经理"和"室内设计师"等职业资格认证与诚信档案捆绑。该政策发布后，引发诸多社会反对意见，中国之声《新闻纵横》、华声在线的"华声评论"等评论栏目对此也进行了合理质疑：这些职业资格认证早已被国务院取消，这一政策与国家要求不符①。这些媒体机构或网民发布的评论形成了舆论讨论，推动事件解决。随后，2017年2月，海南省政府对相关责任单位和责任人进行严肃查处和问责，海口市住建局3名责任人被严肃处理，涉事的行业协会被民政部门撤销登记。

其次，网络评论对于已发生事件的讨论，在引发关注的同时，也可能会导致矛盾解决或加剧。矛盾的解决往往建立在双方协商、交流的情况下。而矛盾的加剧，可能是因为不同立场的评论者们纷纷加入。这些评论在没有促成问题的有效解决时反而导致事件争议的发酵，使矛盾升级。在2022年的"冯巩大战"（前国足队长冯潇霆与相声艺术家巩汉林的隔空对话）中，因为对于国足近年表现的看法不一，双方纷纷发布评论，在多次来回中，虽然冯巩、足球解说者董路、中超球员杨程、解说员韩乔生等公众人物也纷纷下场讨论，但这些讨论不仅没有缓解矛盾，反而导致人们对国足产生了更大争议的现象。

最后，网络评论的发布不仅仅是观点和立场的探讨，很多时候发布者也会为了论证自己的观点进而提出更多新的论据，在新论据出现后事件的发展往往会有意想不到的走向，这就使得网络评论甚至能导致事件的反转。以孙杨仲裁案事件为例，孙杨个人兴奋剂暴力抗检事件发生后，多类评论声音不断，到了2021年5月，孙杨案重审听证会于5月线上举行。6月22日，国际体育仲裁法庭宣布，孙杨的8年禁赛减为4年3个月。在孙杨案重审听证会举办前后，网络评论中的主流声音都是较为支持孙杨，例如有媒体也曾发布过"支持孙杨上诉赛外检查应该规范专业"等评论内容。但随着事件发展，相关评论的不断出现，尤其是重审听证会的视频发布，舆论发生转变，事件也向着和早期不同的方向

---

① 刘颂寒. 明令禁止的资格认证为何屡禁不绝［EB/OL］. 华声在线. 2017-02-14［2024-09-30］. https：//opinion. voc. com. cn/article/201702/201702140927203570. html.

发展。这种反转并非网络评论单独促成的，在转变过程中，网络评论的意见表达和新内容的不断爆出是其转变的重要因素。

二、作为内容传播的放大器，触发多级传播

网络评论可能会带来超出事件原本所应具备的关注度，实现内容传播的扩大；也会经由一些关键评论或"意见领袖"，实现多级传播。此外，微博等多级传播式平台同样会在网络评论的社会影响扩大方面发挥作用。

在网络评论作用和效果的放大方面，发布主体的角色很关键，其中主流媒体的影响力不容小觑，一旦主流媒体开始评论，事件受到的关注度和后续解决的速度都会得到提升。除了主流媒体的"放大器"作用外，网络上一些大V用户包括一些影响力极大的自媒体账号，他们的关注和评论也会使得传播效果不断扩大。例如，红黄蓝幼儿园事件爆发后，《人民日报》第一时间发表评论《虐童事件再现，"幼有所育"的底线不容击穿》，新华社发表评论《幼儿园虐童事件：斩断伸向孩子的黑手》，《环球时报》发评《虐童案，直面舆论冲击是最好的应对》，《检察日报》发评《虐童事件扎针又吃药，谁有病？》。在媒体发布一系列网络评论的同时，诸多网络大V也在发言关注该事件，事件被多个内容生产和传播主体多次转发关注，"多级传播效应"凸显。最终事件曝光后，国务院教育督导委员会办公室紧急部署开展幼儿园规范办园行为专项督导检查，北京市教委已全面开展幼儿园安全隐患排查，而红黄蓝幼儿园也被进行了立案调查并得到了相应处理。

除了发布者之外，网络评论的平台属性也会进一步加强其"多级传播效应"。在诸多平台当中，微博长链条式的多级传播能够实现信息的大规模传播和扩散。近年来，一些公共事件会率先从微博开始扩散，其中具有代表性的就是上海大火事件和温州动车事故。在温州动车事故这一事件中，微博成为第一个曝光信息的媒介，后续微博"意见领袖"推动着舆论的高涨与演变，2011年7月24—29日影响较大的"意见领袖"有115人，影响较大的微博（包含评论）有174篇①。微博上的"意见领袖"与普通网民之间形成了信息的多级扩散，在传播链条不断向外延展的过程中，该事件备受社会关注。

三、作为社会问题的投射，反映群众需求

网络评论能够受到人们的关注和讨论，引发舆论发酵，促进事件解决，其

---

① 王平，谢耘耕. 突发公共事件中微博意见领袖的实证研究——以"温州动车事故"为例［J］. 现代传播（中国传媒大学学报），2012, 34（03）: 82-88.

背后的核心点就在于网络评论往往是社会关注点的反映和社会问题的投射。对一则新闻或事件的讨论，其实背后是群众对某一类话题和相关议题的关注，在多则相关事件的评论讨论中，不仅群众所关心的话题能够得到推动，社会也会不断进步和发展。需要注意的是，一个网络评论也许无法彻底解决某类社会问题，但是对相关议题持续不断地深入讨论和思考，将会促进社会群众对这一话题认识的加深。从长久来看，议题或难题的解决或发展，民众观念和想法的进步，必会使社会向着更好的方向发展。

近年来，备受群众关注的话题包含医患话题、教育话题、养老话题等和百姓日常民生极为紧密的话题。其中在医患话题中，在陶勇医生被砍之后，与医患矛盾、病人救医生、医生重返岗位等有关的评论不断出现，如央视新闻在2020年6月7日发布视频和文字评论《治病救人不一定要在手术台上，陶勇医生这样"转身"》，这则评论中指出陶勇医生未来将会往两个方面继续努力，"一个是做科研，第二，我的精力也会放在公益和科普事业上面"①。这一系列评论的发布使得群众更好地理解医生这一身份的不易和坚守，对于化解医患矛盾具有潜移默化的作用。

在教育话题中，近年来无论是早期的教培班现象，还是2021年7月24日中共中央办公厅、国务院办公厅发布的"双减"政策，以及其他同教育压力、教育公平、基础教育、师生关系有关的评论内容，都拥有较大数量。截至2022年3月，人民网"观点"板块中以"教育"作为关键词得到的检索结果超过3600份，这些评论内容有关于"双减"这类政府政策的，也有关于教育资源分配、保障教育公平等宏观战略的，还有关于职业教育、艺术教育、高等教育等具体教育领域的。相关的评论内容共同推动了教育中核心问题的思考深入。

在养老话题中，早期关于养老话题的评论多停留在家庭养老、机构养老等话题领域，近年来，社区养老、商业养老等评论内容也在出现，这一方面反映了新的社会现象的诞生，另一方面也推动着养老问题的不断解决。例如，人民网2021年5月发布的一则评论就指出要"积极开拓养老保障'第三支柱（个人购买的商业养老险）'，规范发展第三支柱养老保险，政策红利持续释放"②，

---

① 央视新闻. 恶性伤医案后陶勇的"转身"：从1天最多86场手术到1天3场科普直播 [EB/OL]. 2020 - 06 - 07 [2022 - 10 - 26]. http://m. news. cctv. com/2020/06/06/ARTIL0vLK0wCnaTXM0WZAQEj200606. shtml.

② 邱超奕. 人民财评：积极开拓养老保障"第三支柱" [EB/OL]. 人民网，2021-05-28 [2022-03-18]. http://opinion. people. com. cn/n1/2021/0528/c434886-32116458. html.

这一评论就在传统养老的"第一支柱"——政府兜底的基本养老保险和"第二支柱"——企业年金之外，把"第三支柱"纳入了评论分析对象中，这也能促进该问题的深化讨论。

上述仅仅列举了医患话题、教育话题、养老话题等和群众生活紧密相关且群众极为关心的话题内容。在其他话题领域当中，随着网络评论的不断深入以及针对相关议题思考的不断进步，不仅群众关心的话题会得到更多关注或解决，社会也会逐渐向着更为和谐美好的方向发展。

四、作为舆论的争议焦点，存在社会风险

网络评论不是只有好的积极的社会影响特点，事实上前文也谈到了网络评论的传播和发酵不一定会带来事件的解决和矛盾的化解，在某些时刻反而会导致争议的不断加剧。此时，一些作为争议焦点的网络评论，可能会在内容传播过程中存在社会风险，带来负面效应。

例如，在 2022 年初俄乌冲突中，早期一些网络评论并没有站在客观中立的立场上去进行评论发言。有的评论罔顾事实，认为中国是在"站队"，甚至有的网民评论直接以戏谑的方式去调侃相关国家和人民，还获得了很多的转发和点赞。这类网络评论在一个焦点话题中不断发酵，导致了网络空间舆论导向备受争议，也不利于正确意识形态的传播，存在极强的社会风险。

这类争论和风险的存在，一方面是因为我们当前处于国内外环境都在发生极为广泛而深刻的变化、国际环境错综复杂的大的社会环境下，未来一段时间内都会面临这类舆论争议点。另一方面也是因为发布网络评论的主体纷繁复杂，很多主体本身有其自身立场和商业目的，因此发布评论时在观点表达和立场提出时也会主观、片面，甚至有一些不法分子试图通过不实发言来混淆局面、影响社会稳定和长治久安。

但这并不意味着网络评论因存在风险，就要一禁了之，甚至将其"一刀切"式地不允许评论和发声。恰恰相反，正是因为一些备受关注的网络评论聚焦的是极易受到争议、意见观点极为震荡的话题，更需要强调在这一话题中主流媒体发挥正确导向作用，避免一些不法分子或别有用心的人在互联网上发表不负责任、煽风点火的评论内容。只有不断发出正能量和符合主流价值观的评论内容，才能尽可能化解社会矛盾，降低社会风险。

第三节 网络评论主体的特殊性

网络评论发展的一个关键特点就在于发布主体不再仅是传统媒体人群，而是向更多群体拓展，在保留了专业评论团队的同时也增加了许多新的"草根"评论者。本部分内容论述了网络评论主体的相关内容，从专业评论员与"草根"网友评论两方面出发，讨论网络评论主体的主要组成部分、内容、风格以及现状，进一步探讨了网络评论主体"专业性"与"草根性"的结合。

一、专业评论员的主体属性

专业评论员大多来自主流媒体行业、政府机关、企事业单位以及专家学者。其中，媒体工作者作为新闻评论的主要写作者，依旧是网络评论主体的中坚力量。传统的媒体从业人员由于接受过专业的媒介素养教育，具有较好的表达能力与专业写作能力，所以能够发布更加精辟专业的评论。例如，在短视频评论当中，"央视新闻"抖音号推出了由白岩松、杨禹、段纯等主持人或评论员口述表达为主的"岩松有话说""一禹道两会""真理的味道"等专栏。这类传统新闻时代专业记者与主持人所发表的评论内容观点鲜明，条理清晰，专业素质极高。

政府机关和企事业单位所发表的评论内容，通常是指在一些话题中需要通过互联网平台传达立场、表达自身态度以及对热点事件做到及时回应等。

在专业团队中，除了传统的媒体从业人员、政府机关和企事业单位工作人员外，还有新兴的一类人群，即各个领域的专家学者。专家学者的观点因有其专业的学术素养做基础，具有可信性，更有利于得到网民的信任。很多大型权威网站中的评论板块就邀请了很多专家学者、专业媒体人入驻，使网站的内容产出更加专业、聚焦、优质。

上述这几类专业评论员也可以在网络平台上自设账号发布评论，凭借自己的写作类、知识领域类、对外传播类等专业能力成为新兴的自媒体工作者。成为自媒体工作者之后，他们发布的网络评论较新闻评论相对会自由一些，而且可能会带有一定的个人风格，也更容易被大众所记住，影响力持续上升。

二、网民评论的主体属性

网民是互联网组成的主体与核心，其中网民评论自然是新媒体评论的主体力量。由于互联网开放自由的属性，网民拥有极大的自由度来发布自己的看法与意见。网络上民众的发言纷乱繁多，随着发言内容的增多以及网民之间互动的加强，一些有深度、有思想、有内容的言论在一众网络评论中渐渐脱颖而出，而发布这些内容的人自然而然就会成为"意见领袖"。由此，互联网上的网民评论主要由普通网民和"意见领袖"组成。

受到信息接触量、发表形式与网民文化水平层次的限制，普通网民发布的评论往往并不是全面翔实的，以只言片语的形式进行情感宣泄的情况也常常发生。但这不代表网民评论完全不具备合理性，准确而言，这些评论只是内容繁多、鱼龙混杂，内容鉴别起来需要花费一定时间。而且随着新闻与反转新闻的出现，事件信息的不断爆出，网民的观点和立场也会随时随地发生改变。

与普通网民相比，"意见领袖"的发言内容显得更加具备逻辑性与条理性，也更能充分表达自己的诉求与意见。"意见领袖"可以在关键事件中引导民众舆论走向，发挥积极作用。正如习近平总书记在 2015 年 5 月中央统战工作会议上强调的，要加强和改善对新媒体中的代表性人士的工作，建立经常性联系渠道，加强线上互动、线下沟通，让他们在净化网络空间、弘扬主旋律等方面展现正能量①。这类网络评论中的代表性人士在某些时刻能体现社会舆论意见，发挥出独特的舆论优势。

但也需要关注到，某种程度上，"意见领袖"的发言甚至能导致信息错误或负面舆情。2018 年，一个女孩因眼癌去世，一位互联网大 V 爆料表示该女孩家人利用网友给女孩筹得的 15 万元善款给女孩弟弟治疗唇腭裂，因此女孩家人被网友们围攻，不堪其扰后家人报警。警方经检查表示：该女孩筹款只筹得 3 万余元，全部用于女孩的眼癌救治，而女孩弟弟的唇腭裂治疗则是另一个基金会提供的免费治疗，且在女孩手术之前进行。在这个事件中，女孩家人并没有做错什么，但却因为网络上所谓"意见领袖"的一句话而受到网友们的口诛笔伐以及人肉暴力等。这从另一方面体现了"意见领袖"对舆论的导向作用。

三、专业性与草根性的结合

专业评论员的内容应该得到更广泛的传播从而被人们看到，而"草根"的产出也是值得人们关注的，所以两者的结合越来越成为当下信息受众的需求。这不仅能吸引到更多群众，还可以将重点放到更专业的内容上来。

---

① 新华社. 习近平在中央统战工作会议上强调巩固发展最广泛的爱国统一战线 [N]. 中国青年报，2015-05-21（01）.

在知乎上，很多普通网民通过发表专业领域的评论走进大众视野，成了大V，比如心理学领域的李松蔚、法学领域的罗翔等。他们利用自己的专业素养，将这些原本有门槛的知识传达给网民，使更多网民接触到了原本没有入门途径接触的知识，大大拓展了网民的视野。

许多传统专业评论员也在网络上开辟自己的自媒体账号，不再依托电视台、广播台等传统媒体，这样不仅有利于专业评论员的价值表达，也有助于网民们接受更多角度的新闻评论内容。比如，活跃于各大新媒体平台的军事新闻评论员张召忠、杜文龙、尹卓等，他们活跃于网络，从专业角度发布自己的观点和看法，凭借其学识获得了大量粉丝关注。以张召忠为例，他注册了一个名叫局座召忠的微博账户，截至 2024 年 10 月拥有 1200 多万的粉丝，常常发布一些军事热点新闻的评论。其内容篇幅不长、简明易懂、可读性极强，因此传播效果得以大大提升。网民们可以通过刷微博的形式，获得更多有关军事新闻的评论内容，在扩大了自己知识面的同时，也可以拓宽自己对事件的认知深度与广度。

许多传统媒体也在公共平台上开辟了自己的新闻评论天地，比如中央广播电视总台就在微信公众平台开通了公众号——央视新闻，在这里面有很多新闻评论内容，也支持网友的评论互动。在微博上开通账号的主流媒体就更多了，而且微博上的评论更加方便，传播中的互动性得到了充分的体现。

第四节　网络评论内容的特殊性

当下新媒体环境中，网络评论形式更新迭代，角度丰富多元，议题完整多样以及风格活泼生动，均成为网络评论内容的特殊性。本部分从网络评论的内容形式、内容角度、内容议题以及内容风格四个方面论述了网络评论在内容方面的特点。

一、内容形式多样化

以往的新闻评论，只能是在报纸、广播、电视等传统媒体上进行评论，但互联网的出现使得网络评论在新闻评论中占据一席之地。近年来，随着互联网技术的不断发展，网络评论的形式多种多样，除了文字外，还有多媒体的评论形式，比如音视频结合、表情包、H5 等形式也被纳入网络评论当中，增强了网络评论的可读性、趣味性，同时也传递出很多文字无法表达的信息。

在文字方面，跟帖评论的出现增加了评论的互动性。当一个新闻热点出现的时候，网民们可以随时随地发表自己的看法，是网民参与网络评论的主要方式，具有极强的即时性和互动性。但另一方面，由于网民文化水平参差不齐，思考方式各不相同，所以表达的内容会有不和谐的声音出现，而且观点零散，呈现出一种碎片化趋向。

在多媒体方面，漫画、短视频、直播等都是新闻评论在网络时代的新趋势。漫画一直以来都是新闻评论方式之一，随着"读图时代"的到来，漫画评论的作用不断凸显。漫画评论不仅能对热门事件进行评论，还可以配合其他评论形式传达观点。在光明网评论频道中，有《漫画天下》栏目，专门用"漫画+短评"的形式进行新闻评论。

快手、抖音等短视频APP的爆红使人们的注意力越来越集中在短视频上，而央视新闻入驻抖音，更是短视频与新闻评论的一大结合①。自 2017 年起，许多政务类、媒体类的账号就开始入驻抖音，抖音上目前人民日报、央视新闻等账号粉丝数量巨大，如人民日报抖音号粉丝数截至 2023 年 12 月底已经达到 1.7亿，此外中央广播电视总台还有自己的短视频 APP——央视频。无论是中央主流媒体还是地方媒体都在通过抖音等短视频平台拓展自己的受众群体，用符合当下群众喜好的表达方式传递信息。

二、内容角度多元化

以往民众接受新闻评论信息基本都是通过报纸、电视以及广播，都是官方传达什么信息，受众就接收什么内容，传播模式是自上而下的。但互联网时代，人人都是发出者和接收者，同时互联网的便利程度也有利于人们主动去网络上搜索自己感兴趣的新闻、话题、内容等，这一过程也是广大民众从被动接收到主动接触信息评论的一种转变。

网络本身具有开放性与互动性，在一则新闻底下进行评论的群体不同，自然评论的角度内容也不同。例如，做农家短视频并受到广泛关注的自媒体人李子柒，当她的视频被传至许多外国网站得到外国网友的喜爱与认可的时候，很多国内网友认为李子柒将中国文化传播到世界，成功做到了文化输出。但同时也有网友表示质疑，认为李子柒田园牧歌式的生活方式并不是真正的中国农村生活，只是满足了城市人的想象，所以不能代表中国文化。网友们看待事物的观念不同，评价事物的标准不同，大家的网络评论也趋向多元化，正是这种多

---

① 央视"新闻联播"入驻抖音，一天涨粉超千万［N］. 经济日报-中国经济网，2019-08-25.

元促进了人们的思想碰撞，推动了网络评论文化的繁荣发展。

网络评论内容角度的多元化，一方面表现为互联网上聚集着来自全国各地各行各业的人，他们通过自己经常登录的社交网络平台看新闻、发表评论，表达自己的情感和诉求，当一定量的情感和诉求聚集到一起的时候，很容易引起广大网友的情感共鸣，由此进一步扩大成舆论。

另一方面表现为官方网站的评论专版上，如"人民网评"的评论选题趋向多元化，不仅包含政治、经济、文化，也涉猎科技、教育、娱乐等各个方面，在人民网评论的首页，有着党网·时政、经济·科技、社会·法治、文旅·体育、健康·生活、观点、访谈、国际、军事、港澳、台湾等不同领域的内容板块。

三、内容议题更全面

网络传播与传统媒体明显的区别在于，网络传播创造了一种"一对一"的传播环境。人人都可以是内容的发出者、传播者以及接收者，而不再是传统媒体时代单纯的信息接收者。网络传播方式除了改变了人们在传播过程中的身份外，还改变了人们的思维方式，从内容的接收者转换为内容的产出者，人人都可以对自己感兴趣的话题进行评论、表达。当群众传播信息的时候，流动的信息不再仅停留于原来的发布地，而是开始无孔不入地流动到互联网的各个角落，被更多的群众看到，由此产生更多的评论。这种信息的流动带来的不仅仅是信息的扩散，也有信息传递过程中大众评论的多元关注点。由此，网络新闻评论的内容议题不断增多，且越来越全面。很多和网民日常生活息息相关的话题，例如外卖、快递、医疗等话题都可以在网络新闻评论上进行发布，获得关注。

以国内社交网站平台新浪微博为例，当一个热点事件发生后，网友们会一拥而上地进行评论、转发、点赞等，正是网友们的这些传播行为使得这个议题受到了更多人的注意，由此传播不断扩大，甚至可以登上"热搜话题榜"。当一个话题成为热搜话题之后，针对该事件的评论会越来越多，相关事件的评论也会在此时出现，这大大扩充了原本事件之外的内容范围，大众的目光焦点也随之扩大。①

四、内容风格更活泼

许多网络评论内容不会像传统评论一样严肃正经，为了降低读者阅读门槛，

---

① 李宏斌，陈一雷 . 网络新闻评论的议题设置功能初探 ［J］. 青年记者，2011（02）：55-56.

提高读者阅读兴趣，风格上会更加风趣幽默，且更能吸引读者的注意力。

除了文字形式的评论外，很多网络评论在形式上做得也十分富有新意。在2015年中共十八届五中全会召开的时候，"十三五"规划作为会议核心得到人民群众的广泛讨论。因此有媒体工作者借此机会，创作了音乐视频介绍"十三五"规划，取名为《十三五之歌》。《十三五之歌》凭借其有趣好看的画面、朗朗上口的曲调、有意思的歌词被网民奉为"神曲"。而这支视频不光是有着娱乐作用，也向公众简要介绍了"十三五"规划的内容与未来发展方向，以一种更加通俗易懂的方式将会议主要内容传达给民众。在形式上，《十三五之歌》以一种欢快的曲风进入大家的视野，和以往传统《新闻联播》严肃的风格全然不同，让大家耳目一新。在内容上，政策解读通俗易懂，十分"接地气"。在传播效果上，迎合了当下青年的喜好，在互联网上掀起了"病毒式"传播。

互联网时代下的新兴媒体形式使网络评论具有趣味性强、传播性强等优点，而这些多媒体形式的新闻评论对受众来说，可以成为深入人心的优质内容。网络评论的丰富、多元、活泼的表达方式和内容风格是传统媒体时代的新闻评论难以企及的。

五、快速和深刻并重

在互联网背景下的新闻评论呈现出"快速""简短""新颖""深刻"等特点。近年来，越来越多的门户网站开辟了网络新闻评论板块，以及在微信、微博等网络平台上扩充了网络新闻评论的内容，这使得越来越多的人注意到网络评论。

网络评论的"快速"体现在时效性上。当一则社会热点事件发生后，主流媒体会第一时间对事件进行深度调查，随后推出新闻评论，并发布在网络上。除了政府机关和主流媒体，网民们也会根据自己对事件的分析在网络评论区域发表自己的看法。而这些过程往往十分迅速快捷，时效性强。

网络评论的"深刻"体现在本质上。网络评论要体现事件的真相，又要透过现象看本质，分析出这种事件出现的深层次原因，让读者阅后有感。人民网发布过关于"区块链"的系列评论，名为《人民网评"解析区块链"之一：如何落实依法治理》①《人民网评"解析区块链"之二：如何占据创新制高点》②

---

① 人民网评"解析区块链"之一：如何落实依法治理［EB/OL］. 人民网，2019－10－28［2022－01－29］. http：//opinion. people. com. cn/n1/2019/1028/c1003-31424952. html.

② 人民网评"解析区块链"之二：如何占据创新制高点［EB/OL］. 人民网，2019－10－29［2022－01－29］. http：//opinion. people. com. cn/n1/2019/1029/c1003-31427145. html.

《人民网评"解析区块链"之三：如何避免脱实向虚》①，这三篇文章从区块链的产生、用途、作用等多方面进行介绍分析，从现象到本质地为读者揭示了区块链背后的真正含义，为读者提供了一个了解新生事物的途径。

第五节　网络评论形式的特殊性

本节从网络评论所具有的形式特点角度出发，分析了网络评论的丰富多元性，新形式的出现如何促进了网络评论的传播效果，形式上的融合是如何打破单一性的，以及多种形式结合评论的互动性。

一、新形式涌现，提升网评传播效果

从技术层面上讲，当下的新闻评论不再受限于文本，而是可以通过文字、声音、视频、图像等多媒体融合的形式来传达观点、进行评论。评论形式上的新颖也使得评论的传播效果发生改变。一方面，技术上的创新使得传播更加便捷；另一方面，互动性的传受关系使得网友更乐于传播。

技术上，人们只需要轻轻点击"分享"，就可以将自己所看到的网络评论内容转发到自己的社交网络平台。无论是有趣的漫评还是形式内容丰富的视频评论，网民群体都可以通过网站上简单的分享按钮将内容转发到其他平台，让更多人看到。在过去，一则报纸上的新闻评论需要"转载"到另外一家报纸上，不是一件易事；而受众想要给其他人分享自己刚刚听到的广播评论，那更是难上加难。传播上的困难也大大打消了传播的积极性，所以在传统媒体时代，评论的传播并不是一件容易的事情。但互联网技术使得转发分享的完成只在一瞬之间，大大降低了传播成本，加快了传播速度。②

现在的网络评论不是孤立性的自说自话，而是可以与读者有着一来一回的互动。这种互动性使读者融入了评论的话语场中，成为评论的主体。因此，他们更乐于表达自己的观点与转发让更多人看到自己的观点。在微博、微信这两大社交平台上，人们对新闻事件的转发评论随处可见，这种互动性很大程度上

---

① 人民网评"解析区块链"之三：如何避免脱实向虚［EB/OL］. 人民网，2019－10－30［2022－01－29］. http://opinion.people.com.cn/n1/2019/1030/c1003-31429371.html.

② 张进，郭翔. 网络新闻评论在新文本形式下的传播效果［J］. 广西大学学报（哲学社会科学版），2011，33（S1）：145－147.

提高了网络评论的传播效果。

2019 年初，"福州赵宇案"传遍了网络。2018 年底，居住在福州的赵宇听到自家楼下的女邻居传来呼救声，于是便下楼查看，并且及时地救助了正被施暴的年轻女子小邹，在此过程中，他踢了施暴男子李某的腹部。李某内脏受损，而赵宇因此涉嫌故意伤害罪被警方刑拘。13 天后，赵宇从派出所出来，在网络上重新陈述事件始终。这一事件一经曝光，在网络上掀起一阵风波，最终赵宇不仅被判无罪，而且被警方授予"见义勇为"的锦旗。起初这只是被定性为一个简单的案件，但赵宇通过在互联网上为自己申冤辩护，得到了许多网友的转发支持。网络舆论的不断发酵使得更多人注意到了这一事件，也使得主人公赵宇最终被判定为"正当防卫"。很多新闻事件的发酵靠的就是网友们的广泛传播，在网友们的"病毒式"传播的基础上，某些新闻事件可以被更多的人看到。

二、不同形式融合，打破单一形式

以往，受限于传统媒体的传播方式等问题，新闻评论的形式比较单一。比如报纸时代的文字形式，广播时代将文字化为声音，电视时代则是在广播的基础上增加了视频。一方面，新闻评论的评论员大多来自媒体内部，门槛高、精英化，评价标准单一，对受众来说，可能会产生"不接地气"的感觉，但网络使传统媒体时代的普通受者也开始享有信息发布的权利，可以在互联网上发布网络评论。通过信息传播途径的变化，网络新闻评论多形式融合的形式正在变得更加多元。

现在的评论形式进一步摆脱了传播形式的约束，不再仅仅局限于文本、音频。文本、音视频、图像等多种媒体形式的融合是互联网时代新闻评论的大趋势。

在人民网评中有一个"漫评"专栏，通过漫画的形式体现习近平总书记几年来重要的国内外活动。这些漫画线条优美、色彩鲜艳、画风可爱，并且画面所表达的内容也都是评论中的重点内容。这种漫画形式一下子抓住了网友的眼球，有利于漫评的二次传播。传统媒体入驻"抖音"等短视频平台也体现了多媒体评论的传播效果之显著。

三、多种评论联动，互动性更强

在互联网普及前，受众只能在传统媒体上看到评论，而且评论内容是经过编辑校对、审核把关过后的内容；在互联网的论坛时期，虽然人们也可以在网络上发表自己的看法，但也有专门的管理员进行监管，具有一定限制性；到了现下的社交媒体时代，开放性大大增强，在某种程度上，人人可发声，互动性得到了前所未有的提高。

以往的新闻评论的互动性较弱，受众如果想进行互动，只能选择读者信箱、观众来电等途径。但这些方式的回复及时性较低，因此打消了很多观众、读者的互动积极性。但互联网时代，互动不再是一个难题。在主流媒体发布的网络评论下面，受众可以根据跟帖的形式发布自己的看法与意见，随时随地都可评论，还能得到媒体的及时回复，这大大鼓舞了受众的互动积极性。

多媒体新闻评论下方，受众可以根据已有素材进行二度创作，实现互动。在 B 站（bilibili）上，利用原有素材进行二度创作已经是当下年轻人喜好的一种传播风向。用户会利用已有的新闻内容，加上自己的评论，制作成精致的视频传播到网站，以期得到更多人的关注，而网民们通过发布弹幕进行新的评论，这种及时的互动性大大提高了网民的积极性。

网络评论在新的传播环境中不断发展，其形式特点也随着传播环境的变化而变得更加符合受众的调性，并且正在日益发挥着表达言论与监督舆情的双重作用。丰富多元的评论特点扩充了网络评论内容，其简短、快速、新颖、深刻等特点是网络新闻评论受到广泛好评的原因之一；多种形式传播的新闻评论在另一种层面上提升了网络评论传播效果，人们摆脱了被动接受者的身份，可以与网络评论内容发出方进行积极高效的互动；多媒体融合的评论形式是未来网络新闻评论的发展大趋势，无论是对受众而言还是对内容制造者而言，都是一种传与受的进步；网络新闻评论的发布形式多样，因此受众的接收、反馈形式也多种多样，其高效有序的传受形式，赢得了大量受众的好评。

在新媒体不断进步发展的阶段中，网络评论更应该发挥其自身优势，积极与受众互动，科学引导受众，推进网络评论向更理性的方向发展。

第四章

网络评论的主体研究

新媒体的发展使得不同的群体有了更多的发声渠道，因此网络评论的主体与新闻评论主体有着本质上的不同。一方面，在数字时代下，新闻评论员逐渐向网络评论员转型；另一方面，自媒体大 V 的崛起和普通网民身份的转化使得网络评论主体身份实现了从精英到大众的过渡。然而，网络评论话语权下移，也导致了网络评论主体鱼龙混杂，职业化网络水军等乱象给网络内容生态增加"噪声"，亟待整治。可见，主体研究是网络评论研究的重要方面，兼具理论和现实意义。

本章将从网络评论主体出发，介绍专业网评员队伍、自媒体大 V、普通网民、职业化水军等主体的情况与特征。

第一节 网络评论的主体演变

随着互联网的快速发展，信息传播的环境发生了巨大变化。互联网的普及为网民提供了一个开放、平等、互动的交流平台，普通民众也能够成为信息的传播者，网络评论主体大幅增多。截至 2024 年 6 月，我国网民规模近 11 亿（10.9967 亿人），手机网民规模达 10.96 亿[①]。新媒体的开放性、去中心化、匿名性等特征使得互联网时代中"人人都有麦克风"，每个网民都是网络评论潜在的发声者。同时，新媒体技术的发展也使得网络评论渠道和方式日趋丰富、多元。随着微博、跟帖、弹幕等多样化评论方式的兴起，网络评论变得更加便捷甚至随意，其技术门槛和素养门槛显著下降，使评论主体的范围和多样性得到

---

① 中国互联网络信息中心. 第 54 次中国互联网络发展状况统计报告 [R/OL]. 2024-08-29 [2024-09-30]. https：//www. cnnic. net. cn/NMediaFile/2024/0911/MAIN1726017 626560DHICKVFSM6. pdf.

进一步扩展。

　　网络评论主体是指在互联网上发表观点性信息的个人或者群体，他们针对网上的热点问题发表观点和评论，及时引导舆论的风向。网络评论主体往往可以被分为官方和非官方两类。官方主体主要指政府或传统媒体上的专业网络评论员，这些网络评论员从新闻评论进入网络评论领域，评论信息以引导舆论为目的，通过图文、音视频或者其他形式在互联网上予以呈现。非官方的网络评论主体主要是指自媒体评论员、普通网民甚至网络水军，不同的主体在网络舆论场中发挥着各自的作用。

　　网络评论主体的多样化和互联网的演变历程密切相关。基于评论信息发布者的角度来看，评论主体类别经历了从单一到多元、从精英到大众的演变。在传统媒体时代和互联网早期发展阶段，评论作为新闻实务的一种，其参与主体主要是新闻从业人员和媒体相关的专业人士，包括记者、编辑、评论员、特约撰稿人等。Web 2.0下的传播环境较之传统媒体时代发生了天翻地覆的变化，评论的参与主体也从单一的专业新闻评论员拓展出了政府机关和企事业单位、"意见领袖"、普通网民等多元化主体。网络评论主体在新的网络环境中不断分化，评论话语权也从新闻评论员下放到了普通网民，主体类型越发多元，主体数量迅速增加，非新闻评论专业领域的主体甚至一些商业属性的主体也在涌入网络评论队伍。表4.1.1展示了网络评论主体在发声渠道、参与主体、类型和互动形式上的差异。

表4.1.1　网络评论主体：从新闻评论员到网络评论员

	发声渠道	参与主体	类型	互动形式
新闻评论员	报纸等传统媒体	新闻从业人员和媒体相关专业人士	以专业从业人员为代表的单一主体	评论员到受众的单向互动
网络评论员	互联网	专业人员、自媒体大V、普通网民等	大众共同参与的多元主体	评论员与受众的双向互动

第二节　专业网评员：从新闻评论员到网络评论员

　　专业网络评论员指经过专业培训的、专业化程度和专业技能水平较高的网络评论员，多由媒体从业者、政府机关和事业单位专职人员组成。专业网评员往往具有较高的政治站位、敏锐的洞察力和专业的业务能力，是主流网络评论的主力军。在互联网时代，新闻评论员正在向专业的网络评论员转变，成为网络评论重要的生产主体。

一、专业网络评论员的组成

专业网络评论员发表评论的对象多是新闻性的讯息。从某种意义上来讲，专业网络评论员是将新闻评论员的职责"搬"到了网上，其凭借对热点事件深刻的洞察力和专业性的点评引领着网络空间中的主流舆论。按照组织类型不同，专业网络评论员可以分为媒体机构评论员、政府机关和事业单位评论员。

（一）媒体机构评论员

媒体工作者是网络评论主体的中坚力量，他们多是接受过专业训练的媒体从业人员、专家学者等，其主要职责是在所属媒体机构的网站或论坛上发布网络评论。

媒体机构在官方新闻门户网站专门设立网络评论专栏或专题，发布新闻评论文稿或音视频，这些板块主要是由专业的媒体评论员来负责。由于媒体从业人员接受过专业的媒介素养教育、经历过专业实践的锻炼，因而与其他评论主体相比，撰写并发布的网络评论内容更加专业，论述也更加精辟，能够对主流舆论起到较好的引导作用。

与此同时，在主流媒体开设的网络评论板块中，评论主体也不乏特约的专家学者评论员，而这些群体也随着媒体融合发展，将其身份从线下迁移到了线上，成为网络媒体机构评论员的重要组成部分。这类评论员也由于其专家学者的身份受到网民青睐和信任，能够有效维护媒体的公信力。

从主导思想和情感倾向来看，媒体机构的网络评论大都沿袭了新闻评论的思路，评论的专业性和逻辑性较强，内容契合主流价值观，舆论引导作用显著。例如，人民网内部就有一批比较专业的网络评论员，并且也在各行各业特邀了一批以媒体人、学者为代表的专业评论员，扩充了评论队伍，以高质量的评论内容对各类事件发表评论。

（二）政府机关和事业单位评论员

政府机关与事业单位是网络评论主体的重要组成部分。如今，利用互联网进行听政问政，已逐渐成为我国政府与民众沟通的重要方式，是我国政府职能转变的重要体现。

随着电子政务的发展，各级政府官方网站相继开设了评论板块，为党和政府联系群众、服务群众、凝聚群众拓展了渠道。网络发言人制度的建立和政务新媒体平台的发展，则使得政府能够在网络上对政策法规做出权威解读，对热点事件做出及时回应，进一步促进了政务公开、政策宣介和舆论引导。"两微一端"平台（微信、微博和客户端）及其评论板块、交互板块，显著提升了网络评论的交互性和即时性，成为专业网络评论的重要载体。专业网络评论员以此为依托，对政务热点发表看法、与网民及时互动来引导舆论并传递正能量。例如，江宁婆婆（微博）作为江宁分局官方微博江宁公安在线的运营者，截至2024年10月，拥有500多万名粉丝，以其幽默诙谐的评论风格，在多起社会事件的网络舆论中有效发挥了引导舆论的作用。由此可见，政务新媒体已成为网络评论的重要渠道。政府机关和事业单位越发重视网络传播的特性和趋势，不断创新其网络评论、民意沟通的方式方法。

二、专业网络评论员与新闻评论员的异同

新闻工作者、专家学者、政府机关和事业单位专职人员等构成了专业网络评论员的主体。从维护主流舆论阵地的目标看，专业网络评论员与传统的新闻评论员在主体构成和立场上是基本一致的。然而，相比于新闻评论员，专业性的网络评论员在网络新媒体平台上有着更为广阔的施展空间。新媒体的发展日新月异，以其全时、全域、全民、全速、全媒体、全渠道、全互动、去中心化等特点迅速改变和影响着舆论架构和社会结构①。互联网的开放、互动等特征使得网络评论员在评论的渠道、话语的风格、传播的受众和带来的效果等方面与新闻评论员有着很大的不同。

首先，网络评论员与新闻评论员在评论传播渠道上迥然不同。在传统媒体时代，新闻评论员主要以报纸、广播、电视等传统媒体为依托发表评论，其评论的内容也以文字、音视频形式为主。而在网络新媒体时代，网站、微博、微信、新闻客户端、短视频等多种平台的出现给予了评论员更多元的评论渠道和更丰富的发声方式，运用文字、图片、动画、音视频、H5等多种媒体融合的形式，增添了评论内容形式的生动性和趣味性。如《人民日报》在今日头条开设人民日报官方账号，生产出平民化、趣味性的评论内容，引发了受众的情感共鸣，壮大了主流舆论的声量。该账号截至2024年10月底共计有2375万名粉丝，获赞1.3亿个。

网络评论与新闻评论在话语风格上也有着区别。传统媒体评论的用语相对

---

① 徐和建. 政务新媒体急需六大互联互通［J］. 新闻与写作，2016（3）.

严肃、正式，要求受众拥有一定的知识文化水平。新媒体环境下专业网络评论的话语风格则更加贴合日常大众，更加注重临场感，比如新华网评的"画里有话""群音会"等板块，将新闻评论与图片、声音等元素相融合，使其内容形式更加生动，更符合新媒体的传播规律和新媒体环境下用户的阅读习惯。同时，网络评论的话语逐渐融入了网络语言和网络文化，变得更加深入浅出。如人民日报微信公众号在报道退伍老兵加入抗疫志愿者时发文《这个背影，瞬间泪目》，在报道普通民警的不凡之举时称《你被圈粉了》，主流媒体评论借助"泪目""圈粉"等平易近人的网络语言，用通俗易懂的话语方式降低了评论文本的理解门槛，扩大了网络评论的受众范围。

除了受众更多元、规模更大，网络评论相较新闻评论在受众上的差异还突出体现在与受众的互动关系上。在互联网出现之前，传统媒体垄断了新闻评论的话语权，新闻评论以单向传播为主，受众参与度低，受众声音难以得到及时反馈和回应。到了网络新媒体时代，互联网的交互性赋予了受众空前的话语权，受众不再只是被动地接收讯息，而是能够更积极主动地参与到网络评论中，甚至成为网络评论的主体之一。受众可以通过跟帖、评论、弹幕等方式与评论员进行双向的互动交流。相应地，网络评论的传播效果和舆论引导效果从传统媒体时代简单的触达指标深化到了评论员与受众之间持续的交互关系中。

第三节　自媒体评论者之大 V

互联网的兴起使得自媒体大 V 成了网络舆论场上的"意见领袖"。拉扎斯菲尔德在《人民的选择》中，最早对"意见领袖"做出定义：意见领袖是大众传播中信息中介，人际传播中活跃分子，经常为受众提供信息、观点、建议、对他人施加影响的人物[①]。

而在国内网络空间中，"意见领袖"往往和大 V 群体高度重叠。"大 V"的名称起源于微博，是指经过微博官方认证的用户，此类用户在微博昵称与头像上附有大写英文字母"V"，因此，网民将这种经过官方认证且拥有一定粉丝基础和舆论引导能力的微博用户称为"大 V"。

随着微信公众号、抖音、快手、知乎、小红书等自媒体平台的崛起，大 V 逐渐泛指在自媒体平台上获得个人认证、拥有众多粉丝的用户。其真实身份有

---

① 刘坤，尤永."意见领袖"理论研究综述［J］. 青年记者，2009（24）：42.

的是专业的媒体从业者，有的则是普通网民。相较于传统媒体评论者，自媒体评论者往往带有强烈的个人风格，评论话语相对犀利，同时评论质量也良莠不齐。随着社交媒体推动了大众传播与人际传播相融合，自媒体大 V 以其鲜明的个性和强烈的亲和力，往往更容易被网民所接受。在海量信息堆积的互联网时代，大 V 以"意见领袖"的身份，成为网民筛选信息、分辨事实的重要中介。自媒体大 V 在引发、引导、引爆网络舆论的过程中发挥着不可或缺的作用，他们的存在构成了网络评论主体乃至中国社会主体体系中一个新的"权力人群"。

一、大 V 的分类

自媒体大 V 可以从来源（真实身份）、所属平台、评论内容的性质这三个角度进行分类。

从来源上看，自媒体大 V 可以分为三类：一类是本身在某领域有一定知名度或者影响力的精英人士，比如说明星、企业高管等；另一类是主流媒体或者政府单位创建的官方账号；还有一类是未在上述范围内的其他自然人或者机构，网红属于这一分类。

按平台来分类，自媒体大 V 可以从微博、微信公众号、B 站、知乎、抖音、快手等多个平台进行分类，他们在各自平台上都可能拥有一定粉丝量，产生一定关注量和曝光度。一般来说，大 V 会采用平台联动策略，跨平台地生产和投放内容以扩大自己的影响力范围，并针对不同平台特性做适当的内容调整。有的大 V 在各平台上都能取得一定的传播效果，比如 papi 酱等自媒体博主；有的大 V 因其个人旨趣、商业合作或内容形态，重点选择在一个或有限个平台生产内容，比如 B 站上的华农兄弟等。

在内容性质上，大 V 也可以被划分成多个种类。以微博平台为例，自媒体大 V 可以分成娱乐类、商业类、美食类、知识类等多种类型，其中娱乐类的有回忆专用小马甲、银教授等自媒体大 V，商业知识类的有罗振宇。

二、大 V 和其他主体的关系

"意见领袖"在社会网络关系中处于一个微型的结构中心，其拥有以自我为中心的关系圈层和比普通用户更为广泛的关系网络。作为网络舆论场上的意见领袖，自媒体大 V 拥有大量的粉丝，构建了以自我为中心的意见圈群。同时和其他大 V 之间的联系也相当密切，充当着不同意见圈群之间的沟通桥梁。此外他们在跨平台或者跨界传播中，与专业媒体或者其他"意见领袖"之间产生互动，在扩展自己的社会网络关系的同时，强化了其在网络空间的话语权力。

（一）大 V 和粉丝的关系

作为大 V 的追随者，粉丝对大 V 的一举一动都有着密切的关注，他们是大 V 信息扩散的中坚力量。大 V 与粉丝之间的互动衍生出了一种新的互动形式，有学者称之为"准社会互动"，即大 V 利用类人际互动的方式与粉丝产生连接，粉丝将大 V 当作高度真实、紧密的朋友（或伴侣、领袖等）回馈喜爱、信任，并为此付诸行动、付出资源。另外，粉丝因与大 V 的连接而彼此结识，形成粉丝自己的圈子（如"饭圈"），圈子内部发展出自己的规范和文化，表现出较强的协同性和集体行动力，对大 V 的活动形成支撑。

对于粉丝来说，大 V 往往会影响他们的意见并满足了其信息需求，甚至影响到普通网民。自媒体大 V 利用自己的影响力和局部公信力，更容易推动信息、观点的扩散。有学者指出，微博"意见领袖"是网络舆情形成的源头，能够助推以及改变舆论导向①。同时，大 V 的话语更亲和、视角更亲近、观点更个性，其评论内容往往更能引起网民注意甚至引发共鸣，深刻影响了网民的价值判断和意见生成。著名传播学家伊莱休·卡茨在其著作《个人对大众传播的使用》中提出了经典的"使用与满足"理论，强调受众使用媒介是为了满足一定的需求与目的②。而不同类型的大 V 通过信息收集、筛选形成网络评论，满足了不同人群的信息需求。这种"需求—满足"关系是双向的。一方面，大 V 会在其评论内容中体察网民的诉求和意见，使其评论更有社会基础；另一方面，在选择性接触的机制作用下，网民会选择接触进而信任那些更符合自己既有价值观念的信息，大 V 由此获得了自己的"支持者"，并形成了一定的"意见圈层"。在满足需求的基础上，大 V 还会试图制造需求，以延伸其内容的价值链条。

（二）大 V 和大 V 之间的互动

自媒体大 V 和大 V 之间的互动频繁，一个自媒体大 V 评论的信息很容易被其他大 V 进行评论和转发，对原始的意见进行二次加工和传播，信息的扩散呈现出环状形态。关系亲密的大 V 之间还会用相互调侃的方式进行互动，展现出大 V 生活化的一面，拉近粉丝和大 V 之间的距离。此外，不同圈层的大 V 也会进行跨界互动，实现资源对接。例如，微博平台中明星和草根自媒体大 V 之间会开展跨界互动，在增加大 V 知名度的同时也为明星塑造了平易近人的良好

---

① 李波. 网络舆情中微博意见领袖的培养和引导 [J]. 新闻大学，2015（01）：145-149.

② Katz, E., Blumler J. G. & Gurevitch M., "Utilization of mass communication by the individual: J. Blumler & E. Katz（Eds.）The Uses of Mass Communications: Current Perspectives on Gratifications Research", Beverly Hills, CA: Sage. 1974, pp. 19-34.

形象。

（三）大 V 和媒体之间的互动

在发生特定事件性新闻的时候，大 V 与专业媒体也会进行互动。常见大 V 利用自身影响力带动事件舆论发酵，引发社会公众广泛关注，引起主流媒体注意。此时，主流媒体利用自己的信息采集能力、综合报道能力以及传播公信力，在大 V 提供的新闻线索基础上形成深度报道，与大 V 实现同频共振，推动事件得到切实解决。比如 2019 年 11 月，新浪微博的知名仿妆博主宇芽公开了自己遭遇家暴的经历，papi 酱等自媒体大 V 纷纷转发、评论予以声援，"宇芽被家暴"相关话题登上热搜榜首位，阅读量超过 11 亿人次。该事件随即引起了《人民日报》、中国新闻网等多家主流媒体的关注，后者及时进行了追踪报道，最终推动事件得到妥善处理。

三、大 V 对舆论的影响

自媒体大 V 在引导和推动舆论方面的作用不容小觑，大 V 对舆论的影响主要体现在公共舆论的发生机制、舆论监督和引导、网络社会动员、网络谣言扩散等方面。

第一，很多事件中，自媒体大 V 往往是舆论发酵的起点，这和大 V 本身的传播影响力密切相关。虽然以微博为代表的移动社交平台曾被赋予"去中心化"的想象，但在平台机制的作用下，网络社会当中的"再中心化"趋势涌现，大 V 作为"意见领袖"，其发布的内容和言论的影响力远远大于普通网民。经由大 V 发布或转发的内容，往往会成为舆论扩散的起点。同时，其粉丝对于大 V 发布的内容进行转发、点赞等二次传播，也会进一步延伸其内容的影响力与传播力。

第二，自媒体大 V 能够引导舆论框架，影响、塑造网民认知。在网络议程设置中，大 V 扮演着重要角色。一方面，大 V 经常参与公共议题的制造，成为公共议题的引导者甚至制造者，掌握第一手信息并且了解舆论事件的来龙去脉，使其拥有控制、引导舆论走向的信息资源优势，对网民的价值感知和归因模式产生影响；另一方面，大 V 对外界舆论能够起到放大作用，即利用大 V 的影响力，通过转发和评论等方式对舆论事件进行扩散，推动舆论进入主流媒体议程中。例如，2019 年 12 月发生的中国儿童少年基金会"春蕾计划"捐款事件，起初就是先由网友在微博提出质疑，再由自媒体大 V 对此进行转发推动舆论的发展，进而引起了澎湃新闻网、凤凰网等多家媒体的注意，并对此事件展开深度报道。

第三，自媒体大 V 可以实现对网民尤其是粉丝群体的动员。一方面，依靠其自身的影响力和粉丝对其的信任感，自媒体大 V 往往能够吸引更多的人参与到社会行动之中，调动社会成员对事件的行动积极性；另一方面，和传统的社会动员不同，由大 V 发起的社会动员依靠网络的裂变式传播，能够带来参与人员的指数式增长，动员规模及影响范围更大。

第四，在某些特殊事件的传播中，自媒体大 V 可能会加剧网络谣言散布。作为公众人物，网络"意见领袖"理应遵守相关法律法规，承担起舆论引导的职责。然而有些大 V 为了博人眼球、赚取流量，散布未经证实的言论或发布耸人听闻的网络评论来吸引网民的注意，引发舆论危机。如 2021 年 3 月，拥有百万粉丝的大 V 跑者子牛，发布"杨振宁先生去世"的不实消息，引起了舆论的广泛震动。后其向广大网友道歉，并被微博禁言 90 天。对于自媒体大 V 而言，要秉持社会责任感，拥有自媒体平台"公"与"私"界限的把握能力，未知全貌不予置评，在发表评论之前要经过理性的思考和辨别。

在互联网兴起以前，新闻评论主要由新闻评论员完成，而新媒体的发展则使自媒体大 V 及更广大的用户获得了发表网络评论的机会。马克斯·韦伯认为，权力为自上而下的控制和"统治"①。新媒体的出现在一定程度上打破了新闻评论员的话语垄断。自媒体大 V 正是新媒体环境下新闻评论员的一种新的形式，人人都能成为大 V、人人都可以发表评论，使得评论的内容和视角都更为多元，对新闻评论形成补充。如在 B 站"出圈"的中国政法大学罗翔老师，依靠其深厚的专业背景，从法律的角度为网民解读社会热点事件。如"学姐好事件反思，从权力聊到法治与平等"，在这一视频中，罗翔老师以其专业的法律知识，解读"学姐好"事件所带来的社会后果，提供了有别于一般舆论的、更深刻的分析视角，对舆论观点形成了有益补充。截至 2021 年 11 月，该视频观看量达到 336 万次，点赞数量达 31.1 万次。

第四节　普通网民

普通网民是网络评论主体的核心。网络评论环境中的网民是由传统意义上的受众组成的，由于媒介环境的改变，这类群体的地位也发生着相应的变化，

---

① ［德］马克斯·韦伯. 经济与社会（下）［M］. 北京：商务印书馆，1997：263-270.

他们从传统媒体时代被动接受讯息的受众发展成为新媒体时代主动生产内容的用户，在网络评论中发挥着重要作用。

一、网民身份的转变：从接受者到参与者

首先，普通网民用户的身份是由纸媒时代的受众转变过来的。"受众"一词是大众传播时代的经典概念，具有单方面接受信息的意味。在大众传播环境下传受双方界限分明，报纸、广播、电视等传统媒体处于内容生产与传播过程的中心地位，普通大众则作为"读者""听众""观众"等处于受众地位。受众想要与媒体进行观点的交流只能通过与媒体机构进行通话、通信等低效率的手段，受众参与内容生产与传播的渠道非常有限。

互联网的出现打破了这种格局，其开放、自由、平等、共享的特征给广大网民提供了参与网络讨论、发表网络评论的机会，促使网民的身份发生了转变：普通网民的身份从传统媒体时代被动的信息接受者转变为主动接受和提供信息的用户。网民可以在互联网技术的支持下随时发布信息、传播内容、发表言论。

例如，早期互联网在论坛时期，就有"大连金州不相信眼泪"这则博文，是网友对国足输球的评论，网民开始在互联网上发声，并且极能引发共情。再到2010年"我爸是李刚"、2013年李天一等舆论事件，网民在微博等平台发布大量评论言论，促使事件的发展，体现出网民主体参与网络评论的作用。

网民能够根据自己的兴趣主动选择合适的话题，进行点赞、评论或者分享。随着用户生产内容海量增多进而网络内容生态的重要组成，用户这种看似零碎的点赞、评论、转发行为逐渐能够对网络舆论生态产生影响。用户的加入使得网络评论日趋多元而新颖。网络评论日益成为一种社会化的内容生产实践，极大丰富了网络评论的内容和形式。一些新的评论形式涌现出来，如知识问答、弹幕、短视频等。

在网民身份转变中，有几个重要因素发挥着作用，主要看来，普通网民身份的转变离不开技术的赋权、市场的推动和经济的发展及社会文化思潮的改变。

首先是技术的赋权。新媒体技术去中心化使得社会的权力结构发生了一定的变化，赋予普通的受众以更多的话语权。传播技术的变革会给社会文化带来一定的变化，印刷术、造纸术、电报、广播、电视等技术的出现都对人们的生产、生活方式产生一定的影响。正如尼古拉斯·尼葛洛庞帝所言："数字化生存

天然具有赋权的本质，这一特质将引发积极的社会变迁。"① 互联网去中心化、互动性强的特点给予受众主动挑选、接受、生产、消费信息的权力，社会生产与消费模式也逐渐转变为以用户为导向。与传统媒体时代发声门槛高不同，新媒体时代下的普通人只需要一部手机或者一台电脑就可以在互联网上畅所欲言，且更容易寻求认知和情感共鸣。

其次是市场的推动和经济的发展。改革开放和市场经济体制改革促进了中国市场经济的繁荣发展。传媒业成为我国的重要发展产业。计划经济体制下政府包办一切的局面已成为过去式，传媒业面临自主经营压力，迫使媒体组织市场化转型。转型的关键便是以用户为导向、深化内容供给侧结构性改革，才能获取受众注意力，并将其转化为广告甚至更多元的信息内容服务，提升造血能力。

最后是社会文化思潮的转变。义务教育的普及和网络技术的普及，使我国网民群体的文化素养和媒介素养都得到了前所未有的提升。受众对网络内容的质量要求越来越高，也对自身参与到互联网内容和评论当中的需要越来越明显。网民主动地转换了自己在互联网信息时代的受众身份，开始以更为积极主动的姿态加入互联网评论的生产和传播中来。

二、网民参与网络评论的社会影响

普通网民从被动接受内容的受众转变成主动生产内容的用户，带来网络内容生产与传播方式的深刻变革。网民成为网络评论的重要主体，从内容到形式上丰富了过去以新闻评论员为主导的评论模式，进而产生了深远的社会影响。

（一）网民获得归属感，促进网络评论发展

从网民自身和社会环境的角度出发，普通网民的评论对社会的影响可以分为微观和宏观层面。

微观层面上，首先用户能够在评论的互动中找到归属感和认同感。网民在知乎、抖音等平台发表留言，在 B 站中发表弹幕等意见性信息，这些评论行为使得网民在与其他网友进行互动的同时找到属于自己圈层文化的身份认同，例如，在 B 站上的一些视频中会看到"一袋大米扛几楼"这句看似不知所云的弹幕，但这其实是对动漫《火影忍者》中的经典台词"痛みを感じよう"的音译，表达的是"感受痛苦"，用户在视频中发布这一弹幕，实则是在相互鼓励，

---

① ［美］尼古拉斯·尼葛洛庞帝. 数字化生存 [M]. 胡泳，范海燕，译. 海口：海南出版社，1997：8.

希望拥有勇敢面对生活的勇气。此外，网民的在线评论形成的网络口碑会影响其他网民的消费行为①。例如，用户在大众点评上对餐厅、酒店进行打分和在豆瓣上发布影评等，能够直接或间接地影响到其他潜在消费者对于店铺或者电影的印象，进而决定其接下来的消费决策行为。

宏观层面上，普通网民参与网络评论，能够促进民意流动和民意沟通。在官民良性互动中，主流舆论能够通过更多元的形式更好传达至受众，从而起到引导主流舆论的作用。例如，人民日报抖音官方账号所发布的党的十九届六中全会的现场视频，截至 2021 年 11 月 25 日，共收获点赞 93.5 万次，评论 1.5 万条，网友们纷纷在评论区表达祝福："伟大的祖国万岁""我们的国家，我们的人民，都会越来越好！"这些评论充满着网民们对于祖国走向富强的自豪之情和对祖国未来繁荣昌盛的殷切期盼，网民的爱国情怀在其中体现得淋漓尽致。此外，通过网络评论，网民对公共事务的参与度也会有所提高，对于公共事务能够起到舆论监督的作用。

但是，网民参与网络评论也会带来一些社会问题，比如网络暴力、群体极化甚至诱发非理性的群体失范行为。比如在"227"事件中，一些盲目的粉丝在微博平台上开启骂战，观点走向极化，形成了恶劣的社会影响。该事件由一起"饭圈"内部的斗争最终发展成为一场社会性事件，给网络环境乃至社会秩序都带来了极其负面的影响。

（二）加大网络评论内容审核难度

网民参与网络评论，使得网络评论规模激增。由于网民在专业素养、知识水平、媒介素养等方面情况各异，网民发表的网络评论自然良莠不齐。然而在互联网环境下，把关机制的缺位使得网络评论的质量门槛降低，形形色色的网络评论涌入网络内容生态，给网络内容审核及网络内容生态治理带来挑战。一些网络评论夹杂着"道听途说"而来的虚假信息，反倒混淆视听，掩盖了事情的真相；一些网络评论观点偏激，以求激化对立情绪，最终引发网络暴力甚至社会冲突，扰乱了网络舆论秩序甚至社会秩序。

为更好应对网民主体加入后的网评审核难题，2022 年 11 月，国家互联网信息办公室发布新修订的《互联网跟帖评论服务管理规定》，该规定自 2022 年 12 月 15 日起施行。新《互联网跟帖评论服务管理规定》指出，跟帖评论服务提供者应当按照用户服务协议对跟帖评论服务使用者和公众账号生产运营者进行规范管理。新规一个较大的变化就是对网民评论加强了审核和管理，指出"跟帖

---

① 郑小平. 在线评论对网络消费者购买决策影响的实证研究［D］. 中国人民大学，2008.

评论服务提供者应当建立用户分级管理制度，对用户的跟帖评论行为开展信用评估，根据信用等级确定服务范围及功能，对严重失信的用户应列入黑名单，停止对列入黑名单的用户提供服务，并禁止其通过重新注册账号等方式使用跟帖评论服务。跟帖评论服务使用者应当遵守法律法规，遵循公序良俗，弘扬社会主义核心价值观，不得发布法律法规和国家有关规定禁止的信息内容。公众账号生产运营者应当对账号跟帖评论信息内容加强审核管理，及时发现跟帖评论环节违法和不良信息内容，采取举报、处置等必要措施"①。

（三）反映基层生活，反映群众所想

当前的网络环境发生了三种变化，直接关乎网络评论的未来发展：一是由议题设计或议程设置转为属性设置，二是从情绪的表达转为问题的诠释，三是从全民表达转为全民"讨论"。这三种变化，不断地为网民评论的生长培育土壤。网民参与网络评论的崛起，充分证明了只有人民群众真正感兴趣的问题，甚至有着迫切的需求的话题，才能引发全民"讨论"和关注。

基层是人民群众生产生活的第一线。作为上情下达的桥梁、下情上传的通道，网络评论的根在基层、本在实践。以群众为师、向群众学习，才能真正改进文风，让新闻生动鲜活、群众喜闻乐见。"接地气"才有灵气，只有到了一线，才能闻到大地的泥土味、听到百姓的心里话。反映基层生活，体现群众意见，是自媒体账号发展的关键。民间评论员，来自人民群众，植根人民，且数量众多。较之主流媒体和商业媒体，网民评论在了解社情民意、反映基层呼声方面，通常更具优势。

例如，春节返乡是基层人民群众普遍关心的话题，因为这涉及千千万万老百姓能否在辛勤工作一年后返回家乡过上一个年。在 2022 年春节返乡中，许多地区出现了返乡政策"一刀切"，其中河南某县县长发出"不听劝阻，恶意返乡"的言论。这一背景下，主流媒体多从政策防疫举措、疫情防控等立场出发发表评论。而很多网民评论账号则更多从百姓视角来发表评论，从百姓立场指出"切勿让'恶意返乡'寒了乡亲们的心，多一点有理性而不失人文关怀的'望闻问切'，才能让这个春节更加温暖"。

（四）行使监督权利，促进事件解决

网民群体成为网络环境中的重要发帖者，能够对各类社会事件发表言论，

---

① 新京报传媒研究. 新闻信息跟帖评论先审后发! 新规定 12 月 15 日起施行 [EB/OL]. 2022-11-18 [2022-11-27]. https：//mp. weixin. qq. com/s/2B_ G0Hx4YDwKrMMPXNLzEw.

这有效地提高了网民群体对社会参与的积极性，提升了民众的主体意识，也更有利于某些特殊事件中的民主监督。哈贝马斯曾指出，他推崇的报刊是18世纪初的《评论》、《闲谈者》和《旁观者》，因为其中的理性批判精神使"报刊变成一种工具，把政治决策提交给新的公众论坛"。而在诸多平台设置的网民评论区中，网民群体对事件的批判内容也让民众开始获得政治话语权，保障民众表达，加强民主监督。

自媒体的网络评论善于发挥网络监督的功能作用。从"官二代""萝卜招聘"到"拆迁冲突"，网络评论在网络反腐、网络监督过程中扮演着重要角色，也取得了一定成绩，对于权力监督的强化具有不可替代的重要作用。在新媒体的大环境下，部分事件因为自媒体网络评论的监督，推动了事态发展，接近了真相。

新时代呼唤新担当，新时代需要新评论。不论主流媒体、新闻媒体还是自媒体的网络评论员们，都要不负时代重托，重担在肩。主流媒体需坚守舆论的风向标，充分发挥导向力，新闻媒体需要聚焦热点难点议题，拓展社会服务功能，自媒体充分发挥党联系人民群众的桥梁纽带作用，越往基层，网络评论员就越接近人民群众，越要反映人民群众的呼声。三者之间各自找到舆论发酵的合适节点介入，从而寻求彼此共识，最终搭建一种系统的全媒体评论机制与理念，共同营造清朗的网络空间。以2011年"郭美美事件"为例，该事件在微博平台上引发众多自媒体账号发言，如"温迪洛"等账号发布了大量信息评论，随后《人民日报》、新华社等媒体开始关注并报道郭美美事件。微博平台上网民评论壮大了网络舆论的影响力，促使主流媒体开始关注，继而引发相关部门开始对郭美美等人进行调查，最终推动了对红十字会等公益组织和机构的监督和管理。

当然，在意识到网民评论发挥民主监督作用的同时，也需关注到，普通网民毕竟没有受过专业化的媒介素养训练，因此有时他们的评论的确能促进社会进步和事态解决，但有时部分网民的评论更多是在宣泄情绪。有研究者在对"延迟退休政策"的相关评论进行分析时发现，大多数网民评论都是情绪化的，客观理性的评论只占到了一成多，大多数网民只是借助这一话题发泄不满情绪，也不乏过于情绪化、偏激的言论①。

---

① 张梅贞，李珊珊. 公共领域与公民的网络理性表达分析——基于新浪新闻网民跟帖评论的实证研究 [J]. 新闻知识，2014（10）：34-36.

第五节　职业化网络水军

从广义上看，网络水军指公关公司及其雇用的实施特定公关、宣传、评论行为的人员。从狭义上看，网络水军是一群受雇在网络上发布特定信息的网络写手，他们通常活跃在各种论坛、电子商务网站、社交媒体等网络平台，通过伪装成普通网民或者消费者发布网络评论。凭借庞大的规模，网络水军通过一定时间内高频次地发布高度重复的评论内容，或人为操纵意见反馈/传播效果指标，以量取胜，从而形成优势意见，或淹没其他意见，达到混淆视听的目的。

一、网络水军产生的原因

作为互联网时代的特殊产物，网络水军的产生是互联网商业逻辑和用户需求共同作用的结果。从传播学角度出发，网络水军产生的原因大致可以分为以下四种。

第一，互联网成为意见自由表达且有社会影响力的舆论场域。互联网的交互性和匿名化特征，使其成为相对"自由"的意见表达场域，加之我国庞大的网民规模，纷繁复杂的网络舆论场为网络水军的滋生提供了土壤。同时，随着互联网逐渐向现实社会嵌入，网络舆论的社会影响力日益增强，网络舆论走向往往能影响到现实事态的发展，带来利益关系重塑、社会资源再分配。一方面，在网络把关机制缺位的情况下，通过网络评论制造舆论或操纵舆论是"可能"的；另一方面，出于各种利益诉求，制造舆论或操纵舆论变成一件有"价值"的事情。这便构成了网络水军的动机根源。

第二，普通受众有信息内容偏好。一般而言，受众对负面新闻或带有矛盾冲突的内容更感兴趣。这在一定程度上为网络水军提供了需求基础。他们不惜违背事实，"投其所好"地制造出一些夸张的、煽动情绪的评论内容以吸引眼球，满足受众娱乐需求和猎奇心理的同时，或赚取流量价值，或暗度陈仓，渗透一些有悖主流的价值观念。

第三，网络舆论环境下极端意见易被放大。与传统媒体意见气候"自上而下"的形式不同，网络上的意见气候是"自下而上"的，这种"自下而上"的意见气候需要局部的优势意见来推动形成。按照诺依曼的说法，极端的意见更容易成为优势意见。于是网络水军往往选择在一些大 V 的言论下面发表自己势力的看法和意见，然后成群地点赞和转发来增加效果，诉诸"沉默的螺旋"效应，水军的意见由此产生一定的影响力，相互呼应和提升最终成为引人注意的言论①。

第四，互联网上存在流量至上的传播逻辑。当某些内容传播方面的指标数值越高越可见，声量越大越可见，也越容易得到相应的商业价值或是达到传播目的，这也是网络水军能够产生并且能够扰乱舆论的原因。通常来说，网络水军的存在往往是基于商业目的或是政治目的，他们带着某些特定目标在互联网上大量发言，扰乱正常的网络内容空间。

二、网络水军的发展演变

随着传播技术、媒体市场、舆论环境的变化，网络水军也在持续发展演变当中，以适应并寄生于新的信息环境和信息供需关系中。本小节将从主体、内容和传播效果三方面来分析网络水军的变化。

（一）主体：从真实个体到人工智能

最早，网络水军大部分是受雇于商业集团的普通网民，可以被视为一群职业但非官方的网络评论员。而随着新媒体技术的发展，网络水军一些简单、机械的重复性评论开始被人工智能接管，催生出"数字劳工"Bots。它们是由算法自动产生的虚假社交媒体账号，通过模拟真实人类的评论行为引导网络舆论的走向。Bots具有的匿名性、高活动性使其身份真假难辨，极具迷惑性。它们伪装成普通网民或消费者，像真人一样发表网络评论，参与网络互动，并通过庞大的群体规模优势，迅速形成"优势意见"，以实现其传播目的。

（二）内容：从正面评论到正反两方面评论

早期的网络水军多是机械地对特定主体进行单一化的评论或者转发，其评论一般都是以"夸"为主。而现在的网络水军逐渐谙熟网民的心理，开始从正反两方面进行评论，以看似更"辩证"的话语结构增加网民的信任。这也印证了霍夫兰说服理论中的一面提示与两面提示原理，即对于原本就持赞成意见的人群而言，一面提示更具有效果，而对于有一定判断力或者原本就持有反对观点的群体来说，正反两面提示更有说服力。因此，后期职业化水军在话语方式上有意掺入负面声音，营造观点交织的舆论氛围，实际上是为"优势意见"的输出和扩散做反衬和铺垫。

（三）传播效果：网络水军效果存在双面性

网络水军一度对网络舆论起到了一定的作用，但有些情况下传播效果也较

---

① 彭兰. 网络传播概论［M］. 北京：中国人民大学出版社，2017：312.

为局限。整体来看，网络水军的效果和影响存在双面性，这源于以下几点。

第一，网络水军的商业意味强。网络水军多由商业利益驱动，多出现在娱乐领域的控评、电商领域的刷好评等场景中，归根结底是"流量至上"传播逻辑的产物。虽然在一些情况下，这些流量和传播内容的确会快速进入大众视野，影响网络舆情。但是在围绕公共事务或其他更有社会影响力的网络评论中，高度重复而质量粗糙的网络水军往往容易被轻易识别出来。在一些复杂、深度的观点讨论中，网络水军"以量取胜"的套路不再奏效。同时，尽管网络水军能够在针对某些主流话语场域制造出一场"舆论旋涡"，但这种舆论往往是一种"伪舆论"，并不能真正代表广大人民群众的观点，而只是部分人的利益体现①，使得网络水军的意见难以汇聚成更大的"意见气候"。

第二，网民素养的提高使得网络水军的影响范围变小。随着整体网络素养的提升，网民对于网络水军所发布的机械化和规律性较强的内容逐渐具备了一定的识别能力。但仍需警惕的是，对于老年上网群体而言，网络水军的影响力仍然较强。尤其是在抖音、微信公众号等平台上，网络水军发布谣言、对老年人实施网络诈骗等违法行为仍旧屡禁不止，对老年群体身心健康、财产安全带来严重危害。

第三，在平台多样化的趋势下，原先网络水军利用网民信息不对称进而乘虚而入的情况也日益减少。早期信息搜索相对更难，很多时候网民容易被水军发布的内容误导。但随着互联网的普及和发展，目前网民可以通过多个平台求证信息的真伪从而填补信息的真空部分，使得网络水军的影响力大幅度减弱。例如，针对在淘宝上泛滥的"刷好评"行为，消费者可以转而去其他电商平台"货比三家"，也可以到知识类平台上寻找真实的评价，比如小红书上的"真实测评"视频、豆瓣的"网红店铺拉踩小组"，都是网民抵抗网络水军的聚集地。

第四，网络自净化机制逐渐形成②。自净化的实现有赖于将内容审核和推荐的权限下放给广大用户，并鼓励用户自下而上地参与到内容建设中来。例如，知乎上对于用户回答的呈现和微博上对于用户评论的呈现都采用的是"点赞排序"规则，即如果该回答或评论得到了其他用户的赞同，其排位就会靠前，更容易被看到；反之，如果被点了反对，其排序就会下降，更不容易被看到。又如微信朋友圈的"在看"功能，被某位用户点击了"在看"的内容会被顺势推荐给该用户的朋友圈好友，将用户自发的意见反馈和内容审核与其社交关系相

---

① 陈宇."网络水军"泛滥与网络舆情监测的完善［J］. 青年记者，2011（15）：69-70.

② 陈力丹. 关注新媒体的"自净化"能力［J］. 国际新闻界，2011，33（05）：10.

结合，同样实现了自下而上的内容净化。

三、智能机器人水军的特征与现存问题

传统"网络水军"的行为主体是"自然人"，随着大数据、算法、人工智能技术的发展，网络水军逐渐呈现出智能化趋势，由算法构成的"智能机器人水军"或"社交机器人"随之兴起。

（一）智能机器人水军的特征

现阶段，机器人水军的应用领域主要在三个层面，但大多体现为对自然人水军的迭代与进化。一是商业层面的宣传行为，二是社会层面对个体或单位进行侮辱和诽谤，三是在政治层面针对国家发表反动性言论。比如通过机器人水军干预大选、影响政治局势等。2016 年美国大选期间，数据显示推特上 19% 的大选推文来自"机器人水军"[1]，特朗普和希拉里都曾借助"机器人水军"操纵舆论、通过算法分析为其反对者和支持者定向推送不同类型的宣传广告。

相较于传统的自然人网络水军来说，智能机器人水军在算法、大数据、人工智能等技术的加持下拥有了更强的内容生产和传播能力。一方面，机器人水军不需要人工操作，只需要运作计算机程序，因此可以在瞬间完成网络评论，达到"毫秒级"的操作能力，具备时间上的瞬时性；另一方面，自然人水军的行为需要付出大量时间和金钱成本，因此其规模是有限的，而机器人水军由于依靠的是算法技术，因此不需要付出人力成本，在理论上可以达到信息发布规模和网络评论数量上的无限性，做到持续、高频率的内容输出，达到规模上的无限积量性。

智能机器人水军在操作过程中的瞬时性和评论数量上的规模性，将会为网络舆论工作、网络内容治理工作以及国际传播工作带来一系列难题。机器人水军极大扰乱了网络舆论秩序。机器人水军通过短时间内生产大量信息，仿造真实的网络用户对热点事件进行评论，有目的地制造热点、营造舆论幻象与共识，有意推动舆论走向极化，加速"沉默的螺旋"生成，压缩了真相的传播空间和客观理性的讨论空间。同时，机器人水军对网络内容监管、国际传播带来了挑战。机器人水军极为隐蔽，难以监测，该特点也帮助机器人水军成为世界范围内国家政党、机构组织影响和控制舆论的重要手段，比如国际敌对势力在国际社交媒体上运营着高度活跃的"智能化水军"账号，短时间内发布多种语言、

---

[1] 荣婷，李晶菡. 智能化时代西方舆论战新特点与新手法研究［J］. 新媒体与社会，2020（01）：57-66.

多种形式的推文，就中国的各种敏感问题进行舆论攻击，严重抹黑了中国的国际形象。

（二）智能机器人水军的问题

智能机器人水军制造舆论、控制舆论的能力往往被不法分子所利用，在网络空间当中突破法律的底线，利用网络评论制造一系列社会问题。

其一，智能机器人水军通过制造"虚假"点评，成为经济领域内不正当竞争的"帮凶"。"点评"功能是用户进行购物决策时的重要参考依据。在过去的司法实践中，大量运用技术软件、通过操纵"人工智能水军"实施"刷单""虚假排名"等违法行为屡见不鲜，如"浙江省台州市陈某辉利用技术软件帮助刷单炒信"一案，陈某辉借助"小水滴""大水滴"等刷单软件提升网点排名，骗取消费者信任以完成虚假交易，违反了《反不正当竞争法》，最终遭到法律的制裁。

其二，智能化网络水军通过发布不实网络评论煽动言论，在政治领域产生极其不良的社会影响。此前，在自然人水军阶段，曾有"秦火火案""周世锋案"等，犯罪嫌疑人通过大规模组织"网络水军"发布不实言论，恶意诋毁、攻击政府，造成了极其不良的社会影响，对社会秩序产生了极大冲击。2014年，最高人民法院、最高人民检察院联合公安部发布了《关于办理暴力恐怖和宗教极端刑事案件适用法律若干问题的意见》，督促网络平台对具有煽动性的言论进行即时的监测与清除。如今，不法分子开始利用智能化水军煽动、影响舆论，这甚至成了国际舆论战的"新型武器"。根据卡内基梅隆大学计算机科学系教授凯瑟琳·卡莉团队研究可得，在美国出现值得关注的自然灾害和政治事件时，平台上的互动通常有10%~20%是机器人账号参与的；而在与新冠病毒有关的话题讨论中，虚假推特账户的参与比例可能高达45%~60%，而且行为模式更为复杂，更不容易被发现[1]。国外一些反华势力也在利用人工智能水军发表大量煽动性言论，推特和脸书上均存在大量以中国人头像、中国名字和中国大学为标识的机器人水军账号，恶意抹黑、诋毁中国。

其三，智能机器人网络水军被用于网络暴力，对事件当事人产生侮辱诽谤或骚扰行为。如2019年，湖北省公安厅通报了一起公安部督办的跨8省市特大"网络水军"非法经营案，荆州警方抓获涉案人员13人，初步查清涉案资金

---

[1] Karen Hao. Nearly half of Twitter accounts pushing to reopen America may be bots [EB/OL]. 2020-05-21 [2022-11-28]. https：//www.technologyreview.com/2020/05/21/1002105/covid-bot-twitter-accounts-push-to-reopen-america/.

3000 余万元。福建莆田警方侦破的"网络水军"团伙犯罪案件中，查清炒作网络舆情事件 215 起，关停非法网站 100 个。雇用"网络水军"的以企业居多，是为了在激烈的商业竞争中获胜，或是为了消除负面舆情。"网络水军"主要通过有偿删帖和恶意发帖等牟取暴利，他们先与客户谈好需要删除多少不利信息、在多少个站点发布多少篇幅的负面信息等，然后利用掌握的渠道资源进行删除或发布等。①

（三）智能机器人的监管策略

智能机器人无疑为现存法律规制带来了巨大的挑战。过去的法律规制与判决案件均是建立在"自然人水军"时代，定罪依据全部是"自然人"的犯罪行为，受到处罚的主体也都是自然人。智能机器人则在一定程度上突破了法律规制与监管体系中对"行为主体"的定义。对此，我们应当在立法和监管层面具备一定前瞻性，对智能机器人网络水军犯罪行为可能存在的法律滞差及其所带来的失控风险防患于未然。

首先，治理网络评论中的智能机器人网络水军需要弥补法律层面上的空白。当前，对一些未明确触犯法律的智能机器人网络水军的管理，仍然存在"无法可依"的窘境。在立法层面，可以参考欧盟的"电子人格"概念。2016 年欧盟发布《欧盟机器人民事法律草案》并没有试图将机器人纳入原有的法律框架，按照诸如"代理人"的说法将机器人视为自然人的代理人，而是赋予了机器人特殊的法律地位，将电子人格应用到机器人做出自主决定或与第三方独立互动的情况下，而在处罚方面，则是指出"希望集体要求赔偿的消费者提供一种合适的工具，从制造公司的智能机器故障中得到赔偿"②。这从智能水军的管理来看，更多的是强调水军违反法律也需要被处罚，而其背后的制作公司和团队则应接受相应处罚。

其次，互联网平台要在智能机器人网络水军的治理中发挥技术作用，承担起监管责任。目前，各类平台针对水军都具有一定的应对机制，如通过 IP 和登录地点判断异常行为，对问题账号采取封禁措施。但人工智能水军可以通过篡改手机程序、利用 VPN 软件等方式更改其使用设备和 IP 所在地，这在一定程度上为人工智能水军及其背后的主体识别带来了困难。同时，对于删帖等瞬时的

---

① 新华社. 揭秘"网络水军"删帖"产业链"：几十万元"操控"舆情 [EB/OL]. 2019-01-22 [2022-11-28]. https://www.thecover.cn/news/1629298.

② Directorate-General for the Internal Policies, Policy Department C: Citizens' Rights and Constitutional Affairs [L]. European Civil Law Rules in Robotics Study , 2016-10, at 8-13.

信息清除行为，监管者难以观察到其背后的操作方式并以此为线索追踪犯罪主体。为此，或许可以考虑在获取电子证据时借助平台的第三方力量，依靠平台后台数据和技术为证据收集提供支持。但也要注意在进行电子数据取证时，应当遵循法定程序，保证取证合法，程序规范。

最后，有效应对智能网络水军对舆论的冲击，还需要主流媒体掌握新闻生产和传播的主动权，牢牢把握住意识形态引领和宣传的主阵地，加强精神文明建设。主流媒体要积极建设权威信息发布平台和虚假评论、虚假信息的辟谣平台，强化主流媒体的话语权，提升主流媒体影响力、传播力、公信力，及时对由智能机器人扩散的不实信息进行更正，让舆论回归理性，使真实、健康的信息占据上风，营造清朗网络空间，从内容建设层面展开对智能机器人网络水军的治理。

第五章

网络评论的重要应用领域

当前，我国的网络评论发展进入一个新的阶段，在各个方面和以往相比都有了较大的变化，评论的平台更加丰富多元，形式更加百花齐放，内容更加深刻，应用领域和场景也相应地有所扩展。基于对当前网络评论的应用领域梳理，本章重点探讨网络评论的五个重要应用领域，分别是重大事件宣传、阐释思想理论、热点事件、突发公共事件以及营销推广。通过上述重要应用领域的分析，来呈现网络评论在不同话题和场景中的评论重点和评论目标。

第一节　用于重大事件宣传的网络评论

重大事件宣传主要是指对党和政府的重大决策、重大部署、重大活动及相关社会热点事件的宣传工作。重大事件的产生通常有一定的计划性，是社会公众高度关注的话题，涉及的多为关乎国家大计的根本性、指导性、战略性问题。其中既包括"构建新发展格局""一带一路"等重大决策，两会等每年的国家重大会议，也包括"北京冬奥会""建党 100 周年"等展示国家整体形象风采、与党和国家命运息息相关、具有重大纪念意义的主题活动，与民族团结、领土争端、国家安全战略有关的问题也囊括在内。

政治性是重大事件宣传的首要特性。重大事件所涉及的是对国家政治生活各个方面有决定性、基石性作用的政策或部署，对于维护社会秩序，确保中国特色社会主义体制有效运行，推动社会良性发展具有重要作用。

社会性是重大事件宣传的另一重要特性。再宏观和重大的主题都不能是一个高高在上的概念，而是需要和人民群众紧密相关，往往涉及多个社会主体并且这些社会主体能广泛参与进来。重大事件往往能切实地推进国家繁荣发展、社会良好运行和人民群众生活改善。

具体而言，用于重大事件宣传的网络评论是互联网时代下评论主体针对重大政治议题进行的评论活动。此类评论既体现政治性，又符合社会性，反映出正确的舆论导向、传递鲜明的政治立场，这对于宣传党的路线方针政策、帮助人民群众充分了解党的各项决议、引导社会舆论、弘扬主旋律具有重要作用。

在互联网时代信息高速传播的背景下，公众对重大事件的关注度极高，每逢重大事件，公众在互联网上的讨论热情高涨。随着人们对重大事件的关注度在不断增高，网络评论中关于重大事件宣传的评论文章的数量越来越多，如果信息发布的主流媒体没有做出正确的引导，或者对事件进行模糊性描述、遮遮掩掩等行为，都会引起公众的逆反心理。因此，针对重大事件的舆情处理，以及对于重大事件的宣传等，网络评论工作格外重要，这是因为：第一，鉴于重大事件的重要性，需要发出主流声量；第二，重大事件受到的社会关注多，有必要做好网络舆论引导；第三，重大事件涉及宏大主题，要通过网络评论做好阐释工作，便于人民群众理解，巩固正确的观点。

一、立意高远，提高舆论引导力

网络评论用途多种多样，其创作特点与目的自然也大不相同，重大事件宣传类网络评论的特点是内容立意更加高远，对于提高舆论引导力起到关键作用。在重大事件宣传中，如果只是将纲领性文件推送到群众面前，那么也许并不能取得预期中良好的宣传效果，因为大多数群众对纲领性文件缺乏专业的理解。但这个时候，网络评论发挥了它的作用，通过解读性创作，能够提高内容深度广度，形成舆论引导力。

（一）正确宣传党的路线、方针、政策

在新闻传播领域中，许多重大事件的信息传播都需要经过一定的审核环节。在网络上传播的网络新闻评论大多是经过审核的，能够代表广大人民群众基本利益的内容，这些内容往往有利于宣传党的路线、方针、政策等。

以全面从严治党这一重大战略部署为例，在党的十九届中央纪律检查委员会第六次全体会议上，习近平总书记发表重要讲话强调，坚持不懈把全面从严治党向纵深推进①。在这一讲话发表之后，人民网发布评论文章《坚持不懈把全面从严治党向纵深推进》，充分肯定全面从严治党已经取得的成就，强调全面从严治党的时代意义，指出勇于自我革命是中国共产党区别于其他政党的显著标志，提出要深入学习贯彻习近平总书记重要讲话精神，对全面从严治党在各

① 中国共产党第十九届中央委员会第六次全体会议文件汇编［M］.北京：人民出版社，2021.

种具体情境中的意义作出了解释①。该评论发布后，被诸多地方媒体、商业媒体等转发，进一步增强了传播效果，自上而下增强了对党的政策的有效宣传。

撰写重大事件宣传类网络评论的人员一般都是专业新闻从业人员或是专家学者，而文稿完成后所面对的读者却是来自社会各个阶层，文化背景也都大不相同。因此，很有可能当读者阅读这篇评论文章的时候，受限于自身视野或者教育文化背景，无法准确把握文章所想要传达的思想内涵。这意味着，重大事件宣传的评论文章的写作要求评论员自身须具备写作涵养和写作能力，他们不仅要对党的路线、方针、政策等有着充分且到位的理解，同时也要对群众的信息诉求有一定了解，这样才能创造出让受众愿意读、能理解的评论文章。

（二）搭建党、政府与人民群众的桥梁

网络评论的一大作用就是成为党、政府与人民群众之间的桥梁。党、政府可以通过评论内容传达思想，而人民群众也可以根据评论内容，了解到党和政府的方针、动态等，从而进一步地对重大事件表达态度、观点和想法等。随着网络的不断发展，在很多评论类网站上都有用户留言或者是互动板块，人民群众可以通过这个途径，向上传递对重大事件的看法与观点，也可以直接在新闻评论文章末端的互动区、评论区发表自己的观点。例如，在今日头条 APP 中，如共青团中央、人民网等账号下都设有评论区，在党的二十大、两会这样的重大事件宣传中，网民群体往往会在评论区发表言论，其他网民还可以回复发帖或是点赞。

这样一来，党、政府与人民群众之间构成了一种双向互动。这种双向的互动不仅有利于政府了解更多群众的思想、意见、想法等，同时也有利于群众更加快速、更加便捷地与政府相关部门进行"对话"，这是以往的传统媒体新闻评论所不具有的特色。

以人民网创办的"领导留言板"为例，网友可以在这里给各部委领导、地方领导留言、评论并收到回复，推动事件的实际解决。自 2006 年创办以来，该平台已经促成解决了 300 多万个民生问题，成为群众反映社会矛盾、集中表达关切的重要渠道，成为各级领导听取民意、推动工作的重要抓手，建立起了官民双方良性互动的评论桥梁。

---

① 田宇. 人民网评：坚持不懈把全面从严治党向纵深推进［EB/OL］. 人民网，2022-01-20［2022-01-30］. http：//opinion. people. com. cn/n1/2022/0120/c223228-3233593 4. html.

（三）结合国家大事，回应民众关切

尽管重大事件宣传的对象往往意义宏大，但并不意味着其评论会脱离网友的关切，成为"上传下达式"的评论内容。有关重大事件宣传的评论需要找好切口，沟通、平衡好宏观和个人微观两个层次，及时回应网友关注的话题，在特定议题上，还可以采用情感化的表达策略，明确宣传立场，情绪鲜明地表明观点。例如，北京冬奥会作为国际体育盛事就受到了大量关注和期待，针对冬奥会这一重大事件的网络评论也鲜明地体现着国家大事与民众关切之间的这种结合。

以有关冬奥会的网络评论为例，在北京冬奥会开幕前，部分西方国家政客以不派外交代表出席为话题，频频炒作有关北京冬奥的舆论。针对这一议题，《人民日报》通过微信公众号、客户端等多平台渠道发布评论《你不来冬奥会就办不好？别自作多情了!》，从五大事实角度粉碎部分西方国家的攻击，强调体育政治化与奥林匹克精神相违，明确北京冬奥会开放包容的立场。这篇评论将原本错综复杂的事件事实整理为五个观点，鲜明地表明了评论者的观点立场，回应了群众对于冬奥盛事的关心和疑惑，符合网友对网络评论立场明确、观点通俗易懂的期待，此评论在人民日报微信公众号上发布后阅读量突破十万次。①这展现出网络评论作为舆论引导和意识形态传播渠道的重大影响力。

二、设置议题，引导多元价值认同

用于重大事件宣传的网络评论的撰写往往需要创作者具有一定的思想高度，而这样创作出的作品，也能更好地使读者迅速把握宣传重点、领会议题核心，还能够使读者对事件具有更深层次的认识。同时多位创作者从不同角度对同一事件进行分析讨论，可以让受众更加多元化地认识某一事件，激发范围更广、层次更深的二次甚至多次讨论。

（一）主动设置议题，协调社会认知

重大事件的新闻评论稿件撰写，对写作者自身的眼界、能力要求较高，因此写作者所产出的内容不仅能够让读者更好地理解事件的来龙去脉，还要深刻地解读出该事件的背景、缘由以及对社会造成的重大影响。每一件事情的发生，都不仅仅是某个因素造成的，对社会的影响自然也不会是单纯的一两个方面，

---

① 王威. 你不来冬奥会就办不好？别自作多情了! ［EB/OL］. 人民日报，2021－12－13［2022－01－30］. https：//mp. weixin. qq. com/s/AaEhhHFsIQcnNirHdgCgvQ.

所以写作角度的切入、内容议题的设置这些问题，是在写作之前就要深刻思考完善的。写作者不仅要挖掘出一个最适宜的角度，还要将问题认知的层面提升到一定高度。

在人民网评中有一篇题为《完全有信心、有能力为世界奉献一届精彩非凡卓越的奥运盛会》的评论文章。文章从习近平总书记视察 2022 年冬奥会、冬残奥会筹办备赛工作时的讲话出发，论述了中国筹办冬奥会面临的困难以及现在取得的筹办成就，最终落脚至中国特色社会主义集中力量办大事的制度优势，坚定各方对于中国综合国力和软实力的信念①。文章从建设冬奥场馆所取得的实际成就出发，结合习近平总书记的讲话，深入探讨这些成就背后的原因，最终拔高至国家和制度层面。

（二）从不同角度讨论，引导价值认同

随着网络的发展，人们的注意力在不断分散。因此，注意力经济的相关议题越来越受到人们的重视，内容产出者往往希望最大限度地吸引受众的目光，这就要求网络评论的内容要优质、有吸引力，才能吸引受众，进而引导受众的价值认同。每当一个重大事件发生后，许多网站的新闻评论文章都不仅仅从一个角度出发讨论问题，而是选择多角度切入。重大事件的发生是多方面因素造成的，因此对重大社会新闻的评论文章也要从多个方面进行论述，这样才能更深入地讨论问题，更深入地进行思想分析，等等。

以人民网对于国务院《关于开展营商环境创新试点工作的意见》的网络评论文章为例②，评论员在文章中首先厘清了我国营商环境持续进步的发展现状；其次也指出当前市场主体生产经营仍面临不少困难问题，需要政府采取举措解决，指明了开展营商环境创新试点工作的必要性和意义；最后还评价了选择北京等改革试点城市的原因，展望未来的改革。多角度的评论文章为读者补充了不同视角的观点，有助于读者理解事件发展的全貌，有利于读者建立对于党和政府相关举措的信心。

除了权威的网站评论文章，还有很多驻扎在各大网站的个人评论员，他们的角度会更加贴近人们的日常生活，更容易被读者接受。比如在微信公众号平台上的新闻评论员或是商业平台的评论账号们，这些公众号以接地气的方式发

---

① 窦新. 完全有信心、有能力为世界奉献一届精彩非凡卓越的奥运盛会［EB/OL］. 人民网，2022－01－07［2022－01－30］. http：//opinion. people. com. cn/n1/2022/0107/c223228－32326324. html.

② 裴勉. 试点六城市，营商环境"优"无止境［EB/OL］. 人民网，2021－11－27［2022－01－30］. http：//opinion. people. com. cn/n1/2021/1127/c223228－32293497. html.

声讨论，传递价值，在很大程度上也丰富着重大事件宣传的网络评论表达视角。以国务院《关于开展营商环境创新试点工作的意见》为例，澎湃新闻就发布了题为《逐步消除行政壁垒！长三角建设国际一流营商环境三年行动方案出炉》的评论文章，该评论着重从长三角区域资源要素流动和行政壁垒消除的角度切入，分析了该意见对长三角地区（上海市、江苏省、浙江省、安徽省）营商环境的重要意义①，是一个更具地方性视角的评论内容。

三、守正创新，增强影响力

针对重大事件的评论内容不能流于表面，不仅仅复述事件或者照搬政府发布的言论，而是要深刻分析本质，给出具有创新性的思考，提升评论本身的影响力。因此，网络评论的形式应当不断创新，在坚持内容至上的原则下，吸引更多受众，提高内容质量，增强评论内容影响力。

（一）突出评论者观点，从短评中悟大道理

信息时代，人们每日花费在互联网上的时间越来越多，注意力也在不断地被互联网上各种各样的内容所分散，往往很难完整地阅读一篇长篇大论的新闻评论文章，由此出现了很多言简意赅、短小精悍的短评。这类短评往往"就事论事"，多是直接地将事件本身及其影响论述出来。这些短评往往立意深刻且一针见血，读者不用花费太长的时间就可以阅读完并且领略到其中的精髓，从而思考新闻事件背后所蕴含的深刻道理。

以新华网评论《一起努力，用好每一滴水》为例，文章结合多部门出台的《"十四五"水安全保障规划》等关于节水的规划、意见、政策背景，对节水问题作出了评论。文章虽然篇幅不长，但观点明确、逻辑清楚，明确了政策背景和用水问题现状，态度鲜明地肯定了节约用水的重要性，并在文章最后呼吁读者"用好每一滴水"②。短评文章观点明确，具有一定的现实影响力，揭示了政策背后的深远立意，其短小的篇幅也更为适合社交网络中的转发、扩散。

（二）提高内容质量，小叙事体现大格局

一件重大事件的评论稿件，如果从宏大叙事的角度切入描写，很容易让读

---

① 逐步消除行政壁垒！长三角建设国际一流营商环境三年行动方案出炉［EB/OL］. 澎湃新闻，2022-11-11［2022-11-27］. https：//baijiahao. baidu. com/s? id = 1749158704031961377&wfr = spider&for=pc.

② 申茜. 一起努力，用好每一滴水［EB/OL］. 2022-01-24［2022-11-27］. http：//www. news. cn/comments/20220124/4bf551d4ae9f453687300e323c35183a/c. html.

者觉得大而空，这样文章很容易失去灵魂；如果从小角度进行切入，将叙述主体不断缩小，则会让读者产生身临其境的代入感。这种代入感非但不会降低文章的格调，还能描述出更多细节性的信息，这些内容就会让更多读者产生共情心理，对文章本身的内容更加认可，更加容易理解作者想要表达的观点。

以新华网评论文章《感受一下，什么叫"全员狠人"！》为例，文章论述了冬奥背景下普通人对于冰雪运动的热情，对于冬奥会这一重大事件的评论并没有从宏大叙事的视角切入，而是关注普通人对于冰雪运动的热爱，从 70 多岁的老人到几岁的孩子都在冰雪赛场上努力追逐更好的自己①。从较小的叙事视角切入，更能体现中华民族顽强拼搏的民族特质，便于读者认可重大事件对于普通人的意义——每个人都是生活的主角。

但是如果小叙事写得比较琐碎，或者无法与宏大主题衔接起来，这样的文章容易陷入立意不高的困境，无法将作者想要表达的宏大主题充分展现出来。这就需要作者合理选取叙事题材，分清主次、理顺情节、重视对事件矛盾点的分析与把握，这样一来，从小处入手描写一个事件，才不会显得琐碎，而文章的立意也会随之顺理成章地表达出来。

（三）丰富评论表达形式，扩大网评影响力

丰富的媒介表现形式是新媒体传播最显著的特点之一，扩大网络评论影响力、创新网络评论表达更需要结合不同的表达形式，顺应网民目前已经出现的多媒体、视频化、移动化等媒介习惯。网络评论的表达形式除了常见的文字表达之外，还包括图片、音视频、弹幕、小游戏、H5 动画等多种丰富的形式。相较于传统的文字表达，多符号、多媒介的新兴评论将评论内容与不同的媒介形式相结合，适应了新媒体时代碎片化、情感化、娱乐化的传播趋势，常常在社交平台上引起巨大的回应。

用于重大事件宣传的评论通常议题和表述都较为严肃，带给受众一定的距离感，其传播效果容易受限。而图片、短视频等表达形式采用视觉语言，降低了受众的理解门槛，同时结合社交平台的传播特性，受众可以非常方便地与评论产生互动，表达自己的情感态度。这使得用于重大事件宣传的评论更加深入网友的日常线上生活，取得较好的传播效果。

---

① 新华网．感受一下，什么叫"全员狠人"！［EB/OL］．新华网，2022-01-17［2022-01-30］．http：//www.xinhuanet.com/comments/20220117/86fb0a16bf9a44668a0e706e828a5e0f/c.html.

第二节　用于阐释思想理论的网络评论

用于阐释思想理论的网络评论主要针对理论性较强的政治思想体系进行评论。用于阐释思想理论的网络评论将宏大叙事的政治思想理论与具体的评论观点相结合，更简单易懂，促进了思想理论观点的传播。在中国特色社会主义进入新时代的背景下，网络评论这一形式有利于加强对中国特色社会主义道路、理论、制度、文化等的宣传阐释。

全媒体时代，媒体技术的革新带来传播内容的变革，以往作为阐释思想理论阵地的传统媒体刊物，已经无法满足人们的需求。随着网络时代信息内容的花样迭出，人们的注意力一直在被分散，越来越多的人无法集中于理论性较强的信息内容上。而阐释思想理论的网络评论的出现，则能依靠其丰富多彩的内容和形式吸引到更多人的注意。伴随着这种传播趋势和时代背景的不断变化，该领域的网络评论需要在多个角度做出适应和改变：首先，理论的融入要恰到好处。将理论恰如其分地融入评论文章中并不是一件容易的事情，掌握不好火候，就会使文章说理性内容过多而显得枯燥，或是思想理论内容过少，没有充分阐释内容的重要性。所以要顺应互联网发展大势，适应互联网新的评论形式，创新思想传播方式，始终高举理论的旗帜，始终把宣传阐释好习近平新时代中国特色社会主义思想作为第一位的任务。其次，该领域的网络评论还应当结合群众关心的问题，始终回应时代关切。思想理论的根基在于人民群众，人民群众的需要是一切有关思想理论的最本质出发点。因此，用于阐释思想理论的网络评论不应当脱离基层话题，要找到思想理论与时代问题的结合点，切忌将其当成简单的宣传工作，忽视最广大人民群众的关切。

具体而言，本节将从"强化意识形态阵地建设"、"传播正能量，弘扬中国精神"以及"以智促治，提升国际应对水平"三个部分对阐释思想理论的网络评论内容进行介绍与论述。

一、强化意识形态阵地建设

国家意识形态的重要性不言而喻。在互联网上，用于阐释思想理论的网络评论的作用与强化意识形态阵地建设相辅相成。加强对意识形态领域的引导作用，一方面要把握中国特色社会主义理论体系，牢牢掌握邓小平理论、"三个代表"重要思想、科学发展观、习近平新时代中国特色社会主义思想的基本内涵；

另一方面要坚持和发展中国特色社会主义的总任务，推进社会主义现代化建设和中华民族伟大复兴，在此基础上，坚持网络评论的创作与意识形态建设的结合。

（一）把握中国特色社会主义理论体系

用于阐释思想理论的网络评论往往需要把握好中国特色社会主义理论体系。要做到这点，需要将中国特色社会主义理论体系作为写作新闻评论文章的立意根本，这样创作出来的文章才不会失之偏颇。中国共产党第十七次全国代表大会上提出了中国特色社会主义理论体系的科学命题，其内容包括邓小平理论、"三个代表"重要思想以及科学发展观在内的科学理论体系。党的十九大报告明确，中国特色社会主义理论体系还包括习近平新时代中国特色社会主义思想。中国特色社会主义理论体系，是对马克思列宁主义、毛泽东思想的坚持与发展，凝聚了几代中国共产党人带领人民不断探索与实践的智慧与心血①。中国特色社会主义理论体系对于夺取全面建成小康社会新胜利，谱写人民美好生活新篇章，实现中华民族的伟大复兴具有重大意义。网络评论的创作，更应该在其领导下，通过多种多样的创作形式，向受众阐释中国特色社会主义的思想路线、发展道路、发展阶段、根本任务等内容。中国特色社会主义理论体系是一个取之不尽、用之不竭的思想宝库，网络评论将叙述的本源应以中国特色社会主义理论体系为指导，才能更好地引导读者认识社会的本质，了解事件发生的本质原因。同时也能加强意识形态领域的思想文化建设，让更多读者领会到思想理论的本源。

在光明网评中，有一篇名为《用党的革命精神淬炼新时代中国之魂》的评论文章，该文章以"新时代之魂"为文章主题，通过介绍中国共产党在近百年的历史进程中走过的道路，展现了新时代的中国精神，并且融合了中国特色社会主义理论体系，提出"处处以人民的福祉为出发点，步步以人民的幸福为落脚点"，将原本抽象性的理论知识具体化，有助于读者更好地认识到中国特色社会主义的本质问题②。

但如果评论员掌握不好写文章的火候，那么很容易将评论文章写得比较抽象，让读者看来全是理论性的内容或是呈现出大量的重复内容，这一点会使文章失去其应有的价值。而且会显得文章是为了"喊口号"而创作，体现不出作

① 决胜全面建成小康社会 夺取新时代中国特色社会主义伟大胜利［M］. 北京：人民出版社，2017.
② 朱成山. 用党的革命精神淬炼新时代中国之魂［EB/OL］. 光明时评，2019-08-07［2022-01-30］. http://topics.gmw.cn/2019-08/07/content_33067541.htm.

者的论证与思考，更体现不出文章要表达的深刻社会思考。

（二）让群众了解新时代的时代意义和发展目标

中国特色社会主义进入新时代，我国社会的主要矛盾已经转化为人民日益增长的美好生活需要和不平衡不充分的发展之间的矛盾。从全面建成小康社会到基本实现现代化，再到全面建成社会主义现代化强国，新时代中国特色社会主义的战略安排不断调整。① 伴随这一重要历史方位的转变，网络评论也要随之进行改变和调整。在中国特色社会主义理论体系的正确指引下，通过深入浅出的分析，引导网友理解和体会新时代的时代意义和发展目标成为网络评论的重要方向。

在人民网“观点”下的“人民网评”板块中，有一篇名为《人民网评：全力守护我们“稳稳的幸福”》的文章，文章内容介绍了在 2020 年 4 月 15 日，也就是第五个全民国家安全教育日，全国各地开展了一系列富有特色的安全教育宣传活动。文章指出，安全教育拓展到生活的方方面面，是和每个人息息相关的事情，同时文章结合了 2020 年初暴发的新冠疫情，重点强调了卫生健康安全问题，最后文章的结尾提到：“坚持总体国家安全观，统筹传统安全和非传统安全，为决胜全面建成小康社会提供坚强保障”，重视安全教育，同时也是为社会主义现代化建设所服务，为中华民族伟大复兴提供了坚实稳定的基础，推动中国特色社会主义新时代发展目标的实现。② 在人民网的观点频道中，还有一篇名为《人民网评：力戒形式主义，打好全面小康作风仗》的评论文章，在文章中，作者根据当下经济形势，对贫困县摘下贫困帽子的个别“形式主义”问题进行质疑，并分析其存在原因③。同时大力提倡“治理形式主义，要敢于惩治也要善于激励”，“为群众带来一点又一点的实惠”。让中国更广大地区的贫困县、贫困村脱贫，是全面建成小康社会的重要环节，这篇文章分析了脱贫意义，也针对脱贫过程中的“形式主义”问题进行分析与探讨，能让读者了解到中国特色社会主义进入新时代的时代意义和下一步的发展目标。

这类阐述思想理论的评论文章切忌机械拼接、杂糅，而是要充分体察新时代的时代背景，充分理解时代内涵。因此，如果想在网络评论文章中体现中国

---

① 决胜全面建成小康社会　夺取新时代中国特色社会主义伟大胜利 ［M］. 北京：人民出版社，2017.

② 嘉佑. 人民网评：全力守护我们“稳稳的幸福” ［EB/OL］. 人民网，2020-04-15［2022-01-30］. http：//opinion. people. com. cn/n1/2020/0415/c223228-31674074. html.

③ 原石. 人民网评：力戒形式主义，打好全面小康作风仗 ［EB/OL］. 人民网，2020-04-15［2022-01-30］. http：//opinion. people. com. cn/n1/2020/0415/c223228-31674881. html.

特色社会主义进入新时代的时代意义和发展目标，首先要求评论员自身对中国特色社会主义新时代有着深入理解与贯彻领悟，同时在写作的过程中，将所评论事件的时代意义和发展目标阐述清楚，将叙述落到实处，而不是空泛地喊口号。同时撰写更具力量的理论文章，不仅要积极回应理论和舆论热点，同时也要重视反映群众的声音。这样才能不断提高宣传阐释的有效性。

二、传播正能量，弘扬中国精神

阐释思想理论的网络评论对内要加强意识形态领域的建设，引导群众正确认识社会现状、准确把握思想精神；对外则要做好国家形象宣传工作，向世界讲出中国故事、发出中国声音，以一种积极向上的姿态出现在国际舞台上。这要求网络评论讲好中国故事，向外展示国家的软实力，将中国源远流长的深厚文化传播出去，让世界更多人了解中国。同时还要对区域化传播有更深层次的理解，做到在国际文化交往过程中，减少摩擦，增加友好互动，维护中国国际形象。

（一）讲好中国故事，发出中国声音

习近平总书记在 2018 年 8 月的全国宣传思想工作会议上发表的重要讲话中指出，展形象，就是要推进国际传播能力建设，讲好中国故事、传播好中国声音，向世界展现真实、立体、全面的中国，提高国家文化软实力和中华文化影响力①。在这段讲话中，明确了对网络评论内容的要求，网络评论是国际传播的重要手段，是对外宣传的工作之一。媒体既要不断增强中国在外的话语权，同时也要增强高度的文化自觉、文化自信，向全世界展现出一个更加真实、具体的中国，通过网络评论这一形式更为生动活泼地"讲好中国故事、弘扬中国精神"。

随着网络社会的发展，地球成为"地球村"是个普遍趋势，人人都在网络上发布自己的言论，因此越来越多的普通人都可以成为中国的"代言人"，在对外宣传过程中也起着重要作用。但影响中国向世界展示国家软实力的阻碍仍旧很多，线下的结构关系和传播的资源劣势，都有可能转移到网络空间中。比如西方国家先入为主的偏见、文化差异带来的一些摩擦，这些是难以避免的。同时还有一些西方国家媒体在对内宣传的过程中，会有选择地宣传中国形象，以

---

① 新华社．习近平出席全国宣传思想工作会议并发表重要讲话［EB/OL］．中国政府网，2018－08－22［2022－02－27］．http：//www.gov.cn/xinwen/2018－08/22/content_5315723.htm.

至于造成不同程度的误解。所以合理利用海外渠道,通过更多的形式、更加友好的姿态来向世界展示中国文化的魅力以及和平友好的大国形象是非常重要的。例如,人民日报英文客户端在 2020 年推出的系列微视频评论《江河情缘》就可以证明这种灵活策略的长处。《江河情缘》生动讲述习近平总书记关心重视长江黄河生态治理、经济开发、文化传承的故事,以视频的形式进行评论,表现了对于习近平总书记高质量发展策略的肯定和拥护。《江河情缘》英文版同步在人民日报全媒体矩阵的推特(Twitter)、脸书(Facebook)、优兔(Youtube)等境外社交媒体账号面向全球多个国家和地区播出,取得良好国际传播效果,海外累计点击量超过 400 万次,体现着中国故事和中国声音的强大影响力,该评论获得第三十一届中国新闻奖一等奖。

(二)了解区域化传播,维护中国形象

中国始终坚持和平发展道路,但在西方某些国家的媒体宣传中,却总是在塑造"中国威胁"的形象,这不利于我国的对外形象发展。所以在我国对外文化传播中,应了解并分析中国文化跨文化传播中所面临的挑战,从而调整当前的传播方式,并积极营造和维护中国形象。目前,语言上的差异是中国文化全球化传播的主要壁垒,可以通过网络评论的视频形式呈现更加直观、形象和生动的中国文化。

另外,在传媒全球化的环境中,其他国家文化产品中对中国的刻板印象的强化也是对外传播的一大阻碍。20 世纪 80 年代,中国的国家形象在一些西方国家普通人眼中,还是贫穷落后的。近年来,随着中国经济的不断发展、文化产品的不断输出,世界上越来越多地区的人开始认识到中国的强大,但同时,仍有一些国家在宣传着"中国威胁论"这样的思想。这就更需要国内外的创作者们在国际传播过程中,树立一个和平友好的大国形象,并发出真实的中国声音。

在文化输出过程中,外国网友会在不同的文化差异中,感知中国文化。因此,对外的网评应注意不同文化传播过程中的壁垒,根据实际情况调整传播策略,挖掘当地的环境资源与氛围,与新时代的中国文化相融合,进一步缩短文化间的距离,形成共鸣。

(三)顺应平台化时代,打造具有国际影响力的媒体矩阵

打造具有国际影响力的媒体集群,意味着在新的世界局势下,讲好中国故事、传播好中国声音、提高国际传播能力绝不是依靠少数优秀产品的"单打独斗"就可以实现的。主流媒体应当顺应国际化网络平台的不同特性,建立起覆盖全面的平台传播体系,根据不同平台的传播特性调整产品的生产和传播策略,

从多层面、多角度实现高效率的国际传播。其中，也要求国际传播中要注重网络评论这一贴近网民群体的内容形式。

中国国际电视台（China Global Television Network，CGTN）在全球160多个国家和地区提供新闻报道，并已构建较为完备的国际社交媒体矩阵，包括网站、移动客户端、优兔、脸书、推特等传播渠道，在全球拥有超过1.5亿个粉丝①。矩阵化的传播策略为海外用户提供了更加丰富多彩的沟通渠道，以不同的表达形式发出中国声音、讲好中国故事，利用社交媒体的力量从多角度有效开展舆论引导，提升我国的国际话语权和影响力。以2020年2月28日中国国际电视台发布的短片《武汉战疫记》为例，该影片回顾了武汉抗疫的一个月间的重要节点，真实展现了武汉抗疫故事，表达了对中国抗疫的深深认同。该纪录片于2月28日在中国国际电视台的英语频道播出，同时在中国国际电视台官网、APP及各个海外社交平台账号全网推送，截至2022年1月26日，其优兔视频播放量已经达到1841万余次，在推特平台获得中华人民共和国常驻联合国代表团、中国驻英国大使馆，以及中国驻德国大使馆等官方账号转发，传递了中国故事和中国精神。

中国国际电视台的例子证明了建设媒体集群对加强和改进国际传播工作、弘扬中国精神的重要意义，这需要主流媒体进一步完善顶层设计，深化对平台化传播的认识，提高新媒体工作的针对性和适应性，相互配合、打造有国际影响力的媒体集群。

三、以智促治，提升国际应对水平

在国际文化传播过程中，总是会因为文化差异而产生摩擦，这个时候，网络评论可以发挥其独有的作用。网络评论创作要善用论证，将强有力的事实摆出来，驳斥一些对中国别有用心的不友好言论，表达坚定的立场，捍卫国家形象。

（一）善用论证，捍卫国家形象

随着中国在国际上的交流范围日渐广泛，交流领域日渐丰富，中国的国际传播也到了一个新阶段，对外传播需要巧用各种评论形式，捍卫国家形象。以人民日报海外版官网上的"海外网评"为例，这一评论区一方面聚焦海外信息，另一方面也在传递出真实的中国声音，提升国家形象。例如，2023年7月18日的一则评论信息就以视频、文字的方式对中国2023年上半年国内生产总值

---

① CGTN. ABOUT US［EB/OL］. https：//www.cgtn.com/about-us.

（GDP）5.5%的增长速度进行介绍，并以评论方式指出了中国经济对全球经济增长有相当大的影响①，中国经济保持增速对全球来说都有重要意义（见图 5.2.1）。这类评论形式以扎实数据和相关海外报道作为论据，突出了中国对全球的经济贡献，维护了国家形象。

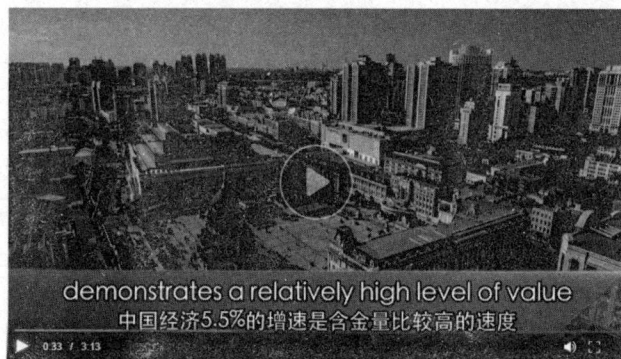

图 5.2.1　海外网《海评面：全球经济增长低迷，中国 5.5%的增速有含金量》评论截图

同时，社交平台上一些政治人物态度鲜明的评论同样对维护国家形象、表明国家立场起着重要的作用。以外交部前发言人赵立坚的推特账号为例，截至2024 年 10 月，其推特粉丝数已经超过 193 万人，赵立坚的账号中不仅会发布外交部的官方信息、与其他国家外长互动，同时也会展现中国的大好河山、人民生活场景等国家形象。在一些国际问题面前，其推特评论鲜明地表明了国家态度，直接有效地传递了中方立场。以日本核废水问题的相关评论为例，2021 年4 月 26 日，面对日方不顾中国政府抗议以排海方式处理福岛核废水这一行径，赵立坚在推特上发布了一幅中国插画家的讽刺作品《神奈氚冲浪里》，并附文："中国的插画师重新创作了日本画作《神奈川冲浪里》。如果原作者葛饰北斋现

① 海外网. 海评面：全球经济增长低迷，中国 5.5%的增速有含金量［EB/OL］. 2023-07-18［2023-07-20］. http：//opinion. haiwainet. cn/n/2023/0718/c353596-32631303. html

在还活着，他也会非常关心日本核污染水问题。"以网络评论的形式讽刺日方逃避国际责任、拒绝承担国际义务的行为，相较于主流媒体的文字长评，其评论观点更加明确直接、传播范围更广、传播效果更强，有力驳斥了日本政府的错误行为，捍卫了中国的国家利益。

（二）面对质疑，果断亮剑

很多时候，国际传播中的网络评论，是要回应国际舆论对一些中国敏感问题或争议问题的质疑，在国际环境中传递出真实情况，发出中国声音。在一篇源自中央广电总台国际在线的评论文章《所谓新疆"人权"问题是个政治谎言》中，评论员以强有力的笔触批判了国外一些媒体对中国的恶意抹黑报道，同时提供了强有力的论证说明，展示了中国形象①。针对国外个别媒体对中国"没有人权""将维吾尔族人关押"等虚假信息，用一则普通人的生活例子予以有力反击。作者介绍了一位来自新疆教培中心的维吾尔族青年，在教培中心，他不仅摆脱了极端思想，同时也拥有了文化知识与职业技能。结业后，他还与朋友合开了一家教育培训机构。这位青年的故事很好地回击了西方某些媒体的不良宣传。除此，作者还摆出强有力的说明："为了让国际社会真正了解新疆的发展状况，中国政府已接待超过 1000 名各国外交官、国际组织官员、媒体记者、宗教领袖访问新疆，他们都表示在新疆的所见所闻与西方一些媒体描述的完全不一样。"这与文章标题不谋而合——所谓新疆"人权"问题是个政治谎言。这篇文章的成功之处在于摆数据、讲道理，尽可能回应国际质疑，增进国外民众的对华认同。

第三节　用于关注热点事件的网络评论

热点事件通常指在网络中出现的具有一定高讨论度、备受民众关心的事件。热点事件往往具有以下特征：一是讨论度高。全媒体时代，信息传播速度更快、人们之间的沟通更加便捷。越来越多的新闻事件通过网络渠道引发网民关注、成为社会热点，社交媒体的使用使热点事件的社会影响得到进一步延伸。二是话题丰富。热点事件往往与广大网友关心的社会议题紧密相关，如健康、教育、

---

① 中央广电总台国际在线. 所谓新疆"人权"问题是个政治谎言［EB/OL］. 国际在线，2020－03－13［2022－01－30］. http：//news. cri. cn/20200313/b68494cc－2d13－1b87－d77b－7806d2ba8375. html.

农业生产、公共服务、性别等社会话题，其覆盖的社会领域和范围广泛。

网络时代热点事件传播速度快、范围广，要求网络评论员所创作的评论文章具有一定的"及时性"和"全程性"。所谓"及时性"就是评论紧跟新闻热点，发布及时、速度快，在热点事件发酵早期、舆论观点形成的关键阶段就能被推送到群众面前。所谓"全程性"则是要求网络评论员全程追踪新闻事件，关注后续报道及事件发展，尤其警惕事件的反转，推动事件得到切实解决。

本节内容从"从事实出发，引导舆论走向"、"结合群众意见，放大网络理性声音"以及"促进事情解决，产生正面社会影响"三个方面对用于热点事件的网络评论展开论述说明。

一、从事实出发，引导舆论走向

热点事件的社会影响力强，往往能够激起强烈的舆论反响，甚至可能引起负面舆情危机。因此，舆论引导是用于关注热点事件的网络评论最重要的作用。对于网络评论而言，要实现有效、有序的舆论引导，一方面要能客观解读权威声音，通过客观理性的分析清晰明了地呈现事件走向；另一方面要坚持真实理性地发声，坚持以事实为依据，坚持以解决问题为目的。

（一）客观解读权威声音

互联网时代，一个新闻事件从发生到成为舆论中心，其过程和成本被大大压缩。凭借快速、低成本等优势，网络媒体正在逐渐剥夺报纸、电视等传统媒体原有的话语权。如今，自媒体评论员的声音往往会比传统媒体的评论声音更快一步地到达受众耳边。

例如，在中国，"三农"问题一直是老百姓普遍关心的问题。针对"三农"问题，也有不少评论内容会发声进行解读。2021 年 12 月 30 日，人民网发布题为《牢牢守住"两条底线"，做好"三农"工作》的网评文章，对习近平总书记有关"三农"问题的重要讲话做出评论①。强调"三农"工作对于我国现代化建设的特殊重要性，联系 2021 年"三农"工作的成就如粮食产量提高、脱贫攻坚成果得到巩固和拓展等现实例子进行论证，展望了乡村振兴工作的新局面。文章从多种角度出发，为读者解读了习近平总书记有关"三农"问题讲话中的具体要点，不仅能够让读者了解到其中的内容，还可以通过评论员的解读，进

---

① 沈若冲．人民网评：牢牢守住"两条底线"，做好"三农"工作［EB/OL］．人民网，2021－12－30［2022－01－30］．http：//opinion．people．com．cn/n1/2021/1230/c223228－32320231．html．

一步深层次地了解到其中具有的深刻含义。网络评论通过解读权威声音，回应百姓普遍关心的"三农"问题，能够让热点事件的走向和发展变得更加清晰明朗，在热点事件中为网民引领思考方向，让网民能够客观、理性、深入地看待问题。

尽管自媒体网络评论员具有个性化、速度快等特点，但由于是"单打独斗"，难免会因信息不全、视角狭隘产生引导偏误，甚至滋生谣言。同时，由于自媒体内容生产缺少必要的审核与把关环节，其评论内容中的错误难以被及时发现，一经发布便可能对网民形成误导。更有甚者，一些自媒体片面追求"流量至上"，故意制造矛盾冲突以博取眼球，成为热点事件发酵、负面舆论加剧的推手。从这一方面看，权威信源的二次使用权限管理、热点事件网络评论的归口管理就显得尤为必要。

（二）坚持真实理性发声

在热点事件评论中，很多评论文章为了吸引人的眼球，选择用煽动情绪的文字来进行评论。在一些复杂舆论中，无法保证每个人时刻都有足够的分辨能力来判断复杂事件背后的利益纠葛，所以很容易被此类评论文章中的主导情绪"牵着鼻子走"，以至于对事件本身产生某种误解。这就要求网络评论者尽最大可能客观、理性地讨论事件。网络评论的本质不是"添油加醋"，而是要以事实为依据，根据事实进行理性发声。

人民网评上有这样一篇评论，关注的是 2019 年 10 月 10 日在江苏省无锡市发生的桥面侧翻事故，回应的是人民群众最为关心的问题——"跨桥为什么会塌"。评论名为《无锡垮桥事故，诸多问号亟待拉直》①。在这篇文章里，评论员在介绍了事件背景后，围绕跨桥倒塌的原因，通过梳理相关报道、分析相关数据，理性地提出几个思考点：跨桥侧翻是运输车辆超载导致，大桥本身质量问题堪忧，等等。评论员并没有针对某个点展开批评，而是认真分析了原因的可能性及其与事实的关系。比如谈到是否超载，文中提出了几个疑问点——"大桥是否有限重标识""此前是否有车辆超载过"，这些疑问点都对准了事情的本源，而且是基于事实的理性探讨，为事件溯因提供了有益思路。

如果公众被那些过于煽动情绪的语言所带动，那么可能就会丧失理性，诱发非理性言论和行为，对舆论环境和秩序构成破坏，甚至会影响到事情的后续进展，不利于问题的解决。要理性评论社会热点事件，这并不是要求公众减少

---

① 石川 . 无锡垮桥事故，诸多问号亟待拉直［EB/OL］. 人民网，2019-10-11［2022-01-30］. http：//opinion. people. com. cn/n1/2019/1011/c1003-31394929. html.

对热点事件的关注，而是需要用一种更加客观理性的思考方式，充分运用事实依据和权威信源来分析问题、创作评论文章。

二、结合群众意见，放大网络理性声音

当社会热点事件发生时，群众往往会一拥而上，各说其话。由于在信息获取情况、既有知识体系和文化观念等方面存在差异，每个人对热点事件的了解、理解和评论各不相同。这个时候，网络评论要在事实的基础上，从实际出发，具体问题具体分析，为群众了解事件全貌、拓展分析视角提供指引。同时也要以群众为本，站在群众的立场上进行创作，要让群众听得进去，引发一定的舆论思考。

（一）从实际出发，具体问题具体分析

网络评论内容应该以事实为基础，对待社会热点事件的分析应做到具体问题具体分析，既不能用一个评论套式当作模板，应付所有新闻事件的评论写作，也不应当超越事实，以所谓的"发散思维"做过度延伸，将事件与一些本不相关的要素有意联系在一起。网络评论要从实际出发，一方面要求网络评论者尊重事实并善于挖掘事实，另一方面还要求网络评论者对新闻事件保有基本的同理心。只有这样，网络评论者才能客观、公正地阐述事件、分析事件。具体问题具体分析，则是为网络评论者提供了一种方法论的指导，在分析问题时，要仔细分析造成事件结果的各个方面、环节、因素，不忽视任何一个细小的因素，这样才能挖掘出事件背后更深层次的原因。

在新华网评中，有一篇名为《对假冒伪劣之"毒"必须严防严打》[①] 的文章，这篇评论文章聚焦百姓关心的假冒伪劣商品整治问题，对打击假冒伪劣商品提出建议，一方面要求相关部门从源头入手，另一方面要求供应链检测严格。该评论针对打击假冒伪劣产品的话题，以问题为导向，有针对性地提供了解决方案，对不同性质的商品的假冒伪劣问题提出了相应的解决方案。该文章受到了广大网民的普遍认可。

写评论文章一定要深入现实生活，不能想当然。从实际出发，要把握好两个"准确性"：一是聚焦主题线索，把握思想政治角度的准确性；二是深入具体细节，把握事件走向、侧面及其经验资料等的准确性。具体问题具体分析则是针对实际问题采取的辩证解决方案，是挖掘事件背后成因、提升评论内容深度

---

① 宋燕. 对假冒伪劣之"毒"必须严防严打［EB/OL］. 新华网评，2020-03-15［2022-01-30］. http：//www. xinhuanet. com/comments/2020-03/15/c_ 1125715097. htm.

的关键。

（二）以群众为本，解群众之困

网络评论应当以群众为基础，从群众的角度和立场出发。在此前极具争议的"996"事件中，当人们都在讨论"996"（工作时间为每天早9点到晚9点、每周工作6天）的不合理之处时，有些评论却开始维护这种工作方式，这显然是没有以群众为本，而是站在了群众的对立面来分析问题。在"996"的讨论中，央视新闻微博号发布了"央视评不能让奋斗变了"话题，强调要对用人单位、相关部门加强监管，保护好"奋斗者"。这才是从群众角度发声的好评论。走近群众，有利于客观、全面地获取事实依据，增强评论的客观性、准确性，同时也能拉近与群众的距离，增强评论的亲和力和感染力，引发受众的共鸣，充分发挥评论的传播效果和社会效益。

以算法不合理使用问题为例，伴随新媒体的快速发展，算法歧视、大数据杀熟、未成年人沉迷等问题成为广大网民关注的热点问题，关系着广大网民的切身利益。人民网题为《向算法"技术霸凌"说不》的文章针对算法不合理使用问题展开评论，具体结合用户使用互联网平台的具体场景进行论述，呼吁算法推荐服务尊重用户利益，并结合《互联网信息服务算法推荐管理规定》明确了政策层面的导向，切实反映了群众关心的问题并给出解决方案，具有一定的现实意义[1]。以群众为本，意味着评论的论述应当贴近现实，论述内容不宜过于深奥，结合现实生活场景和问题进行评论，不说空话、大话。只有这样，才能真正做到想群众所想、解群众之困。

三、促进事件解决，产生正面社会影响

社会热点事件大多数源自社会矛盾、冲突等负面动态。也正是因为这种负面属性，使得社会热点事件更为群众所关注、讨论。因此，社会情绪引导、价值观念引导同样是网络评论的重要职能。对于热点事件的网络评论，既不能流于表面，仅仅停留在对事件本身的描述或评价，也不能故意煽动情绪，放大矛盾对立，而是要在客观公正的立场上，深刻剖析事件本质，分析出事件形成的深层次原因，并提出有针对性、建设性的解决办法。面对矛盾双方，要勇于指出矛盾根源，剖析矛盾关系，以解决问题的姿态化解矛盾。

---

① 余建斌. 向算法"技术霸凌"说不 [EB/OL]. 人民网评，2022-01-05 [2022-01-30]. http：//opinion. people. com. cn/n1/2022/0105/c223228-32324462. html.

（一）剖析事件本质，正确指导实践

网络评论文章不仅仅要重视对事实的陈述，更要重视其内容发布出来后所产生的社会影响。一篇针对社会热点事件的评论文章如果不能准确找到并深刻分析事件本质，就容易"变味"，甚至可能将读者引入某种误区。不够深刻的评论文章对于读者而言则如同鸡肋，其分量不足以起到评论应有的引导作用。因此，一篇评论文章要能深入问题本质，要言之有物，更要有启发性、建设性。

在人民网评中有一篇名为《善款岂能是笔糊涂账？》的文章，该文章聚焦贵州女大学生吴花燕事件，针对中华少年儿童慈善救助基金会的社会募捐和善款使用问题进行调查①。除了这一事件本身，该文章还列举出慈善领域诸多类似事件，对善款使用不透明的问题进行质疑与探讨。文章最后提出"没有公开就没有监督，没有监督，权力就会无限膨胀"。这一观点具有启发性和警示性，为解决慈善募捐、善款使用的透明性问题指明道路。

（二）面对矛盾，指出矛盾

很多针对社会热点事件的评论文章会抓住问题的矛盾点进行分析探讨。抓住矛盾，有利于找准问题的核心问题、关键问题，有利于提升评论的说理性和说服力，有利于帮助受众更好地理解问题的本质。从本质问题出发，还能够以点带面，以某一事件为例，带动宏大议题的讨论，推动相关问题、类似问题甚至结构性问题的解决。

以盲盒消费这一社会热点为例，盲盒作为一种创新型消费方式获得了许多人的喜爱，但在盲盒营销及消费的过程中也暴露出诸多问题。新华网评文章《"万物皆可盲盒"是伪命题》就针对这一社会热点做出了评论：盲盒的存在一方面有其合理性，通过创新形式吸引消费，但在另一方面也带了过于泛滥的盲盒营销，在具体情境下产生了诸多问题②。文章准确把握了"盲盒乱象"背后的问题本质，指出盲盒销售应当更加注重内容价值，在满足人们情绪价值的同时也应提供精神价值。需要注意的是，不同事件下矛盾主体及矛盾关系可能不尽相同。有的包含两个矛盾主体，有的则包含多个矛盾主体，要求网络评论员将"直面矛盾"与"具体问题具体分析"相结合，找准主要矛盾和关键的矛盾关系，既"一针见血"又"主次分明"，保证评论内容逻辑性、针对性的同时，

①　田宇. 善款岂能是笔糊涂账？［EB/OL］. 人民网，2020-01-17［2022-01-30］. http：//opinion. people. com. cn/n1/2020/0117/c1003-31553970. html.

②　余悦. "万物皆可盲盒"是伪命题［EB/OL］. 新华网，2022-01-10［2022-01-30］. http：//www. xinhuanet. com/comments/20220110/7a9e89a502ae4546b44a751b540dd484/c. html.

提升可读性。

第四节　用于突发公共事件的网络评论

突发公共事件主要指事件爆发迅速、社会影响较广、持续时间较长、给社会带来一定损害的突发性社会事件，主要包括自然灾害、公共卫生、事故灾难、社会安全等事件。这类突发公众事件往往具有偶然性。突发公众事件的出现有一定偶然性，这意味着对于事件的评论往往在事后进行，而且落脚点更多在于对事件的回应和解决。偶然性也意味着其解决不存在统一适用的方案策略，需要结合不同事件的具体特点和情境进行讨论。

这类事件往往在短时间内带来巨大的舆论关注，有较高的社会讨论度，而且其社会影响能持续一定时间。其间，因事件或灾害次生的信息失序、社会失序、社会心态失衡等问题频现，使得用于突发公共事件的评论在引导正确的舆论方向、维护社会秩序稳定等方面意义和价值进一步凸显出来。

一、迅速回应事件，发出权威声音

（一）重要信息传播及时

及时性是用于突发公共事件的评论的一大特征。突发公共事件具有偶发性，在事件爆发之后，群众最大的诉求就是尽快了解事件全貌、获得有用信息。当某件突发事件被曝光出来时，权威的新闻评论网站对所发布的评论内容要求会更加严格，因此在时间上会有所滞后。但事情在不断发酵，人们等不来相对权威的评论观点，会产生不满甚至不合理的猜想。特别是在百姓格外关注、关心的突发公众事件发生的期间，新媒体凭借其实时传播的特点，成为重要的发声求助、信息科普、政策引导、情绪疏导的渠道。其中，网络评论扮演着关键角色。

2021年11月2日，一条"鼓励家庭根据需要储存一定数量的生活必需品"的新闻在网络上不断刷屏，引发网民各种猜测和严重负面舆情，甚至涉及台海局势等舆论热点。全国范围内抢购风潮在快速酝酿形成之中。经济日报及时关注到这一突发事件，迅速做出准确判断，主动与商务部门沟通，了解真实情况，于2021年11月2日12时01分在经济日报新媒体推出快评《经济日报：不要过度解读甚至误读储存一定生活必需品》，并进行全媒体推送，该评论发出一小时内即进头条热榜、抖音热榜第一位、新浪微博热搜第三位，当晚全媒体流量超过 3 个亿①。该评论也获得了第 32 届中国新闻奖二等奖。上述评论有效回应了商务部印发的《关于做好今冬明春蔬菜等生活必需品市场保供稳价工作的通知》，第一时间回应了民众的担忧和需求，发挥了网络评论的及时性特点，起到了稳定网络舆论情绪、维护社会秩序的作用。

（二）权威发声，稳定民心

许多公众突发事件发生后，往往会引发民众的担忧。例如，2020 年初新冠疫情暴发之后，网络舆论呈现出多主体参与的复杂局面，主流媒体、商业媒体、自媒体以及普通网民都参与到了疫情相关讨论中，舆论场呈现出众声喧哗的态势。主流媒体凭借自身在舆论场中相对较高的话语权，同时积极寻求各领域的专家发表意见，就疫情动态、防疫政策等问题权威发声，获得了广泛关注和普遍信任，社会影响力强，切实起到了信息沟通、知识科普、情绪疏导等作用。

以光明网在 2020 年 2 月 19 日发布的评论文章《战胜恐慌情绪，理性防控疫情》为例，评论强调了疫情蔓延背景下疏解公众恐慌情绪的重要性，明确了恐慌情绪的产生条件和特点，最后多处引用钟南山院士、李兰娟院士对疫情问题的回应，鼓舞了公众战胜疫情的信心②。在有关突发公共事件的评论中，官方主流媒体的公信力往往更强，掌握的信息更全面、充分，能够及时回应公众关切、凝聚社会共识、推动政策及工作落地，在突发公共事件下的社会治理和应急管理工作中发挥着不可取代的作用。

二、唱响主旋律，占据舆论制高点

在突发公共事件发生之后，往往会出现众声喧哗的局面，各方声音交织在一起，舆论环境复杂。在这样的背景下，主流话语更需要迅速占据优势地位，发挥其正向引领、疏解情绪的作用，引导网络舆论走向理性、积极、有序的讨论方向。

（一）引导主流价值，发挥舆论引导力

媒体是党和人民的耳目喉舌，这意味着媒体评论在突发公共事件中担任着

---

① 冯其予. 经济日报：不要过度解读甚至误读储存一定生活必需品 [EB/OL]. 经济日报，2021-11-02 [2023-07-25]. https：//proapi. jingjiribao. cn/detail. html？id=373477.
② 罗坤瑾. 战胜恐慌情绪，理性防控疫情 [EB/OL]. 光明网，2020-02-19 [2022-01-30]. https：//epaper. gmw. cn/gmrb/html/2020-02/19/nw. D110000gmrb_ 20200219_ 4-11. htm.

重要的角色：引导社会舆论符合主流价值。而主流媒体作为党和政府的宣传阵地，在舆论引导中往往发挥着意识形态导向和价值引领的作用，是主流意识形态的宣传主阵地，其地位更为重要。在突发公共事件发生之后，主流媒体的网络评论往往起着积极正面的价值导向作用，指出社会问题，及时反映传达国家层面的思想动态、维护主流意识形态传播的地位。

以人民网的评论文章《"疫情财"绝不可图》为例，文章以个别地方出现抢购物资、囤货抬价的情况为主题，指出此类行为的危害，会带来市场混乱和群众情绪失控，同时结合当前的政策和治理现状进行论述，更新治理政策、加大物资储备、唤起商家社会责任感等都是有效的应对手段①。针对突发公共事件中出现的社会问题，以网络评论的形式及时回应，从正确方向明确引导舆论对于此类事件的评价，彰显主流舆论的强大引导力。

（二）击破谣言，缓解社会恐慌

任何一起突发公共事件都是谣言产生的温床，心理学家奥尔波特曾经提出一个谣言公式，即谣言＝事件重要性×信息模糊程度，在重大公共事件发生的过程中，事实真相尚不明朗，各种意见众说纷纭之际，谣言往往也就酝酿而生。在新冠疫情侵袭社会的过程中，由于某些阶段官方提供的信息不够多，再加上疫情扩散速度较快、新媒体平台造谣成本低等原因，有关疫情的谣言在互联网上大肆传播，如"喝板蓝根和熏醋能预防新型肺炎""鼻子抹香油可以预防肺炎"等，在一定程度上引起社会恐慌。

网络评论形式灵活、针对性强、观点明确、传播范围广，在辟谣工作中发挥着重要的作用。例如，在2020年1月21日，人民日报微信公众号发布评论文章《辟谣！这些关于新型冠状病毒的说法，别信！》②，以图片的形式列举有关新冠疫情的九大谣言，并分别回应每条谣言的不实之处，如"新型冠状病毒不是SARS病毒""熏醋无法达到消毒效果""普通口罩也可以阻挡飞沫传播"，明确提出了不信谣、不传谣、科学应对疫情的理性观点，这篇文章阅读量达到"10万+"，获得了成功的辟谣效果和社会反响。

在突发公共事件面前，网络评论应当全面提供信息、及时回应关切、充分利用表达形式，与网友展开双向互动，发挥统领作用，积极粉碎谣言。

---

① 岚山. "疫情财"绝不可图［EB/OL］. 人民网，2021-08-06［2022-01-30］. http：//opinion. people. com. cn/n1/2021/0806/c223228-32184064. html.

② 人民日报. 辟谣！这些关于新型冠状病毒的说法，别信！［EB/OL］. 人民日报，2020-01-21［2022-01-30］. https：//mp. weixin. qq. com/s/eGOj-YrOM9YiJBEoS_ SEsQ.

一、以内容为核心，贴近受众偏好

网络营销中的评论内容往往具有一定的倾向性，即以用户为导向，凸显产品的特色和优势。一篇精彩的营销网络评论，总是会精准地突出营销对象，通过对比、举例等多种手段体现营销对象的优点。同时，在快节奏的网络时代，网络营销强调精准识别用户需求、加强与用户的交流，网络评论的创作也往往更加贴近用户的日常生活，这样更容易给用户留下深刻印象，也更有说服力。

（一）精准突出营销对象

很多网络商品的营销广告倾向于借助热点事件，利用其引发的社会关注度，进行营销策划。但这只是第一步，营销计划的第二步也是更重要的一步是以内容打动用户。只有将推广内容与用户需求结合起来，让用户更加直观地感受到产品对自己确实有帮助的时候，用户才可能会下单付款。所以用于营销的网络评论应当精准定位用户群体，把握用户需求，同时要有针对性地突出营销对象的作用和功能。

在微信公众号中，人们常常看到很多"出其不意"的软广告，这些广告以评论的形式，用一种贴近受众心理的表现手法呈现商品，实现营销目的。比如，很多美妆品牌在宣传推广的时候，会与一些流量大号合作，这些流量大号就会有针对性地为美妆品牌创作文章，在这些文章里，读者可以看到一个拟人化的叙述主体对产品优缺点进行介绍、测评，代入感强，读者很有可能被此吸引甚至为此消费。

需要注意的是，此类评论的根本目的是为商家引流、实现营销目的，因此常常出现夸大其词的现象，凭借一些网红、大 V 的"公信力"以及信息差，骗取消费者的朴素信任。这种做法是不可取的，其后果不仅会让产品最终因不及预期而被市场淘汰，还会对内容生产者本身的信誉带来损害，进而失去其赖以生存的用户基础和信任基础。

（二）贴近网民生活实际

网络评论中，贴近日常生活的文字往往是最吸引人的，因为读者在阅读这样的文本时，阅读障碍较低，更容易理清作者的行文思路。对于网络评论营销来说，创作贴近网民生活实际的评论作品，更容易吸引网民，提升路人好感。营销方式多种多样，对于普通人来说，电视上播放的广告相对来说比较遥远，而自己在互联网络上关注的一些美妆博主或者生活博主则更加贴近生活。在小红书这一美妆网站兴起的时候，很多明星入驻，并且以素颜出镜录制视频，晒出自己的常用化妆品。当明星褪去光环，在镜头前坦诚自己关于护理皮肤的烦恼时，其与观众的距离被一下子拉近了，很多观众出于喜爱和信任，选择购买明星推荐的物品。除了明星之外，越来越多的美妆博主、穿搭博主等也都开始走"平民化"路线，强调自身的草根属性，告诉观众"你也可以""你也值得拥有"，使观众产生情感和认知共鸣，促进消费转化。又如电商平台上的直播卖货，主播在直播的过程中用通俗生动的语言向观众介绍产品，并实时回答他们提出的各种问题，站在观众的角度向商家提出降价、送赠品等要求，贴近网民的消费实际，赚足了网友好感。

二、洞察消费诉求，突出产品特色

关系性、情感性是社交媒体传播的重要特点，用于营销的网络评论选择传播策略时也应当重视此特征。以营销为目的并不意味着此类网络评论的内涵单一，相反此类评论更应找准用户关注的痛点和痒点，顺应市场变化和技术变迁，提升内容的灵活性和适应性，突出产品的特色，促进营销目的的实现。

（一）从情感切入，寻求网友认同

从情感切入，抓住用户的预期需求、群体心理，将目标用户群体的感情需求放在首位，抓住用户的注意力，不断强化自身产品的特性。将用户的情感需求与自身产品的特性不断贴合，让用户能够通过产品获得一种情感上的满足感与认同感。例如，在 B 站等视频平台上，很多视频制作者拥有众多粉丝，而商家会精准地根据产品特性，选择与适合的视频制作者合作，委托后者推广其产品，常见化妆品品牌在新推出一款眼影时与视频博主寻求合作，后者会结合产品特性推出"教你画出新手妆""某某女明星最强仿妆"等内容，将产品植入其中。这些个人化的使用体验，通过调动消费者的亲身感受，能够对其评判产品价值产生重要的引导作用。

还有一些营销类评论会从社会性问题或社会普遍情绪切入，找到更普遍且有力的情感共鸣点。比如，为一款按摩椅打广告，文章开始却不谈按摩椅，而是从大城市年轻人的辛苦奋斗切入进行评论，到文章后面再对该商品进行描述与介绍。这种做法使得许多消费者对文章中描述的生活疲惫情景产生认同，这种认同使得他们进一步有可能接受文章给出的解决方案，即购买一把按摩椅。

相比传统媒体中的营销，社交平台中的营销类网络评论更加有针对性，情感化的表达策略目的在于唤起消费者的情感认同：消费不仅仅代表着购买行为，而是通过消费的方式表达自己对于某种生活态度的认同。这种认同使得评论者与用户之间可以进一步建立起紧密的连接，使得品牌认同、社群营销成为可能。

（二）直观表达，深化受众印象

对于一篇营销类的评论文章而言，如果读者读完之后还不知道文章想要表达的内容，那么这篇评论文章是失败的。营销类评论文章要想给受众留下印象，一定要做到更加直观地表达。作者在描述一款商品的时候，要抓住用户的"痛点"，直观地突出商品特色。比如，关于去屑洗发水的营销文章要强调"去屑"功能，打造"去屑"标签，让产品与性能结合起来，这样才能给受众留下更加深刻的印象。

这在直播带货①中尤为凸显。以东方甄选直播间为例，这是新东方集团在2021年推出的直播带货平台，该平台的带货类型中，食品百货商品类居多。直播间常常在农产品带货过程中突出产品的健康属性，加强受众印象。此外，为了突出直播间特色，东方甄选直播间的主播们会以泛知识内容为基石，用慢节奏的讲述方式和延展性的讲述内容推荐产品②，令受众接受到更符合其期待的产品评论内容。

但能够把握好直观表达的尺度，并不是一件容易的事情。直播带货兴起后，很多商家喜欢找明星到直播间带货，希望发挥他们的明星效应。但有的明星对自己所介绍的产品并不了解，无法清晰表达产品的特性和卖点，使得受众不了解产品，购买意愿低。还有的直播过分夸大了产品的特性，甚至是虚假宣传，最终侵害了消费者的合法权益。这些行为都是极不可取的。

三、突出评论多样化特色，灵活调整策略

多样性是用于营销的网络评论的一大特性，也是网络评论相较其他营销手段的一大优势。这一特色使得此类评论在内容、观点立场、形式上都有着丰富的可拓展性，可以在不同情境下采用不同的传播策略。

（一）重视评论区言论，展现多方立场

网络评论区在很大程度上是网络舆论场的折射，持不同观点的网民在评论区或接受他人观点或反驳他人观点，开展线上互动，丰富观点表达。但就营销类评论而言，由于其商业属性，商业力量很容易介入其中，利用平台的信息流

---

① 在直播过程中对商品的介绍同样可以被视为一种特殊形式的网络评论。
② 程开玮. 直播带货下半场"东方甄选"的破圈启示［J］. 传媒，2024（03）：75-77.

规制能力，干预甚至操纵观点的表达和呈现，比如"控评"现象，使得网友们只能在评论区看到单一化、正面化的评论，无法准确客观反映事实真相。2020年2月，国家市场监督管理总局在官网上对电视剧"控评"问题做出回应，明确这种行为涉嫌违反《反不正当竞争法》，可以进行申诉举报。而为了解决这一问题，则需要平台方、评论者、普通网友共同树立正确观念，避免商业利益过度侵蚀网络评论这一领域。

对于平台而言，豆瓣、小红书、大众点评等评论类平台之所以受欢迎，关键原因就在于其评论内容的覆盖范围广、立场相对客观中立、可参考价值较高、为用户提供了评价和交流生活的专门平台。评论的多样性关系着平台的生机与活力，因此评论类平台也应当使用多种手段监测不正当的营销类评论行为，利用社区规则加以约束，鼓励多种观点的表达和交流。

对于商家而言，单一化的正面评论声音并不一定意味着更高的经济收益。新媒体时代，消费者的信源更充足、信息搜寻能力更强，其独立判断能力得到相应提升。在评价某一商品或做出购物决策前，消费者往往会采用跨平台策略"货比三家""广集民智"。在这种情况下，商家有意干预评论观点反而可能导致消费者的反感。

（二）扩大内容多样性，不拘泥于单一形式

随着互联网技术的发展，网络评论的形式日趋多样，倒逼营销类评论不断创新表现方式。针对不同的网络平台，商家们会选择不同的网络评论推广方式。在淘宝网站上，商家们会挑选出一些照片精美、评论内容用心的"买家秀"发布出来，淘宝也设置了专门的板块为商家提供"买家秀"的精选评论，方便消费者更加直观、具体地了解商品的实际情况。在 B 站等自媒体视频平台，有的商家会直接自行入驻，也有商家与拥有粉丝基础的网红展开合作，将其产品植入自媒体视频节目内容中。在小红书等点评推荐类平台，则是通过"测评"的方式，辅以图文、视频等多媒体表现形式，向网友宣传商品、为商家引流。

所以目前营销方往往采取多平台战略，利用不同平台的特性，全方位、多角度地呈现产品。针对同一信息，在不同平台，面向不同受众，其内容和形式各有特点，比如在微博上多发布图文并茂的宣传内容，在抖音、快手等短视频平台发布节奏明快的短视频作品，在微信公众平台则多发布长篇文章。这种做法可以满足不同受众差异化的收视习惯，形成宣传合力。

总之，网络评论应用领域十分广泛，不同领域下网络评论有着不同的价值取向、面临着不同的任务和要求、呈现出不同的特点。全面把握网络评论的应用领域，有利于更深入地体会网络评论的现实意义和独特价值；准确把握在不同领域的应用情况及其特性与要求，则有利于在实践中更好地发挥网络评论的作用，保证其导向正、实效强，成为强化舆论引导、服务社会治理与应急管理、促进经济发展的有力手段。

第六章

网络评论的内容风格

互联网的开放性、互动性等特点赋予网络评论以独有的特征，并通过网络评论的内容架构、表达方式和传播渠道等加以体现。内容是评论的立足之本，无论用何种渠道、何种符号形式呈现评论，其基本的内容架构都是相似的，其选题、论点、论据都是关键要素，其中以论点、论据和论证的组合形式最为重要。在内容为王的互联网时代，网络评论内容的重要性更是不言而喻。本章将从网络评论的内容表达形式出发，深入探讨不同内容风格的网络评论在网络传播过程中的异同。将网络评论按照其内容风格分为事实型评论、情感型评论、兴趣型评论和数据图表型评论，探究不同内容风格的评论在其特征、主体、渠道、影响等方面的异同。

第一节　事实型评论

事实是真理的基石，真实则是评论的生命。真实可信的网络评论内容是网民了解网络社会舆情的重要方式，可以说，事实型评论在网络评论的内容中占据着统领的地位，对于一些新闻类事件，严格按照事实来叙述更是维持网络评论舆论生态的必然要求。本节从事实型评论的定义出发，来分析事实型评论的传播方式及其影响。

一、事实型评论特征

事实型评论的首要特征是真实性。评论的基本原则时常被称为"摆事实、讲道理"。事实型评论力求评论内容与客观事实具有一致性。讲事实是网络评论的基础和前提，也是网络评论的要求和底线。有研究者把网络新闻评论定义为：

"网络新闻评论是在网络媒体上就新闻事件或当前事态发表的评价性意见。"①
笔者认为，网络新闻评论是事实型评论的一大类，是媒体或公众就当前主流新
闻舆论事件，在互联网上发表针对性建议和看法的一类评论。新闻事实是新闻
评论的前提，网络新闻评论作为事实型评论，力求表达真实的舆论观点，还原
事件真相，引领舆论正确认知。

在论述方式上，事实型网络评论需要以真实事件为评论的源头，并以事实
为论据作为论证，以此增加评论的说服力和感染力，还给读者一个客观合理的
真相解析。在进行观点论证时，网络评论必须要保障论据的真实性，始终把事
实放在首位；此外，网络评论则应当以"讲事实"为原则，对不实信息进行有
力的批驳。

在论述事件类别上，事实型评论最常出现在突发类事件和时政类、社会类
事件中。在网络评论中，突发性和时政类的新闻事件的评论是最需要讲求与事
实的一致性。在这些类型的评论中，需要评论内容以事实为依据，客观、公正
地评论新闻，公众能够清晰了解到事件的发生状况。

在话语风格上，由于事实型评论特殊的引领身份，因此偏向严肃正式和客
观中立。时评依时政而评，有多少事实报道，就有多少新闻评论，而合格的事
实型评论就要摆脱评论者主观情绪判断，必须以客观的新闻事件为基础，用严
肃、准确、中立的文字予以呈现，尽量保持评论内容的客观理性。人民网的一
篇《抗击疫情，人人责无旁贷》② 的评论将新冠疫情初期百姓的恐慌和一些不
法商家的行为客观展现出来的同时，安稳民心，呼吁大家要清醒冷静，众志成
城对抗疫情。疫情期间还有许多类似的评论和报道，客观地将疫情期间的社会
百态展现得淋漓尽致，引人深思。

二、传播主体和平台

事实型评论的传播主体分为具有公信力的网络群体和普通网民两类，其作
用的侧重点也各有不同。二者的评论和互动构成了互联网中事实型评论的舆论
场，并推动网络内容生态的发展。

首先，具有一定社会影响力的网络评论主体是事实型评论的重要组成部分，
以主流媒体为主的记者群体，借以媒体平台或者经由认证的自媒体大 V 身份，

---

① 金梦玉. 网络新闻实务［M］. 北京：北京广播学院出版社，2001：245.
② 伏特. 抗击疫情，人人责无旁贷［EB/OL］. 人民日报，2020-01-23［2022-01-30］.
http://opinion. people. cn/n1/2020/0123/c1003-31560929. html.

构成了这类评论的首要传播主体。事实型网络评论的最重要功能，就是突发事件的舆论引导，因此这需要发声的主体具备一定的公信力，才能获得网民群众的认同和肯定，以此实现长久的舆论影响力。这类评论主体一般具有一定的影响力，并具备新闻专业素养和新闻或新媒体写作能力，能够还原新闻事件以客观的面貌，或者在事实的基础上加以评判，宣扬主流的意识形态。这种形态的意见领袖通过其强大的网络影响力，对网络中的舆论生态发挥一定的积极引导作用。如 2021 年 12 月，人民网发布网络评论《"十八连丰"！让中国饭碗端得更稳》，针对国家统计局最新公布的全国粮食生产数据做出评论。全国粮食生产实现十八连丰，体现了中国特色粮食安全之路的有效性，为构建新发展格局奠定了坚实基础。具有公信力的网络评论主体针对时事热点发布评论，引导着其他舆论主体的情感态度①。

此外，数量庞大的普通网民群体也是事实型评论不可或缺的主体之一。正如汤姆·布罗考所言："报道事实真相创造了媒体与公众的联系"，在事实基础上，普通网民和具有公信力的网络意见领袖的评论和互动构成了互联网中事实型评论的舆论场。在互联网中，占据绝对比例的网民群体则将新闻专业群体发出的评论内容进行各自的解读并进行传播，引发网络中的二次讨论。例如，2021 年 11 月 8 日，神舟十三号三名航天员圆满完成出舱任务，在人民日报微博账号上发布短评"神十三三人组紧紧相拥庆祝出舱成功"后，这一话题迅速登上微博热搜，阅读数达 5000 多万次，网友们纷纷在此话题下发表评论，表达祝福、敬佩、骄傲等情感，实现了多评论主体之间的呼应（见图 6.1.1）。

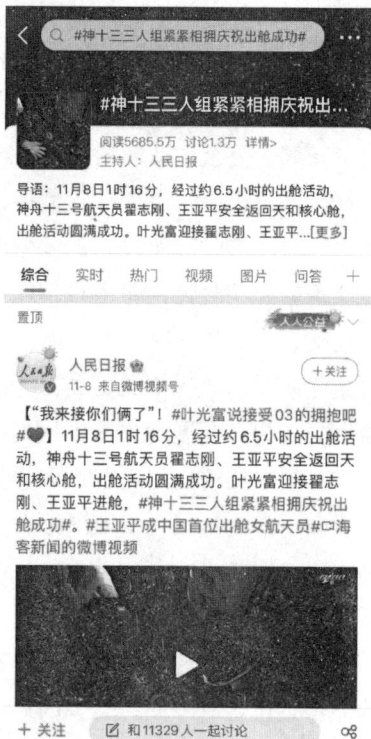

图 6.1.1　微博热搜"神十三三人组紧紧相拥庆祝出舱成功"

无论是具有一定影响力的"意见领袖"，抑或具有庞大基数的普通网民，其

---

① 孟哲．"十八连丰"！让中国饭碗端得更稳 [EB/OL]．人民日报，2021-12-07 [2022-01-30]．http://opinion.people.com.cn/n1/2021/1207/c223228-32301879.html.

生产内容和评论互动都需要依托一定的平台。事实型网络评论以互联网为传播媒介，通过门户网站、社交媒体、网络论坛和各类 APP 等传播平台，向公众传递评论的内容。在诸多平台之中，社交媒体和依赖算法运营的资讯类 APP 越发成为影响力巨大的传播渠道。社交媒体主要包括微博、微信等平台，事实型网络评论在其中依靠社交关系进行传播；而算法推荐的资讯类 APP 主要包括今日头条等商业性平台，事实型网络评论在算法推荐机制下根据用户兴趣进行推送。多类传播平台形成的传播体系使得事实型评论不断超越传统的网络评论传播渠道，扩大自己的影响力。例如，人民日报社在设立门户网站的评论板块的同时，更是创建了"人民日报评论"微信公众号和微博及其在 APP 中设立的"锐评"板块，这使得专业评论员以更多渠道发出自己的声音，与此同时，广大网民群体也能够随时随地观看专业评论的内容，并借助不同的平台与主流媒体进行互动。

三、事实型评论的影响

事实型评论源于事实，忠于事实，是网络评论中舆论的风向标。合格的事实型评论具有对热点精准的把握和深刻的洞见，以此来引导网络的舆论风向并及时澄清网络谣言，还给公众一个真相。然而在流量为王的信息时代，一些评论为了吸引网民的眼球，蹭新闻热点，制造出许多与事实不符的内容，以此制造网络谣言，混淆公众视野。

（一）热点把握，客观展现事实

事实型评论最重要的功能之一就是引导评论的舆论风向，并且对事件进行一定的舆论引导，因此，对热点事件的精准把握，并以客观形式予以展现也是对评论员及其评论内容的重要要求之一。这一过程中并不是一味地跟随常见的评论方式，而是可以更为全面地展现事实，进而引领舆论。

由浙江广电集团生产并获得第 32 届中国新闻奖三等奖的《爱心厨房　善待也要善治》就以视频评论的形式对爱心厨房进行了评论。在几乎所有的传统报纸、新媒体的报道中，"爱心厨房"都是一个奉献爱心的正面典型，这同样也是记者做这期节目的初衷。但随着采访的深入，记者意外发现，这个"爱心厨房"居然是一处违章建筑，但因为是一处爱心工程，附近市民和街道敢怒不敢言，就连发起人沈香嬬自己也担心"爱心厨房"因为没有安全保障，而发生意外事故。可开弓没有回头箭，病患的需求，让这处"爱心厨房"一直冒着风险非法经营。记者改变报道角度，探究"爱心厨房合情不合法"的真相，并记录了它从违法占道到合法搬迁合规运营的全过程，真实反映了民间公益项目发起以及运行中遇到的普遍性问题，探讨了政府应该在其中扮演什么样的角色。节目通过评论的方式，在讲述"爱心厨房"经历的几次重要节点故事的同时，又邀请主持人和十多位普通公众、学者专家，多角度、多层次对这个慈善特例进行点评，立体化地解剖麻雀，探寻一条可复制可推广可延续的慈善之路。① 这类评论既抓住了"爱心厨房"这一热点，又摆脱了常见的评论方式，采用了对一个特例的深入评论，通过摆事实、讲道理，呈现多方观点，展现事件变化，做到客观精准、引领社会价值取向。

（二）针砭时弊，坚守舆论阵地

事实型评论在对新闻报道进行理性判断的同时，能够坚守舆论阵地，对不实信息进行及时澄清。对于一些突发的热点事件，如果没有专业评论员对此进行理性评论，就很容易在网上形成舆论的旋涡。究其原因，很大程度上是因为突发事件中事实的模糊，而网民群体则急切渴求真实信息。社会事件发生之后，如果事实一直没得到澄清，就容易形成网络谣言，传播学者克罗斯的谣言公式"谣言＝事件的重要性×事件的模糊性/公众的批判能力"② 显示，谣言的产生与事件的重要性、事件的模糊性呈正相关关系，而与公众的批判性呈负相关关系。因此，面对复杂的网络舆论环境，没有引导，谣言就会泛滥，而当谣言内容与人民群众日常生活关心的问题息息相关时，一些网民就容易产生情绪化的观点，从而造成了群体极化。在这时，事实型评论的内容就显得尤为重要，评论员通过权威的媒体平台展现事件的全貌，并予以客观评价，这成为稳定舆论态势、纾解公众情绪的关键。

在 2020 年新冠疫情期间，一些自媒体编出诸如"粮油要缺货""粮食要涨价"等未经官方核实的消息，以此引发部分地区抢米风潮。主流媒体评论对此尽快澄清谣言，例如新华视点发布主题评论《口粮绝对安全、百姓米面无忧——关于当前粮食市场供应问题的对话》，人民日报微博主持话题"疫情以来没动用过中央储备粮""有信心决心端牢中国人饭碗"等事实型评论，对不实谣言进行了回应，用真相击碎谣言。

（三）紧跟时效，博得网民关注

事实是事实型评论的灵魂。在互联网环境中，新媒体在为评论的选材提供

---

① 中国记协网. 爱心厨房　善待也要善治［EB/OL］. 新华时评，2022－11－01［2023－07－20］. http://www. news. cn/zgjx/2022-11/01/c_ 1310667912. htm.

② 郭庆光. 传播学教程（第二版）［M］. 北京：中国人民大学出版社，2011：87.

了丰富的新闻资源和评论话题的同时，也为评论选材的真实性提供了一定的难度。网络使得评论能以更快的速度推送出去，对于评论员而言，与之而来的时效性要求也变得越来越紧迫，新闻类客户端和公众号纷纷希望在第一时间推出时效性评论。在浮躁的流量为王的时代，各种信息充斥着人们的眼球，逼迫人们做着仓促的决定。然而由于网络上新闻信息质量参差不齐，在"爆款""10万+""抢头条"的压力下，一些自称做新闻的自媒体评论为了吸引网民的注意，抓住受众心理弱点过度解析新闻事件，制造网络谣言。例如，上文谈到的新冠疫情期间抢米的评论文章就是典型的缺乏新闻素养的文章，引发社会性骚乱。又如，疫情期间的一些诸如"吸烟能够预防病毒感染""喝板蓝根和醋熏能够预防肺炎"等假的新闻评论，打着科学的旗号传播"伪科学"信息，误导大众的同时，扰乱社会的公共秩序。

谣言和假新闻性评论的传播在体现传播者利益至上、缺乏职业素养和对事实不尊重的同时，也反映了受众浮躁的心理和对信息先入为主的刻板印象，当受众进入造谣者预设的逻辑之后，其就不再核实信息的真假，由此引发沉默的螺旋和群体极化。因此，专业性平台和媒体对信息真实程度的把关和辟谣尤为重要，以此才能最大限度减少网络谣言的产生。

第二节　情感型评论

正所谓"晓之以理，动之以情"，情感型评论是网络评论内容中不可或缺的一部分。在网络评论中，情感和理性的结合往往能够产生强大的力量。情感型评论对事实型评论进行适当补充的同时，也反映了深刻的人文关怀。本节将从情感型评论的定义、传播平台、主体及其影响几个方面来分析该类型评论。

一、情感型评论特征

情感型评论是以价值为导向的网络评论。情感型评论在讲求事实的同时，注重以情达人。网络评论的主要受众是网民群体，情感型评论在网络上也颇受欢迎。针对同一事件的评论，客观理性的事实型评论能够让网民了解事件的概览，然而却没有明显的价值取向，而情感型评论刚好是其缺乏感情的一个补充，不同内容类型的评论结合，让整个评论体系变得生动饱满。适当的情感型评论能够避免或者缓解舆论危机，是舆论场中很好的缓冲器。

通常来说，情感型评论的应用范围极其广泛。想要打动人心，对网民产生深层次精神影响，网络评论的情感要素是必不可少的。情感型评论又分为理性和感性角度。一方面，理性角度以理服人，注重在事实的根据上讲道理，针对网民关注的痛点和痒点进行回应，切中其关切，合理引导舆论。在舆论事件发生过程中，各种观点针锋相对时，就需要一种理性的声音突出思想的重围，掌握舆论的控制权，此时理性情感型评论的作用尤显重要。另一方面，感性角度以情达人，重视在价值方面引导舆论，能够在普及主流价值观的同时，增加网民的文学素养。一些主流媒体推送的睡前小文就是感性情感型评论的典型，比如新华社和人民日报微信公众号每日推送的"夜读"板块，通过"软文"的叙述手法将主流价值观传达给网民，使其能够更深刻地理解一些宏大的思想。

在话语风格上，与事实型评论客观的文风不同，情感型评论偏向于价值导向的文体。理性情感型评论的话语风格一般偏向于说理性和逻辑性，其论证过程运用论据证实论点进行逻辑推理，将观点和材料进行统一，运用严密的逻辑和翔实的论据来引导大众。然而，感性情感型评论的话语风格则截然相反，其文风偏向于感性型和故事型，论据更加平易近人、贴近受众日常生活，并以动人质朴的语言来打动受众，让读者感同身受的同时，传递出评论的社会主义核心价值观。

二、传播主体和平台

在传播主体上，情感型评论的传播主体主要是主流媒体和舆论影响力较大的意见领袖。首先，主流媒体作为公信力强的传播主体，其情感型评论主要是针对网民关切、发布权威声音、引导舆论情绪。其次，舆论影响力较大的意见领袖也是情感型评论的重要传播主体，意见领袖包括政府发言人、知名记者、学者、业界精英等。相比于主流媒体，意见领袖的表达方式更加通俗灵活，加入较多的个人感受和主观评价，通过感性内容的评论表达，让网民产生共鸣并在社交平台中进行回应。

在传播平台上，情感型评论以社交媒体平台为主要渠道进行发布。社交媒体以社会关系网为传播基础，既提供了网民表达个人观点的个人空间，也建立起汇聚多种声音的舆论广场，情感型评论恰恰符合这类平台的传播特点。情感型评论表达直白、论述通俗、满足网民情绪需求，这使得情感型评论易于在社交媒体平台上传播，引起公众的广泛讨论，产生深远的传播效果。如针对社会事件电影《亲爱的》原型人物孙海洋夫妇找回被拐卖多年的儿子，《人物》杂志在官方公众号上发布文章《亲爱的你》，以第一人称的视角讲述了孙海洋寻子多年的故事，展示出亲情之伟大、人口买卖之危害。文章阅读量达"10万+"，引起大量网友的评论、转发，显示出情感型评论的影响力。

三、情感型评论的影响

情感型评论注重事实基础上的观点抒发，是网络评论中价值的引导者。情感型评论通过对新闻事件的表态，引起网民的情感共鸣，对社会的舆论进行一定的引导。此外，突发事件中的情感型评论，也显示了媒体对于社会事件深切的人文关怀。然而，舆论风向一旦走偏，就会形成一定的负面诱导，情感型评论也不例外，某些这类评论在煽动情绪的同时扭曲了公众的价值观。

（一）热点事件下的价值引领

价值引领对于网络评论而言必不可少。党的十八大以来，党中央高度重视在全社会大力推进和践行社会主义核心价值观。习近平总书记在党的十九大报告中明确，要把社会主义核心价值观融入社会发展各方面，转变为人们的情感认同和行为习惯。[①] 党中央的高度重视和有力部署，为加强社会主义核心价值观教育实践指明了努力方向。

一个热点事件之中，除了需要事实型评论梳理事件概况以外，拥有价值导向的情感型评论是必不可少的。情感型评论在立足于人民的基础上传递主流价值观念。网络舆论场的特点之一就是观点的交锋，任何一个事件发生之后，都不会仅仅存在一种声音。不同的声音互相交织或排斥，在来自权威发声者或平台的评论的价值引领下，不同观点在互动中达到了一定的统一。同时，以人民群众的立场为基准发出评论，得到广大网友的支持和讨论，以此引领主流价值观念，扩大评论的影响。而当事件的热度逐渐退去，深刻的反思更是网络评论中的稀缺品，也是理性情感型评论应当具备的内容。情感型评论不仅仅注重对于时政的热度引导，更重视对于热点背后的人文关怀，以此来打动人心，增加其评论的影响力。

一篇深刻有洞见的新闻评论对网民的影响是巨大的。例如，获得第三十三届中国新闻奖三等奖的光明日报评论《致奋斗的你我！》，是一则为迎接党的二十大召开的情感型评论。习近平总书记曾多次强调"社会主义是干出来的，新时代是奋斗出来的"，要求保持"永不懈怠的精神状态和一往无前的奋斗姿态"。这一评论就是以这一社会价值观为主题，在长达万余字的评论中，用激情昂扬的情感告诉读者："这些奋斗，是物质的角力，更是精神的对垒""历史不忘开

---

① 决胜全面建成小康社会 夺取新时代中国特色社会主义伟大胜利［M］. 北京：人民出版社，2017.

路人、时代不负追梦人、未来不枉有心人"。评论中金句频出，情感鲜明，打动人心。该评论发布后，在光明日报微信公号上阅读量达到"10万+"，有读者留言："文章精彩至极""要在自己的人生坐标中做不折不挠的奋斗者，用人生的气象万千回应历史的波澜壮阔！"。

（二）情感共鸣下的人文关怀

除了理性情感型评论的价值引导，更有感性情感型评论的人文关怀。感性情感型评论主要是由自媒体大 V 和主流媒体的睡前小文组成，其内容除了对热点的解析以外更多的是对生活的关注，这使得自媒体大 V 和媒体主动拉近了与网民的距离，引起网民的情感共鸣，与此同时体现出媒体的人文关怀。

例如，人民日报微信公众号在推送每日新闻的同时，在每晚 9 点半左右更新"夜读"板块（见图 6.2.1），推送诸如"自我提升的 10 个习惯""如何应对焦虑""如何防止熬夜"等贴近生活的情感型文章，给主流媒体高大上的形象增添了一份平易近人、接地气的色彩。此外，诸如"十点读书"类型的自媒体大 V 更是感性情感型评论的聚集地，其文章运用感性的语言给网民提供价值的指引，让网民产生深深的共鸣。

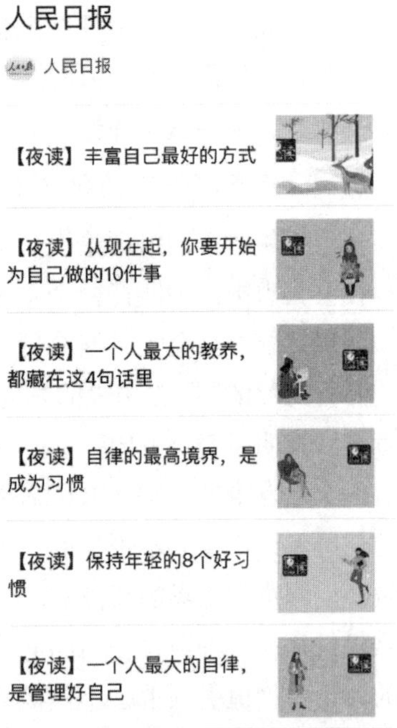

人民日报

人民日报

【夜读】丰富自己最好的方式

【夜读】从现在起，你要开始为自己做的10件事

【夜读】一个人最大的教养，都藏在这4句话里

【夜读】自律的最高境界，是成为习惯

【夜读】保持年轻的8个好习惯

【夜读】一个人最大的自律，是管理好自己

图 6.2.1　人民日报微信公众号"夜读"板块

（三）情绪煽动下的价值诱导

一些情感型评论能够煽动网民的情绪并且对其价值观进行负面诱导，其中无良内容生产者的利益至上原则为虚假评论的制造提供了动机，而网民普遍存在的浮躁心态为情绪化评论提供了滋养的温床。

在流量为王的互联网时代，"10万+"的流量和其变现能力深深吸引着许多自媒体评论者，使得一些情感型评论沦为这种商业机制下的流水线产品。一些以利益为首要目的的自媒体评论员在未经调查和核实的基础上，利用网民的猎奇心态，以其独有的写作方式精准拿捏网民的情绪，捏造事实，煽动公众，对公众的价值观传递产生一定的负面影响。例如，自称"作为助理月薪 5 万"的咪蒙弟子杨某某，为了在互联网领域闯出一番天地，在"才华有限青年"公众号上发表了现象级的《一个出生寒门的状元之死》流量作品，有违主流价值观。文章素材来源无从考据，其粗制滥造的程度可见一斑。"寒门、省会高中、状元、不合群、病逝"等，每一个词都深谙网民的猎奇心理，通过制造悬念和冲突，捏造事实来吸引网民的注意力，扭曲网民价值观。这代表了营销号作者的欺骗和无耻，也刷新了"毒鸡汤"的下限。

与此同时，在互联网上，相当一部分网民心态浮躁，他们看中的不是事实，而是情绪。正如古斯塔夫·勒庞所说，"个人一旦成为群体的一员，他所作所为就不会再承担责任，这时每个人都会暴露出自己不受到约束的一面。群体追求和向心的从来不是什么真相和理性，而是盲从、残忍、偏执和狂热，只知道简单而极端的感情"①。群体传播时代，网民的情绪和自我意识会被无限放大，情绪化的网民群体常常不会辨别网络评论的真假，这时也许一则普通的新闻就让他们闻风而动，成为"键盘侠"的一员，对新闻事件的参与人进行口诛笔伐。这类情绪煽动下的群体评论往往会产生极大的负面影响，需要媒体、平台、网民等多方主体的协作合力，避免过多产生不理性的情绪化评论。

第三节　兴趣型评论

兴趣是一个人的喜好和品位所在，兴趣型网络评论就是网民们将个人感受和体验写入互联网形成口碑，为他人的行动提供参考标准的一种评论形式。与此同时，网民们根据不同的兴趣形成各自的圈层，在与其他兴趣相似的网友互动的同时找到自己的价值认同。兴趣型评论平台是网民自由意见的抒发地，在记录生活、讨论互动的同时，也为其他网民的决策提供了参考。本节从兴趣型评论的特征形式、传播主体和平台出发，来分析兴趣型评论带来的影响。

一、兴趣型评论特征

兴趣型评论主要是由网民的自由评论组成的。网民根据自己的亲身经历或者所见所闻在评价网站对于事物发出自己的意见和看法，并且参考其他网民的评论来筹划自己下一步的决策，为自己的行动提供价值指引，其特征形式呈现

---

① ［法］古斯塔夫·勒庞. 乌合之众：大众心理研究［M］. 北京：电子工业出版社，2015.

出以下几方面的特点。

评论题材广泛。在评论主题上，兴趣型评论一般以美食、书籍、电影、旅行等商品类的题材为主，网民以自己日常生活中的体验感受为基础，在评论网站进行记录和抒发，并在看法下方的留言栏中与其他网民意见交互来进行二次讨论。可以说，兴趣型评论是一个网民自由讨论的平台，各种不同的观点的交互构成了互联网中丰富多彩的声音，不少网民也因此能够找到属于自己的兴趣小组，增加在社会生活中的归属感。

语言风格较为自由。与事实型评论和情感型评论不同，兴趣型评论由于大多只是以抒发个人的看法为目的，而非吸引众多流量关注，因此其话语风格更倾向于日常表达。评论的内容主要以发言者的个体感受为出发点，文风与其个性自成一派。

评论表达形式丰富。兴趣型评论既包括文字类表达形式，也包括图片、视频等评论表达形式，其表达形式更加生动活泼。相比于传统的文字类长评或短评，网络词汇、表情包、短视频、弹幕等新型评论表达形式都可以直观地反映出评论者的情感态度，有着相似兴趣的网友可以轻松地找到自己的同好者，使得兴趣型评论在同好小群体中引起共鸣。

二、传播主体和平台

互联网是网民价值意见的聚合地，网民的讨论对互联网的舆论有很大的影响，而作为交流网民兴趣和感受的兴趣型评论在互联网中的地位也因此举足轻重。

在传播主体方面，兴趣型评论的评论主体较为多样。首先，广大网民是兴趣型评论的主要传播主体，网民在各种论坛网站上抒发自己的看法和意见，传播交流个人的兴趣爱好并与其他网民形成兴趣讨论圈层。其次，拥有众多流量的自媒体大 V 们也是兴趣型评论的重要主体之一，这类群体的存在可以对普通网民的决策行为产生一定的影响。例如，网红 papi 酱就是这类群体的代表，通过接代言并亲身试用各种商品，在抖音、小红书等平台上发表自己的意见并在某些视频中以广告形式推广产品，在网络消费群体中形成了不小的影响。

此外，由于在商业逻辑的引领下，一些价值讨论导向的平台雇用网络水军，伪造大量评论，以此来巩固自己商品或者店铺在网络口碑中的地位。因此，商业型的网络水军也是这类评论中不可忽视的传播主体。例如，在网络购物平台中，一些店铺通过雇用水军来制造好评，影响评论的真实性和购物者的客观判断。

在传播平台方面，兴趣型评论讨论的平台以各类论坛和口碑型平台为主。典型的兴趣型论坛如豆瓣小组、虎扑、知乎等平台，通过为网民提供意见讨论的空间，把文化或商业产品的评论内容作为载体，给网民提供自我展示的空间，以此来完成内容的生产。此外通过留言、点赞、转发等形式，将具有共同兴趣爱好的人聚集在同一平台，促使网民进一步挖掘个人兴趣，并且记录和管理自己的兴趣爱好，因此也保证了网站的持续发展。典型的口碑型平台包括大众点评、小红书、淘宝评价、豆瓣读书和电影等平台，此类平台中的主要评论内容是用户的消费体验，在给消费过的用户提供一个记录平台的同时，也为其他网民的购买决策提供了价值参考，促进其下一步的购买决策行为。

在内容推广方面，兴趣型评论的平台将广受网民支持的话题或者商品置于网页顶端，使得更多人看到该评论并进行二次讨论。此外，通过运用算法技术，这类平台精准推送个人用户浏览得最多、最感兴趣的信息内容，促进用户的讨论和消费。这类内容推广方式满足了用户对于信息传播的需求以外，极大程度地提高了用户参与的积极性，让用户共同参与到兴趣型评论内容的评论和创作中来。在用户参与的过程中，用户的兴趣得到了进一步的挖掘，论坛内容的聚合作用也因此得到释放。

三、兴趣型评论的影响

兴趣型评论注重网民的兴趣和感受，是网民兴趣讨论的聚集地。网民通过意见的互动，能够寻找到自己感兴趣的圈层文化，网红意见领袖提供的口碑信息是网民消费决策行为的重要参考。然而，由于商业逻辑的引导，兴趣型评论会出现水军评论的情况，影响网民的理性判断；此外，在算法推荐技术下，兴趣型评论也会出现内容同质化，导致信息茧房的产生。

（一）意见互动，兴趣圈层聚合

在互联网社会和现实社会快速变化的当代，共同性的扩大和差异性的张扬是社会和谐共存的两种形式。齐美尔认为，为了适应分化的外部世界，心灵将自己的一部分划分出来，并且赋予其客观化的功能，而剩余的纯粹的个人的部分依然是一个整体，可以保持主体的内在统一性和个人统一性①。在互联网媒体营造的虚拟世界中，作为个体的网民不仅可以了解影响社会发展的

---

① 杨善华，谢立中．西方社会学理论（上卷）［M］．北京：北京大学出版社，2018：244.

重大事件，更可以通过互联网寻找自己感兴趣的话题和以此为纽带聚合的群体。因此，根据网民的兴趣型评论的内容组成的个人兴趣小组的作用也是不容小觑的。

技术的迭代和青年寻求个性化表达的诉求彼此呼应，人们聚合形成了当代的圈层文化。豆瓣小组、虎扑论坛、B站、知乎、网易云音乐等论坛型价值评论平台正是给网民提供了这样一个场所，在这里，网民在遵守法律的基础上可以畅所欲言，发表自己的所见所闻所想，进行个人意见的表达和价值的传递。不同于其他门户网站，论坛类网站的内容都是由网站用户自己生产出来的，因此评论内容的原创性和个性化得到很大的重视，通过小众的兴趣内容吸引大众参与到兴趣型评论的传播进程中来，并增加用户的价值身份认同。不同兴趣爱好的人们都能够在互联网上找到属于自己的圈层，并在其中各抒己见，在发表自己看法的同时交到许多志同道合的网友。例如，豆瓣小组分为"追剧""影视""读书""生活""时尚"等多个种类，用户可以根据自己的兴趣爱好选择不同的小组，通过小组里的话题讨论、参与话题投票等找到兴趣相似的网友，以此获得自己兴趣的圈层认同。

（二）信息参考，决策行为影响

兴趣型评论的信息为网民的决策行为提供了意见参考并进一步影响网民的消费决策行为，其中主要以该类评论的口碑平台为主要讨论场域。社会化媒体的环境下，网民在社会网络中通过互动传递和产生网络口碑，口碑网站的评论数量、内容、评分等反过来会进一步影响网民的可能决策行为。此外，自媒体大V的评论也是影响产品口碑的因素之一。

以国内著名的口碑平台"大众点评"为例，一方面，网民通过各自的消费体验在平台上进行文字、图片、视频等形式的评价分享，并为消费过的商店或者商品打分，来反映网民体验的满意度并获得平台相应的奖励积分。此外，分享评价的网民可以与其他网民在评价内容中进行互动，满足评论者分享欲的同时，也保持了平台的活跃度。另一方面，其他网民可以通过"全城热搜"或者单纯浏览来寻找自己想要体验的商品或者服务，通过查看使用者的评价和评分判断该产品的口碑，并做出相应的价值判断。该类评论平台以社交方式联结，用户通过查看公开的口碑信息来做出消费行为决策，与此同时也避免了与陌生人面对面交流的障碍，以口碑为纽带，增加了用户交流渠道和便利性。

在以社区经营起家的APP"小红书"上，许多自带流量的明星入驻该平台，分享自己日常生活中的兴趣和爱好，并以平易近人的姿态向网友们推荐一些生活类、美妆类产品。大 V 们的评价促使网民们纷纷购买他们推荐的产品，大幅促进产品的销量。然而，这些看似生活化的评价究竟是大 V 们亲身体验后的感言，或仅仅是对品牌商的代言，还有待商榷。

（三）算法推荐，信息茧房生成

兴趣型评论可以帮助用户找到与其有同样兴趣的群体，并且通过算法功能为用户精准推送其感兴趣的信息内容。然而，网友们对于"独特性"的追求在加固圈层的同时，各种应用也通过精准推送进一步强化这一趋势。过度的算法推送则会导致用户接收到的内容严重同质化，导致"信息茧房"的生成。

"信息茧房"是指人们由于习惯性将自己置于由自己的兴趣引导的信息领域，从而导致信息的同质化，像生活在"茧房"中一样，听不到不同的声音。在互联网中，网民置身于数量庞大、碎片化的信息传播网络中，每个人对与自己意见相适应的观点有所偏爱，而将不同的声音屏蔽在外，处于兴趣圈层内部的群体与整体的文化产生隔膜，导致圈层中的网民们缺乏对于社会整体的理解与认识。在互联网上，许多网站是由用户兴趣组成的 UGC 平台，这使得用户在找到其感兴趣的圈层的同时，平台也会根据用户的浏览和评论信息推送用户可能喜欢的内容，久而久之，用户只会收到同质性的信息内容而失去浏览各种意见众说纷纭的感受，丧失意见判断能力。从客观角度来说，这不利于平台信息的开放式传播，影响用户的理性思维方式。

（四）利益驱动，水军评论泛滥

由于口碑兴趣型评论的广泛传播，人们的消费行为逐渐依赖于网络上的口碑评价，利用互联网来收集自己需要的产品信息已经成为当下很多网民的优先选择。因此，越来越多的商家将具有社交评论性的网站作为自己的主要营销阵地，宣传自己的产品为其谋利。然而在商业利益的驱使下，一些商家为了谋取更多的关注度并变现，雇用大批网络水军，通过发帖、跟帖、转帖等形式展开网上竞争，获取网民关注的同时打压竞争对手。正所谓有需求就有市场，商家的这种谋利动机导致了兴趣型评论平台网络水军的泛滥。水军的评价在影响消费者购物决策的同时甚至会导致平台的公信力下降，从而影响平台的地位。

以购物型平台"淘宝"为例，淘宝的"宝贝评价""问大家"等栏目为消费者提供了一个意见参考的渠道，通过好评和差评来判断是否购买某种商品，因此评价的数量、质量是衡量淘宝店铺是否成功的标准之一。一些商家为了提高销售量，以此获得更大的经济利益，雇用大量水军为自己的店铺进行好评，甚至高质量差评等多种形式的评论。水军的评论看似真实，但是严重影响了消费者的购物判断，以此影响其购物体验。

第四节　数据图表型评论

互联网的飞速发展催生了新媒体时代的"大数据"技术，随着媒介融合的深入以及大数据、算法技术在传媒业的普及，数据图表型评论随着数据新闻的普及成为网络评论领域的一种全新的评论内容形式。本节从数据图表型的定义入手，深入分析此类网络评论的传播主体、平台与影响。

一、数据图表型评论特征

顾名思义，数据图表型评论是以数据图表的形式展现评论的内容。数据图表将原本枯燥冗长的信息通过图表的形式进行可视化的呈现，通常以图表、图解、地图、数据列表等形式予以展现。作为网络评论的一种新型内容形式，数据图表型新闻能够为网络评论内容提供更为直观、形象的数据支撑的同时，也为评论的论点提供更深层面的信息论据支撑。以下数据图表型评论的特征使其在网络评论领域独树一帜。

第一，表达直观。数据图表的展现形式观点清晰、简洁生动、说服力强、便于理解。相比于文字传播而言，数据图表的表达方式更符合网络传播环境的特点。通过大量视觉符号的运用达到有效吸引网民注意力的目的，将复杂的论述问题简化为清晰生动的图表形式，易于扩大网络评论的传播和影响范围，因此适合在网络评论表达中应用。

第二，形式灵活。目前，数据图表型评论一般分为两种形式，一种是评论内容文本数据的可视化呈现，例如财经营收增长比例、社会人口比例等，运用图表等生动形象地表现出来。另一种是逻辑关系的可视化呈现，通过思维导图的形式将复杂的任务关系和社会事件关系清晰呈现，如对于国家政策的解读、行业发展形势的预期等。在具体的网络评论中，两种评论形式也有可能共同出现，从不同角度论证评论观点，互相补充。

第三，种类丰富。图表的视觉表现形式非常丰富，常见的有条状图、柱状图、饼状图、折线图、扇形图、树状图、点状图等，不同的图表种类适合不同的观点展现，如条状图、柱状图较为适合进行数据的直观展现，而折线图更适于展现数据的变化过程，饼状图适于对比不同主体的比例等。也有不少评论通过动态互动图表、H5 动画等形式展现数据的变化过程，通过图形及图表的变化，展现社会事件的变化过程，透视其发展趋势。

第四，论述生动。数据图表型评论作为新的评论形式，话语风格上面具有其独特的风格特征。首先，数据图表型评论以数据论证，具有的可信程度和严谨程度可见一斑。数据和信息是数据图表型展现内容的核心，通过以数据图表为评论的主要内容，拥有一定的逻辑性和可信度。此外，该类型评论一般以数据图表信息为主，辅以文字评论内容，文字图表相互配合。比起传统网络评论，数据图表型评论的话语形式生动易懂，能够更加直观地传递出评论者想要表达的声音，便于网民理解评论内容。

第五，环节化生产。数据收集、数据整理与数据可视化是数据图表型评论生产的三个环节——在数据收集环节，评论者需要从不同渠道获得大量一手或二手数据以便进一步分析。在数据整理环节，评论者需要对数据进行清洗和分析，从中提炼出有意义的结论以概括事件的特征和发展趋势。在数据可视化环节，评论者需要运用丰富的新媒体形式将数据结论展现出来，这一环节关联着数据图表型评论的最终呈现形态和传播效果。这种标准化的环节生产方式使得数据图表型评论的生产过程较为严谨，说服力更强。

二、传播主体与平台

与普通评论不同，数据图表型评论主要是以数据为支撑的评论形式，需要专业的数据收集、分析和可视化能力，因此对于其制造内容的主体而言，需要一定的技术要求，主要可以分为两类：一类是主流媒体，另一类是商业媒体。

第一类传播主体主要是主流媒体，主流媒体所设立的门户网站如人民网、新华网均成立了专门的数据产品生产团队，在门户网站上开辟了数据专栏，如人民网在网站主页设立了"可视化"频道，新华网设立了"数据"频道。同时，主流媒体数据新闻评论的话题也有一定的偏向，主要是针对国家的重大政策和政治经济事件，如人民网在 2020 年 10 月发布的网络评论《数读中国减贫奇迹》（见图 6.4.1），将脱贫成果、扶贫投入等关键数据用图表的形式展现出来，生动论述了为什么中国式扶贫是人类减贫史上的奇迹。

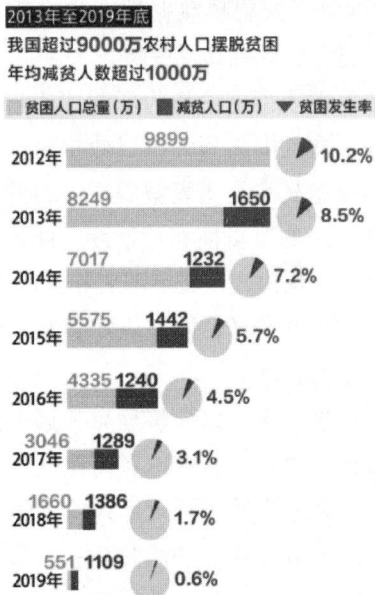

图 6.4.1 人民网《数读中国减贫奇迹》

第二类传播主体为商业媒体。商业媒体依托平台设立，积攒了大量的用户数据，在数据获得方面具有较大优势，数据挖掘和分析技术方面也有较强的技术力量。典型的商业媒体数据新闻生产团队如网易数读、谷雨数据等。商业媒体的数据图表型评论选题更加活泼，娱乐性和互动性的色彩更加浓厚，同时更加紧贴受众的日常生活。如腾讯谷雨数据新闻作品《暴雨再袭河南，为何极端天气越来越多了》（见图 6.4.2），通过数据图表的形式展现出全球极端天气的频发，呼吁人们关注全球变暖问题①。

在传播平台方面，数据图表型评论由于其表达直观、形式灵活、方便转载等特点，拥有极为丰富的传播平台，主要包括门户网站、专业新闻 APP 和社交媒体这三类。门户网站如人民网、新华网等大型主流媒体的数据频道，专业新闻 APP 包括人民日报、今日头条、澎湃新闻等 APP，社交媒体主要包括微博、微信等互动性社交平台。门户网站更适合专业性、权威性较强的数据图表型评论发布，具有一定的公信力；专业新闻 APP 则更为适合论述较为系统、逻辑性

---

① 谷雨数据. 暴雨再袭河南，为何极端天气越来越多了［EB/OL］. 谷雨数据，2021-08-23［2022-01-30］. https://mp.weixin.qq.com/s/DLrF3tXkuCZZLAPwADmMug.

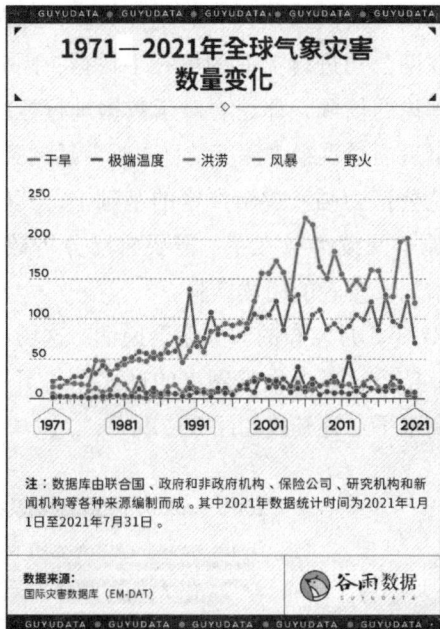

1971—2021年全球气象灾害数量变化

— 干旱 — 极端温度 — 洪涝 — 风暴 — 野火

图 6.4.2 "谷雨数据"《暴雨再袭河南，为何极端天气越来越多了》

强的数据图表型评论传播，用户的注意力更为集中，有意愿阅读连贯的数据图表型评论作品；而社交媒体平台由于其互动性强的特点，更适合多元化、通俗化的网络评论，也更易引起跨平台联动的传播效果。因此，不同题材的数据图表型评论应当选择适合自己的传播平台，以收获更好的传播效果。

三、数据图表型评论的影响

数据图表型评论作为一种新形势的内容形式，具有其独有的影响力。数据图表型评论注重数据的可靠性和严谨性，清晰展现评论者要表达的内容，有效展示评论的信息的同时，数据呈现的轻量化阅读方式提升了网民的阅读体验。此外，数据图表型评论易于网民的复制转发，进行二次传播。然而，由于该类型需要大量权威平台的社会数据，因此其信源单一，缺乏对评论内容进行深入分析的能力。

（一）客观严谨，有效展示信息

与传统纸媒评论和网络评论不同的是，数据图表型评论中，数据图表的内容形式很大程度上代替了新闻评论以文字形式为主要内容的叙事方式。数据图表占据了评论的大部分内容，而文字仅仅是其中的一小部分，内容简单易懂，逻辑脉络清晰明了，体现出数据图表型评论的特征。此外，数据图表型评论的数据一般来源于政府部门、权威媒体公布的统计数据，以及上市公司公布的财报或者由该平台的互联网公司进行抓取的第一手数据，因此数据具有相当的公信力。数据作为这类评论的信源，评论者对于数据进行抓取后并按照评论的选题进行清洗和过滤，最后通过重组来深度挖掘数据背后的意义。

在数据图表型评论公信力强、逻辑严密的基础上，其轻量化的数据内容呈现方式也减轻了读者原本阅读大量文字、需要自己分析数据内容的阅读负担，使得评论简单易懂，增加了读者的阅读体验。

例如，新华网 2021 年 5 月发布的《数字会说话：这场"买全球""卖全球"的盛会来了》（见图 6.4.3），通过数据图表的形式介绍了首届中国国际消费品博览会，展现出我国高水平对外开放的巨大成就①。

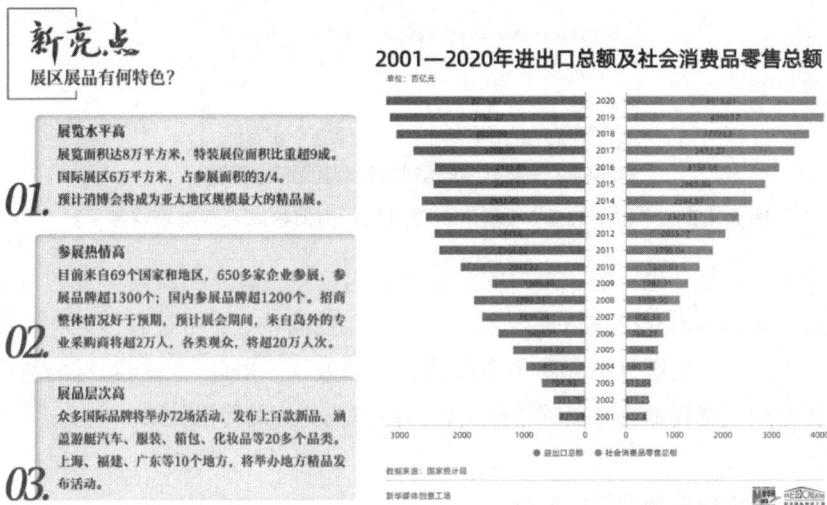

图 6.4.3　新华网《数字会说话：这场"买全球""卖全球"的盛会来了》

（二）转发便捷，加强传播效果

数据图表型评论运用图片、图解、图表等形式对内容进行生动的展示。用户能够通过简单的转发予以二次扩散并进行讨论。此外，由于数据图表型评论可视化效果较好，观点信息集中、思路清晰，因此具有良好的传播扩散效果。

例如，网易数读中的《这是你从未见过的武汉江湖》②，联合国家地理中文

①　新华社.数字会说话：这场"买全球""卖全球"的盛会来了［EB/OL］.新华网，2021-05-07［2022-01-30］.http：//www.xinhuanet.com/datanews/20211015/C9990584F4000001 A16342552CC8D350/c.html.

②　城市漫游计划.这是你从未见过的武汉江湖［EB/OL］.网易数读，2020-03-11［2022-01-30］.http：//data.163.com/20/0311/14/F7EO1K6F00019GOE.html.

网，以武昌鱼为起点，以图片形式介绍武汉，其中不乏武汉的地理、人口数据，通过漫画的手法，将武汉的地理、风俗、美食等以风趣幽默的形式展现出来，为网友还原一个有趣的武汉江湖。其观点集中、简单有趣的形式让网民过目不忘。此外，其转发和讨论也十分便捷。读者阅读完评论信息以后可以将作品一键分享到自己的社交媒体平台，与朋友进行观点的讨论。

（三）动态呈现，增强网民参与感

传统的数据图表型网络评论主要是静态的信息呈现，展现方式还是运用传统图表如柱状图、线形图、饼状图等，而随着新媒体传播形式的丰富，越来越多的传播要素加入数据图表型评论的表达中，比如动态型数据图表以及互动型数据图表均得到应用。动态型数据图表将数据通过动态的形式进行呈现，直观生动地展现出事件的变化过程；而互动型数据图表则由用户的点击和互动推动下一步信息的展现，使用户参与到评论的展现过程中，充分调动其积极性。

如 H5 作品《"数"看杭州复苏》（见图 6.4.4），通过交通数据起伏的动态展现反映出新冠疫情过后杭州的迅速"复苏"，折射出杭州强大的发展韧性。同时，用户的点击推动着 H5 动画的发展，用户成为交互主体，带来了很强的互动体验感和趣味感。

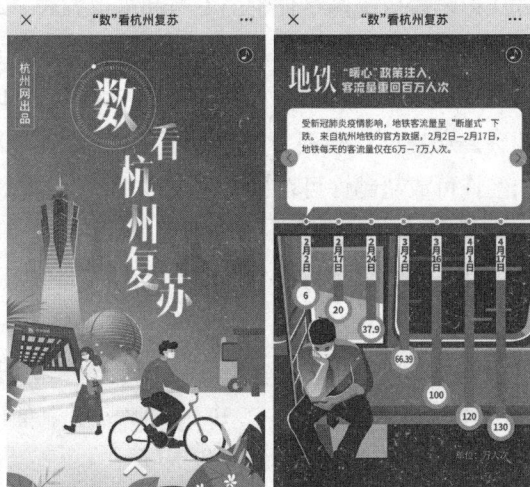

图 6.4.4　杭州网《"数"看杭州复苏》

第七章

网络评论的传播平台

　　网络评论需要借助不同的传播平台进行传播。传播平台是指信息内容赖以传播的载体。传播平台从大的方面来说是指不同类型的媒体，如传统媒体平台报纸、广播、电视等；从小的方面来说指更具体的传播载体，如评论频道、博客、微博、微信、客户端等①。

　　本章中的网络评论传播平台，是指互联网环境中拥有不同传播主体、传播技术、传播方式的传播平台，它们承担着刊载评论文章、集合评论观点、提供评论讨论空间等职能，是网络评论创作、汇聚和传播的重要载体。随着新媒体技术的发展，越来越多的新型传播平台逐渐成为网络评论的新领域、新战场，以其特有的传播方式影响着传统网络评论的发布和呈现方式。2017 年 5 月 2 日，国家互联网信息办公室颁布的《互联网新闻信息服务管理规定》明确指出："通过互联网站、应用程序、论坛、博客、微博客、公众账号、即时通信工具、网络直播等形式向社会公众提供互联网新闻信息服务，应当取得互联网新闻信息服务许可，禁止未经许可或超越许可范围开展互联网新闻信息服务活动。"② 除了较为传统的网络传播载体——网站外，应用程序、论坛、博客、微博客、公众账号、即时通信工具、网络直播等平台也被纳入了互联网新闻信息服务的管理范畴之内。

　　网络传播平台的更新迭代要求网络评论员了解每一类型的网络评论传播平台，根据评论需求选择合适的平台发声，并在实际应用中重视平台联动策略，建立多样化、立体式的网络评论传播平台"包围圈"。

---

① 杨娟. 网络与新媒体评论 [M]. 北京：北京大学出版社，2015：45.
② 国家互联网信息办公室. 互联网新闻信息服务管理规定 [EB/OL]. 中共中央网络安全和信息化委员会办公室，2017-05-02 [2022-02-20]. http：//www.cac.gov.cn/2017-05/02/c_ 1120902760. htm.

第一节 网站

网站是最为传统的网络评论传播平台。现在几乎所有大型新闻网站都设立了评论页面或观点页面，以刊载各类新闻评论。如人民网的"观点频道"、新华网的"新华网评"、东方网的"东方评论"、千龙网的"千龙评论"、中国新闻网的"时政评论"、新浪网的"每日评论"等。这些网站通过开设评论观点集合频道，"集纳性地将传统媒体新闻评论、编辑评论员评论、专家评论与网民评论的精华帖呈现于同一个频道平台上，像一个小型的评论网站"①。

虽然这些网站评论频道都是将文字类、图片类评论观点集合到一个页面内，但受到网站性质及定位的影响，评论的页面设置和内容设置有着许多差异。

一、新闻媒体网站

作为主流媒介，新闻媒体网站传递出的是党和政府的声音。自 1996 年起，我国传统新闻媒体纷纷建立新闻网站。如 1997 年 1 月 1 日，《人民日报》建立"网络版"。到 2000 年，政府所办新闻媒体已经全部上网，报纸、广播、电视都有自己的网站。②

传统新闻媒体网站的评论内容经过了 20 年左右的发展，呈现出以下三类不同的展现方式。

第一类保留了传统媒体特点，将传统媒体的评论版面扫描上网，供网民在线阅读。如图 7.1.1 的《人民日报》"评论"版面，就采取传统媒体内容原版上网的模式，简单易操作，同时也便于读者了解评论在版面上的刊登位置以及所在版面的设计样式。

第二类是将传统媒体的内容网络化。人民网上就刊登了大量来自《人民日报》的网络化的评论内容。网站编辑会定期将评论抽出，整合到网站的观点页面，并设计评论目录及超文本链接，便于读者自行依据兴趣选择阅读，并通过超链接了解相关新闻或评论，实现网站评论的数据库导航功能。

第三类则是在传统媒体评论文章之外，进一步集纳了网站评论员和网民原

---

① 杨新敏. 网络新闻评论研究 [M]. 苏州：苏州大学出版社，2009：136.
② 杨新敏. 新闻评论学 [M]. 苏州：苏州大学出版社，2013：288.

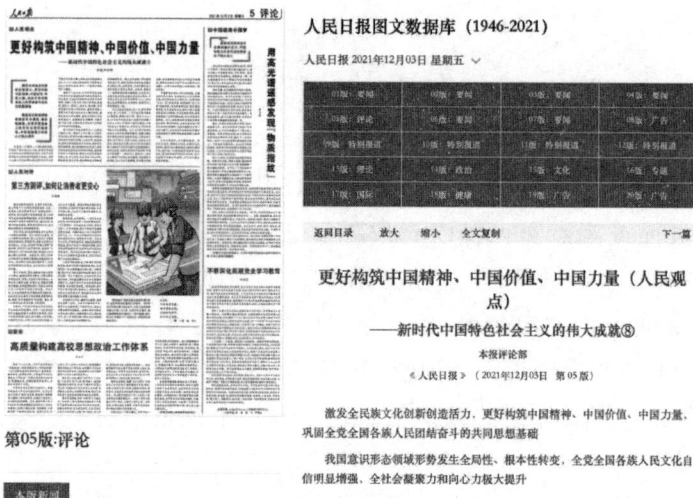

图 7.1.1　《人民日报》官网 2021 年 12 月 3 日第 5 版"评论"版面

创的优秀评论文章。例如，人民网在"观点"板块（见图 7.1.2）就有"人民网评""人民财评""人民快评""人民视评""人民体谈""人民艺起评""人民来论"（见图 7.1.3）等以网民评论员为主的评论板块。通过网站评论员和网民评论员的评论人才储备和资源集合，进一步提升新闻网站评论观点的多元化。

图 7.1.2　人民网超链接导航

新闻媒体网站的评论页面是网络评论的主要阵地之一，具有以下特点。

第一，在传播内容层面，新闻媒体网站侧重于传递主流价值观。从新闻媒体网站的内容构成来看，刊载在传统媒体上的评论依旧是内容的主要构成部分。这部分评论代表了主流媒体的观点和态度，也肩负着倡导主流价值观的重任。作为主流媒体和政府的自有渠道，新闻媒体网站是发出权威意见和主流声音的重要舆论阵地。

第二，在传播效果层面，新闻媒体网站具有较强的舆论引导能力。新闻媒体网站的核心目的是"加强政府在互联网上的声音，主动出击，使互联网成为

人民网 >> 观点 >> 人民来论

- 人民来论：面对春运返乡，乡村应有更多准备　　　2023-01-07 17:00
- 人民来论：让新闻图片更有意义　　　2022-12-14 15:49
- 人民来论：严厉打击医美乱象，决不手软！　　　2022-12-10 09:26
- 人民来论："适儿化"改造，需坚持"1米高度"视角　　　2022-12-08 09:33
- 人民来论：让更多清洁热源保障居民温暖过冬　　　2022-12-06 18:47
- 人民来论：多措并举，把寒潮损害降到最低　　　2022-12-01 14:40
- 人民来论：让爱化作冬日暖阳　　　2022-12-01 14:30
- 人民来论：生活垃圾无害化处理、资源化利用将释放更多红利　　　2022-11-29 10:19
- 人民来论：中国式现代化蕴藏包容开放之道　　　2022-11-28 16:59
- 人民来论：司法护航，维护公平竞争市场秩序　　　2022-11-25 15:33

图7.1.3　"人民网"的"人民来论"页面

思想政治工作的新阵地，对外宣传的新渠道"①。评论页面正是承担了党和政府舆论宣传和引导职能的重要平台。

第三，注重议题的选择和设置，打造深入思考平台。新闻媒体网站的评论频道拥有专业的编辑和评论员团队，评论页面的话题选择和编排设置都是由网站主导，并由编辑审核网民投稿或邀请评论员撰写，形成最终评论内容。近年来，越来越多的新闻媒体网站开始重视原创栏目的打造和专题评论的建设，如人民网的"人民财评"板块，专门针对经济领域的热点话题展开评论，并分成"经济观察""行业视点""消费民生"三个专题，从宏观的经济状况、中观的行业格局与微观的群众生活三个视角对财经评论内容进行整合，努力在内容碎片化、思考表面化的网络信息空间中建设一个有思考、有态度的评论平台。

二、政府机构网站

政府机构网站，主要由中央或地方政府相关部门牵头建立，具有发布政府官方消息、提供生活信息服务、进行舆论引导等职能。许多政府机构网站都会设置专门的评论页面、问答页面或网上调查页面，一方面是让本地区网民了解评论观点，进行舆论引导；另一方面也是为民众表达意见提供官方渠道。

例如，北京市政府门户网站"首都之窗"就设置了政策解读页面，并直

---

① 杨新敏. 新闻评论学［M］. 苏州：苏州大学出版社，2013：290.

观清晰地划分了"经济投资""教育就业""医疗健康"等主题领域（见图 7.1.4），方便人们快速查找自己所关心的评论内容。

图 7.1.4 北京市人民政府网"首都之窗"政策解读页面

由于政府机构网站的主办单位是中央或地方政府部门，因此在评论页面和评论内容的设计方面与新闻信息类网站有着较大不同。

其一，政府机构网站的评论内容以解读政府公布的相关政策或者阐释重大理论为主。政府机构网站是政府部门搭建的门户网站，是推进电子政务建设的重要举措。网站建设的根本目的是让网民能够更加方便地了解政府出台的政策、文件和指导方针。因此，相较于其他网站评论页面内容的多样性，政府机构网站的评论内容不多，但重点突出，往往配合政策信息的颁布实施，第一时间以官方姿态向网民解读政策、阐释理论、阐明真相。如北京市人民政府网"首都之窗"（见图 7.1.5）在 2021 年 11 月 4 日发布的《本市赋权北京自贸区引进毕业生》一文，针对北京市人力资源和社会保障局发布的《关于为北京自贸区引进毕业生赋权的通知》进行相关解读，阐明其社会意义、福利待遇、执行方式

图 7.1.5 北京市人民政府网"首都之窗"政民互动页面

等，为毕业生群体提供相关信息。

其二，政府机构网站的评论以推进政府和群众的互动交流为重要目的。
2014 年，国务院办公厅对《国务院办公厅关于加强政府网站信息内容建设的意
见》做出了更新，强调"加强互动交流。各地区、各部门要通过政府网站开展
在线访谈、意见征集、网上调查等，加强与公众的互动交流，广泛倾听公众意
见建议，接受社会的批评监督，搭建政府与公众交流的'直通车'。进一步完善
公众意见的收集、处理、反馈机制，了解民情，回答问题。开办互动栏目的，
要配备相应的后台服务团队和受理系统。收到网民意见建议后，要进行综合研
判，对其中有价值、有意义的应在 7 个工作日内反馈处理意见，情况复杂的可
延长至 15 个工作日，无法办理的应予以解释说明"。政府机构网站的评论页面
更多是为了促进政府和网民群众之间的沟通和交流，不少政府机构网站也通过
在线调查、图文解读等形式丰富网络评论的类型，实现更好的沟通效果。如北
京市人民政府网开设的政民互动专门板块，无论是电话投诉、咨询、建议还是
举报，都可以方便快捷地找到入口。同时，网页按照季度公示公众来信数量和
办理数量，实时回应民众关切①。

三、商业门户网站

商业门户网站主要指由非新闻单位依法建立且有商业资本属性的综合性信
息服务网站。与传统媒体不同，商业门户网站没有新闻采写权，只能刊登来自
新闻媒体的内容信息。目前，绝大多数商业门户网站都设置了专门的新闻页面
和评论页面，用以转载新闻信息、提供时政类电子公告服务、发送时政类通讯
信息。

许多商业门户网站都非常注重网络评论工作的开展和网络评论员队伍的建
设。一些专业领域的知识分子和网民成为商业门户网站网络评论员队伍的重要
组成部分。他们拥有一定的文字功底和媒体素养，可以对社会公众事件发表观
点，做出判断，从而影响普通网民对事件的认知。久而久之，一些商业门户网
站开始形成具有一定公信力、影响力的评论页面，如新浪网的"新浪评论"（见
图 7.1.6）。

商业门户网站的评论页面具有以下特点。

---

① 国务院办公厅关于加强政府网站信息内容建设的意见 ［EB/OL］. 中国政府网，2014-
　12-01 ［2022-02-20］. http：//www.gov.cn/zhengce/content/2014-12/01/content_
　9283.htm.

图 7.1.6　"新浪评论"页面

第一，重视评论的热度和读者关注度。商业门户网站创办的核心理念是扩大影响力，从而实现更大的商业利益。因此，许多商业门户网站在引用传统媒体评论文章或者发表原创评论时，会配上更加吸引眼球的标题，如新浪评论网的《"网红"官员如何回应"作秀"质疑》。此外，商业门户网站也常常有评论页面的创新或话题创新，以保障评论热度，吸引读者关注。

第二，强调对社会议题的关注。商业门户网站不同于政府官方机构网站侧重于对政策的解读，其面向的是更为广大的受众，因此对和普通民众息息相关的社会议题会倾注更多的页面。如新浪评论的"十大热门文章"，往往是与房价、教育、医保等社会议题相关的评论。

第三，以观点的集合为主。在新闻信息传播上，商业门户网站的定位是"信息集合平台"。因此，与新闻媒体网站或政府机构网站通常有代表其媒体或机构立场和观点的评论内容不同，商业门户网站的评论页面更多是集合各类评论和观点的载体。如新浪评论网上的评论来源，囊括了新华社、《经济日报》、《环球时报》等多家媒体机构，达到信息聚集与整合的作用。

第四，拥有较大的意见自由度。商业门户网站吸纳了更为多元的评论员，再加上不存在媒体定位的限制，使得其评论页面更容易出现多元化的意见。人们可以更加广泛地在评论页面发表自己对于事件的看法，不同背景、不同立场的评论员们也可以在发表评论和回应评论的过程中形成自由讨论的舆论场氛围。

第五，受到的管理不断加强。2005 年 9 月修订的《互联网新闻信息管理规定》，严格规定了商业门户网站等非新闻单位网站，一是可以转载新闻；二是经批准可以刊登新闻，但不能刊登自己采写的新闻。此外，在转发中央新闻单位或者省、自治区、直辖市直属新闻单位发布的新闻信息，应当注明新闻信息来源，不得歪曲原新闻信息内容①。值得注意的是，2017 年 5 月 2 日，国家互联网信息办公室发布了最新修订的《互联网新闻信息服务管理规定》。该规定将新闻信息服务扩大到"包括有关政治、经济、军事、外交等社会公共事务的报道、评论，以及有关社会突发事件的报道、评论"。② 可以看到，政府有关部门对互联网新闻信息的规范管理正在不断加强，以加快推进网络内容建设和风清气正的网络空间治理。

第二节　社交网络平台

基于用户规模大、使用频率高、即时互动性强等优势，社交网络平台已经逐渐成为新闻获取、评论和转发的重要平台，越来越多的网民习惯使用社交网络平台来进行网络评论，主动表达观点或者对他人的观点进行回应。《中国网络评论蓝皮书（2020）》数据显示，网络评论在以微博、微信朋友圈、QQ 空间、豆瓣等为代表的社交网络型网络平台的喜爱度最高，得分为 3.95 分；网络评论在以百度贴吧、天涯社区等为代表的内容生产型网络平台的喜爱度得分为 3.81 分，排名第二；网络评论在以新浪、网易、搜狐、腾讯等为代表的单向传播型网络平台的得分为 3.78 分，排名第三；网络评论在以弹幕评论类网站、聚合类新闻平台等为代表的其他网络平台和以淘宝网、京东、大众点评网等为代表的功能实现型网络平台得分均为 3.75 分，得分最低③。当前，在网络评论上使用频率较高的社交网络平台有论坛、博客、微博、微信等。

一、论坛

论坛，又被称为电子公告板（Bulletin Board System，BBS），最早出现在 20 世纪 70 年代的美国，主要用于信息传播。随着论坛功能的逐渐完善和互联网技术的普及，论坛渐渐成为网民们沟通信息、发表观点、相互交流的重要平台。

---

① 互联网新闻信息管理规定［EB/OL］. 中国政府网，2015–09–25［2022–02–20］. http：//www. gov. cn/flfg/2005–09/29/content_ 73270. htm.

② 互联网新闻信息服务管理规定［EB/OL］. 中国政府网，2017–05–02［2024–09–30］. https：//www. gov. cn/zhengce/2017–05/02/content_ 5728949. htm.

③ 社会科学文献出版社. 网络评论蓝皮书：中国网络评论发展报告（2020）［R］. 2020.

国内论坛在 1995 年逐渐被人们所认识①，之后逐渐分化、细化。作为网民自由交流的虚拟平台，论坛的发帖往往会激发众多网民的热烈讨论，这里成为舆情事件兴起、发酵、发展进而影响现实社会的重要传播平台。较具代表性的论坛有强国论坛、天涯社区、猫扑、西祠胡同等。如强国论坛是人民网 1999 年创办的网上时政论坛，是最早尝试在网上与公众进行交流的论坛网站之一，目前已经成为政府了解民情、引导舆论的重要渠道（见图 7.2.1）。而同样创办于1999 年的天涯社区则是民间自发组织形成的论坛，论坛设置了多个兴趣页面，具有较高忠诚度、使用度和原创度。

图 7.2.1 强国论坛部分精华热帖截图

在网络评论的诞生和发展过程中，论坛起到了重要的作用。论坛主要具有以下特点。

第一，论坛是网民和评论员之间双向交流的重要平台。"作为一个公众探讨话题、发表见解的地方，BBS 第一次突破了过去媒体的单向传播模式，呈现出网络传播交互性的特点。"② 如强国论坛的跟帖模式，网友可以对评论员发布的

---

① 余红. 网络时政论坛舆论领袖研究 ［D］. 华中科技大学，2007.

② 杨新敏. 网络新闻评论研究 ［M］. 苏州：苏州大学出版社，2009：107.

文章进行评论，评论员和其他网友也可以对评论进行回复。从评论者和受众之间的单向传播变成了双向传播、平等交流，论坛的这一特点使得新闻评论员的形象从高高在上的说理者形象转变为与受众平等交流、倾听受众声音、贴近受众心理的形象。

第二，论坛中可能会有特殊势力、敌对势力渗透其中。由于论坛参与的审核并不严格，因此论坛中的网民身份比较多元，一些特殊势力甚至敌对势力会渗透进论坛当中，对一些敏感问题或突发事件发表敌对言论。论坛中较为复杂的环境使得网络评论员需要提高警觉性，当敌对言论出现后能够及时批驳，掌握引导的主动权。

第三，论坛的参与门槛较低，话语权被下放。一般而言，在论坛中发言不需要进行烦琐的审核，网民十分容易在论坛上进行用户注册，并可自由进出论坛。跟帖是推动论坛话题不断发展的重要方式，网民可以通过回帖让帖子热度不断上升，成为置顶帖或精华帖，扩大帖子内容的影响力。因此，在论坛上，广大网民掌握了议程设置权力，传统的话语权威被解构。

第四，论坛中的讨论容易倾向于非理性和情绪化。网络论坛的匿名性特征，使得论坛上的评论很容易脱离理性约束。在论坛上，网民容易被偏激的网络情绪所感染，在事实不够明朗的情形下采用极端方式"以暴制暴"，人肉搜索、网络暴力等现象在论坛评论页面中频频出现。这种非理性的情绪宣泄，并不是网络评论良性发展的出路。

二、博客

博客（Blog），指的是互联网日志，是用户表达个人观点的重要平台。博主发文后，网民可以对博主文章进行回帖和互动，博客也承担了部分社交功能。值得注意的是，博客的首要功能是内容发布，其次才是和受众的互动和交流。在当前网络评论传播平台中，博客的地位因此逐渐式微。

博客作为网络评论平台之一，呈现出以下几个特点和趋势。

第一，注重内容大于注重互动。博客和论坛的传播模式存在不同。论坛传播本质在于"互动"，只有在发帖和回帖之间，评论内容才会逐渐引起关注。博客则是由博主们在个人主页上发表博文，通常篇幅较长，普通网民是通过搜索博主主页后进入博客内阅读、回复。因此，博客不是通过话题更新来吸引用户短期的注意力，而是用高质量的博文内容来吸引用户长期的注意力。

第二，注重评论的深度思考和逻辑分析。博客的篇幅通常较长，因此具有较大影响力的博客一般有大量经过深入思考、逻辑严密、说理严谨的评论内容，且内容逐渐呈现出精英化、专业化的趋势。不少博主都是具有相关领域专业知识的权威人士，或者较为专业的评论员，能够用严谨的论证影响受众。

第三，博客正在逐渐转为小众平台。博客兴起较早，已经不能完全满足当前人们即时沟通、随时获取资讯的需求，因此，近年来，以网络评论见长的博客的受众范围在逐渐缩小，影响力也在不断衰弱。不少博主都转到了微博、微信等其他社交网络平台上，博客的社交功能被逐渐替代。

三、微博

微博（Weibo）亦被称为微型博客。但微博与博客有着较大区别，更多地承担着个人信息分享、社交的重要功能。2009 年，新浪网率先推出了新浪微博，发展至今已经成为综合性社交媒体的代表平台。

在微博出现之前，网络公众舆论的主要阵地是网络论坛和博客。随着移动互联网的发展，微博碎片化的表达方式、快速裂变的病毒式传播、及时的信息反馈使其成为重要的公共空间和评论平台。从微博迅速崛起至今，很多网络热点事件或评论都是最先在微博上引爆，在引起高度关注之后，再向其他平台渗透和传播，形成多层级的圈层传播。

与网站、论坛、博客等传统网络评论平台相比，微博这一社交媒体平台在评论的生产和传播上具有特殊性。

第一，微博的评论形式包括短评与长评两种。长评则是在微博取消 140 字限制之后所诞生出来的新形式，网民可以通过"#"符号在评论中插入相关话题，对社会热点事件或自己所关心的议题发表看法。微博在最初产生和发展过程中有 140 字限制，有限的字数让网民只能通过短评发表观点和意见，因此，短评既有在他人微博下进行回复和互动的评论行为，也可以在自己的微博上针对相关话题发表个人评论。2016 年 11 月 14 日，微博对所有网民取消 140 字的限制，并且发布窗口右上方的文字也改成了"可以发布超过 140 字的微博啦"。但是，微博超过 140 字的内容在信息流中依旧无法显示，需要点开文末的"显示全文"方能呈现。这种字符设置使得网民习惯在微博上接受短字符的碎片化信息，发帖者也考虑到受众这一习惯，尽量将自己的评论内容精练化。

第二，评论形式多元。微博评论者在个人账号或官方账号自行发布的内容中可以使用文字、图片、音频、视频、超链接等多样的评论形式；在他人微博下评论也可以使用文字、图片和超链接。这为微博评论的内容、对象、话题选择、话题深度等提供了更好的条件，也使微博成为多样化评论符号应用的重要平台。

第三，传播范围广。微博作为社交网络平台最重要的功能是"关注""转发""评论"，由此带来了层层扩散的传播效果。微博上的评论传播具有裂变性的特点，同时用户可以根据评论质量、内容和与热点的贴近程度进行点赞、转发等二次传播行为，促进评论内容的扩散。微博也开通了对他人微博评论进行点赞的功能，收到点赞最多的评论其排序会上升，显示在评论区域的前排。同时，微博传播还具备突发式的范围和效果，即当某个事件或某个评论引起大家关注后，微博平台上就会形成舆论高峰。以《北京市医药分开综合改革实施方案》发布这一舆论事件和相关评论为例，从信息量走势图来看，在北京医改新政发布之前，就有媒体开始关注并预告该事件。而在 2017 年 3 月 22 日下午实施方案正式发布后，信息量快速攀升，并于当日 22 时达到监测时间段内的舆论最高峰。随后，由于网友作息关系，该话题的相关信息量开始逐渐下降，直至 23 日 8 时再次迎来一个舆论小高峰①（见图 7.2.2）。

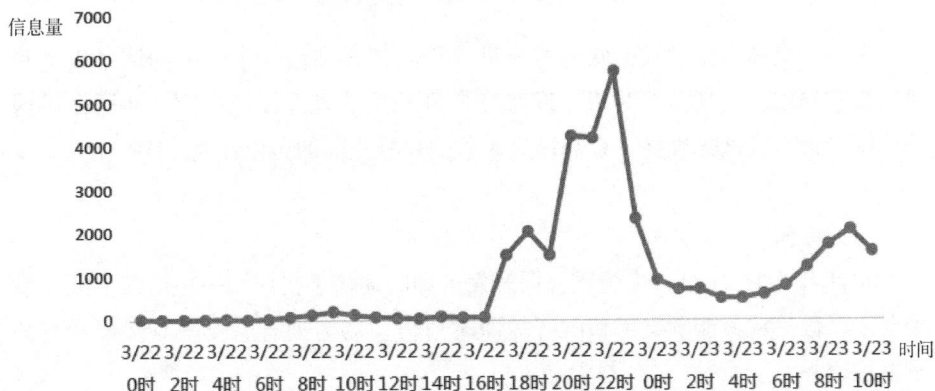

图 7.2.2 北京医改新政话题全网信息量走势

第四，媒体类微博和政务类微博成为微博评论场上的中坚力量。在微博评论场上，一大批活跃用户和大 V 用户都是媒体微博或者政务类微博。这些账号在社会热点、重大事件等发生后，会迅速发布消息，发表评论内容，主动展示和表达评论者的观点。因此，这部分账号已经成为微博上的重要评论者。同样以北京医改新政为例，相关话题中微博"意见领袖"有头条新闻、人民日报、央视新闻、人民网以及中国新闻网等媒体官微（见图 7.2.3）。微博平台上众多的意见领袖参与了相关话题的传播，排名前九的意见领袖均是粉丝量在 2000 万

① 新浪全网舆情分析. 北京医改新政话题互联网数据监测报告［R］. 2017（3）.

以上的媒体用户，他们用各自巨大的粉丝影响力推动了相关话题的传播，扩大了话题的覆盖范围。

图 7.2.3　北京医改新政话题"意见领袖"（微博）

未来，媒体微博和政务微博需要进一步发挥其在公共事件中的话题设置和舆论影响作用，占据良好时机，发布和事件相关的理性评论内容，从而在微博评论平台上引发网民理性、客观讨论，营造积极正面的舆论环境。

四、微信

2011 年 1 月 21 日，由腾讯公司开发的即时通信手机应用——微信上线。发展至今，微信从只能发文字和语音的即时通信发展为拥有朋友圈等多项功能的重要社交平台。

伴随微信使用率的提高，用户们越来越习惯于通过朋友圈发表自己对于新闻事件、社会思想、时事热点等的评论和看法。除此之外，2012 年 8 月 23 日上线的微信公众号，由于具备大众传播属性，开始成为网络评论的重要平台，是当前网络空间舆论集中和发酵的新型平台。下文总结了微信朋友圈和微信公众号上网络评论的传播特征。

第一，兼具私密性和公众性。微信是基于强关系的社交网络平台，用户在朋友圈中的网络评论内容仅好友可见，用户也可以通过对好友进行分组来严格控制自己评论内容的受众。相比于其他传播平台的公开性，微信上的网络评论传播更具有私密性。然而，微信公众号的出现在一定程度上改变了内容的私密传播，使得微信评论具备了一定的公众性。此外，评论内容可以通过朋友圈进行转发，进一步实现影响范围的扩大，凸显了微信评论的公众性。

第二，兼具单向传播和圈内互动。微信公众号"订阅+推送"的模式，使得用户只有关注平台，才能获得平台的推送内容。此外，用户可以在评论文章下进行回复和留言，但留言需要经过平台管理者的审核才能发布或回复，用户也无法针对平台的回复再次发表观点。因此，在微信公众号上，用户的角色偏向于接受者，而公众账号的拥有者和管理者则是信息的主动发布者。然而，微信公众号上的评论内容却可以被用户转发到朋友圈并配以文字，朋友圈好友也可以在消息下方互动页面进行意见的交流和分享。因此，微信评论实际上在平台和订阅者之间构建起一个单向传播圈。而一旦通过分享进入朋友圈，广大微信用户就可以更加畅快地发表自己的看法和观点，从而形成朋友圈内部对于某一舆论事件的热烈讨论和深入互动。同时，微信也推出了"在看"功能，即当用户认可一篇评论内容时，其可点击文章最下方的"在看"按钮，使该评论在微信的"在看"板块中出现，开通了这一功能的微信好友就可以看到该用户推荐的文章。

第三，内容和页面设计适应手机屏幕，微传播趋势显著。网站、贴吧、博客等侧重于电脑端页面的用户体验，微博是电脑端和手机端共同发展，微信评论则以手机端页面为发展重点。微信评论的终端是手机屏幕，这就要求微信评论在内容设计和页面设计上都需要以手机屏幕为前提，注重评论内容的微传播效果。图文并茂、字体清楚、重点突出、长度适合、超链接设置，这些特点都是微信公众号为了配合手机端屏幕和移动端用户的需求而摸索出的策略和方法。

第四，注重原创，重视思想。内容的时效性和思想性仍然是微信评论发展的关键所在。当前已经涌现出一批优秀的自媒体平台，它们关注时事热点、社会现象、思想动态，当发生舆论事件后，往往能够迅速发出高质量的原创评论，引发理性的讨论和思考，引导舆论往好的方向发展。同时，在微信的功能设计上，平台方也对原创内容开通了"原创"保护功能，一篇文章在微信公众号上发布时勾选了"原创"标签，微信将会把该文章纳入"查重"范围，即与该文章相似度过高的内容将不能被二次发布。这在一定程度上保护了创作者的权益，也提高了微信公众号评论的内容质量与深度。社交网络上的评论改变了评论的平台、方式和手段，但并没有改变评论的内容本质。精妙的选题、独特的视角、深入的分析、精辟的观点、深刻的思想，这些依旧是微信评论吸引受众的根本之道。

第三节　新兴平台

除了网站和社交网络平台外，目前网络评论的平台类型不断增多，一些新兴平台逐渐成为人们发布和获得网络评论的重要平台。新兴平台带来了评论形式的新变化。在这些新兴平台中，最具代表性的是新闻客户端、社会化问答社区和短视频平台。

一、新闻客户端

新闻客户端既包括一些传统媒体向手机终端转移而建立的新闻客户端，也包括众多新兴的新闻客户端，其中最具有代表性的当数腾讯新闻和今日头条。

基于多年新闻门户网站积累以及 QQ、微信等社交媒体强大的渠道优势，腾讯新闻稳居新闻客户端首位，今日头条则利用算法技术为用户提供个性化的新闻资讯推荐，形成差异化优势并超越绝大多数门户网站①，名列前茅（见图 7.3.1）。

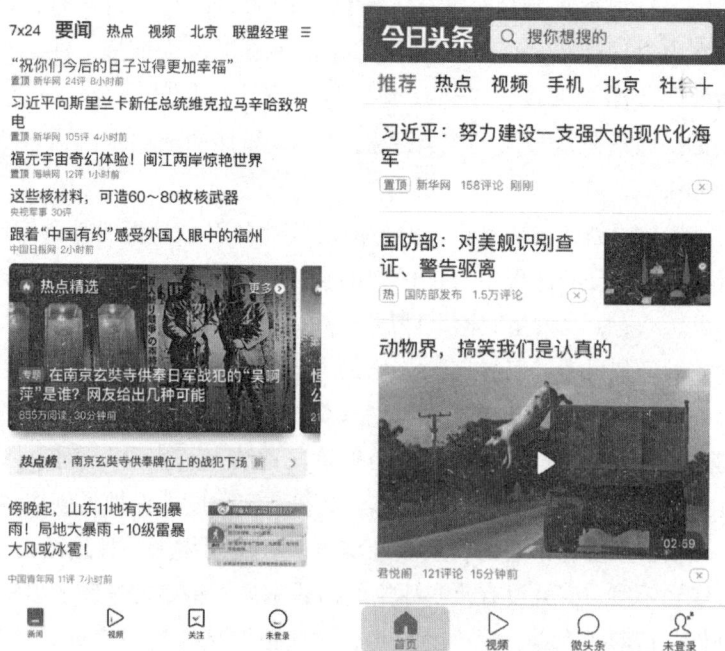

图 7.3.1　腾讯新闻和今日头条客户端页面

---

① 中国互联网络信息中心 . 2016 年中国互联网新闻市场研究报告［R］. 2017（01）.

新闻客户端的核心职能是提供新闻资讯,但发展至今,靠资讯来吸引受众已经不再是新闻客户端的唯一选择,不少新闻客户端都会转载传统媒体的评论内容或者直接开设原创评论区,成为网络评论的新兴平台。

新闻客户端的网络评论内容主要分为以下三类。

第一类是新闻客户端评论区的跟帖评论,受众在阅读新闻或评论后可以在评论区发言和互动,几乎所有新闻客户端都包含此评论功能。新闻客户端的评论区给网民提供了一个自由沟通和交流的平台,评论中会有理性声音,也会有非理性宣泄带来的情绪化、污名化等现象。网络评论员需要重视评论区的作用,主动在重大新闻的评论区发布正面言论,进行舆论引导。此外,网络评论工作团队也需要和新闻客户端的平台方进行合作,对平台评论区进行监督和管理。

第二类是新闻客户端转载的新闻评论,通常以长文形式出现。这类评论是网民获得新闻评论的重要渠道,与微博、微信公众号等平台转载新闻评论具有相似性,进一步扩大了评论的受众群体。

第三类是部分新闻客户端设置的用户发文评论功能。这类评论是网络评论员们尤其需要关注的。借助新闻客户端这一市场渗透率极高、用户兴趣比较集中的平台,这类网络评论的覆盖面和影响力将进一步扩大。然而,这一功能目前仅在今日头条等少数几个新闻客户端上才有。以今日头条为例,用户可以在今日头条官方后台申请头条账号,并选择发布评论文章,发表自己的态度和观点,并且拥有自己的用户和粉丝群。

今日头条新闻客户端上的评论有以下特点。

第一,评论内容集中在社会新闻领域。新闻客户端本身就是将新闻信息集中推送的平台,平台上的内容都是新闻资讯、社会热点或者各个领域的信息。因此,在新闻客户端上发表评论的内容主题也会更加集中在社会新闻等领域。

第二,用户群体往往对话题本身有兴趣,推送更为精准。新闻客户端是聚合类新媒体,会针对用户的不同兴趣点设置不同的新闻选题并分发推送。今日头条会根据用户个人阅读兴趣和话题偏好,为用户推送定制化信息,其中也包括其他账号发布的评论内容。因此,相比其他平台"大海捞针"式地寻找内容或者根据账号获得内容,新闻客户端评论内容的推送和传播更加精准。

第三,自媒体作者活跃度高。当前,众多自媒体账号纷纷入驻新闻客户端,并在新闻客户端平台上积极发表评论文章。这一方面缘于新闻客户端降低了用户发文的门槛,另一方面是因为自媒体作者在新闻客户端上发评论不需要前期的用户积累和账号建设。活跃的自媒体账号,带来了新闻客户端上评论内容的丰富多元,也带来了平台监管上的一些难题。

二、社会化问答社区

前文提到的评论平台有着各自的定位和特点，但传播模式都是评论者先评论，用户接收评论、进行回复或者转发。而"你问我答"式的社会化问答社区的出现，如知乎、果壳等，改变了传统传播模式，形成了先提出问题，再由其他普通网民、相关领域人士或者网络评论员来进行回应和评论的新型评论模式。

社会化问答社区，一般包含以下服务：第一，提问者可以将其信息需求表达为用自然语言描述的问题（而不是一组关键词）形式；第二，其他用户可以为提问者提供答案；第三，基于这项服务和参与服务的用户所形成的社区①。这类社会化问答社区往往会设置多个话题，也会在发展过程中形成意见领袖。通常来说，其他用户都可以对问题进行回答，但该领域的意见领袖往往会被邀请作答且回答内容会被更多人点赞置顶。

例如，知乎上有人提问："如何看待安理会以 15 票赞成一致通过决议，包含支持中国'一带一路'内容?"提问者转载了人民网的新闻并提出问题（见图 7.3.2），其他网民在看到问题后可在下方进行回答，而回答帖子实质上就是网络评论。

图 7.3.2　知乎上的提问页面

社会化问答社区上的网络评论具有以下特点。

第一，评论以问题为导向。社会化问答社区的存在之本是其他用户对提问

---

① Shah C., Oh JS. Research agenda for social Q&A ［J］. Library & Information Science Research，2009，31（4）.

者的回答，因此，问答社区上的网络评论其实是针对平台出现的有关社会时事热点、新闻事件等问题的回应。知乎有很多子话题的设置，用户需要在每一个话题下提出具体问题，而评论者则要在既定问题框架下去回应问题，发表评论。

第二，用户决定评论排序和位置。以知乎、果壳为代表的社会化问答社区都是以赞同数决定回复的前后顺序，因此越多用户赞同的内容就会排得越靠前，成为受众更容易关注到的内容，从而形成良性循环。用户决定评论排序的设置，对社会化问答社区中的网络评论员提出了更高的要求：只有生产出优质的评论内容，才能被更多人点赞和关注。

第三，使用的评论符号主要是长文，逻辑性强。社会化问答社区十分重视答案的质量，大部分的回答都是以具有逻辑性的长文来进行全方位的说理，细致解答提问者和其他网民类似的困惑。具体到网络评论上，社会化问答社区上的评论形式以长文为主，有时也会辅以图片，评论重视说理性和逻辑性，会从受众便于理解的角度来进行评论。

目前，有一些评论员加入了知乎、果壳等问答社区，在这类新兴平台上发表网络评论。如 2021 年 11 月知乎开设了"聚焦党的十九届六中全会"专题，分成"胜利与荣光""会议精神与解读""现场视频速递"三个板块。其中，央视新闻联合知乎"吾辈问答"发起"我和中国一起成长"主体问答，和用户积极互动。在"会议精神与解读"板块，新华社、中国网、中国新闻网纷纷对十九届六中全会相关议题发表长篇评论进行解读。这体现出专业评论员对于问答类社区的重视，未来这一问答类评论模式将进一步发展，成为舆论引导的重要组成部分。

三、短视频平台

随着移动通信设备的快速普及和流量资费的降低，短视频平台正在成为我国网民日常生活娱乐的"基础设施"。根据中国互联网络中心数据，截至 2024 年 6 月，我国短视频用户规模达 10.50 亿，占网民整体的 95.5%，占据我国互联网应用网民规模榜第三位，且用户粘性不断提升，2024 年 3 月抖音用户使用时长同比增量占网络视频行业的一半以上①。在这一背景下，以抖音、快手、梨视频为代表的短视频平台因其生动的呈现形式、轻松的话语模式以及快速的扩

---

① 中国互联网络信息中心．第 54 次中国互联网络发展状况统计报告［R/OL］．2024-08-29［2024-09-30］．https：//www. cnnic. net. cn/NMediaFile/2024/0911/MAIN17260 17626560DHICKVFSM6. pdf.

散能力，承担起了网络评论的重要功能。相较于新闻客户端和问答类社区，短视频平台不以文字作为评论载体，呈现出了一些独有的特征。

第一，表现形式的多媒体性。短视频与新媒体传播的特点天然吻合，在发布网络评论过程中可以采用多种形式对内容进行呈现，包括文字、图片、音频、视频等，能够最大限度地吸引用户的兴趣和注意力。如各地政府纷纷在抖音平台上发布"两会快闪"系列视频，用动感的音乐和跳动的文字制作成视频，生动有趣地解读地方政策。

第二，传播策略上的时效性。由于短视频平台的碎片化传播特点，用户在不断下滑的过程中可以快速刷新视频，因此，时效性成为短视频平台上首要的传播策略，评论发布者要及时跟进社会热点、推出相关视频，才能够吸引用户的关注。如党的十九届六中全会会议结束当天，央视新闻抖音官方账号连续发布三则视频评论，对会议内容及精神进行解读，分别收获 24.5 万次、242.5 万次和 11.4 万次点赞。这对于评论员来说既是机遇也是挑战，一方面，短视频平台的低门槛与时效性能够最大限度地使新闻评论触达广大普通民众；另一方面，时效性也要求新闻评论员要对信息进行快速整合、产出视频评论内容，考察着评论员的综合能力。

第三，话语风格上的贴近性。短视频平台相较于文字类平台具有天然的低门槛属性，这也是其能够收获大批用户的关键所在。因此，发布在短视频平台上的新闻评论往往会采取更为风趣幽默的话语策略，转变新闻评论深度晦涩的叙述方式，以此来增强评论的可触及性和与用户的贴近性。例如央视新闻抖音官方账号开设"康辉 Vlog"专栏，央视著名主持人康辉深入新闻会议的后台，一改往日在《新闻联播》中的严肃形象，生动地为用户讲解会议的幕后流程、用朴素的语言解读最新会议内容，并在 Vlog 第一视角的加持下更加真实可感。

第四节　网络评论的平台联动策略

前文已经介绍了网站、社交网络平台和新兴平台的定义和不同特征。对于网络评论员来说，了解不同网络评论平台的定位和特点是开展评论工作的重要前提。只有熟悉每种平台的使用方法和传播特点，才能针对平台生产出适合平台传播的评论内容，扩大评论的受众覆盖面和实际影响力。

此外，网络评论工作团队需要有高瞻远瞩的全局意识，不仅在各个平台精准传播、有效传播，还要在各个平台的使用策略中注重平台之间的联动与合作，在重大事件发生之后快速制订多平台联动工作方案，达到占据舆论先机、形成舆论包围圈、扩大舆论影响力的评论目的。本节将介绍网络评论各大平台的联动策略：明确平台合作中的主战场、外围阵地，并且逐步探索网络评论的平台包围圈策略。

一、搭建网络评论主战场

在网络评论的平台联动策略中，各个平台都是网络评论工作团队需要关注的。然而，网络评论工作团队的精力和力量毕竟是有限的，如何将有限的平台资源、人才资源、宣传资源用到点上、落到实处，就成为网络评论工作团队需要思考的重要问题。网络评论工作者需要瞄准目标、对点出击，明确众多网络评论平台中的核心平台和首要平台，搭建网络评论主战场。

网络评论员的队伍是有限的，网络上纷繁复杂的信息却是无穷的。网络评论工作在开展过程中，就需要圈定核心平台、平台中的核心账号、核心评论团队，从而强力出击、占据舆论优势。

（一）明确新闻媒体网站的核心地位

在网站、社交网络平台和新兴平台等众多网络评论平台当中，网站依旧是当前党和政府发表权威声音、引导舆论的首要平台，其中作为传统媒体在网络空间的延伸的新闻媒体网站更是处于核心地位。

新闻媒体网站通常代表主流媒体观点，背后是强大的政府媒介系统。因此，新闻媒体网站应当成为网络评论工作团队进行网络评论传播的核心平台。通过新闻媒体网站传递主流声量，弘扬社会正能量。

党的十八大以来，习近平总书记在不同场合、从不同角度多次强调我们正在进行具有许多新的历史特点的伟大斗争，面临的挑战和困难前所未有，必须坚持巩固壮大主流思想舆论，弘扬主旋律，传播正能量，激发全社会团结奋进的强大力量①。在这样一个时代环境和舆论环境下，重视新闻媒体网站的主流作用和核心地位更是至关重要。

具体来看，当社会热点、新闻时事等具有新闻价值的突发事件发生之后，新闻媒体网站可以通过深入浅出的网络长评，第一时间发声，传递主流态度和正能量立场，引导舆论走向。

---

① 做好宣传思想工作，习近平提出要因势而谋应势而动顺势而为 [EB/OL]. 中国共产党新闻网，2018 - 08 - 21 [2022 - 02 - 20]. http：//cpc.people.com.cn/n1/2018/0821/c164113-30242126.html？from＝singlemessage&ivk_ sa＝1024320u.

在国家大政方针、政策理论等宏大议题面前，新闻媒体网站的网络评论页面也需要给出具有深度思想和独特视角的解读，引领话题讨论，使整个讨论能够向下、向深发展，引发网民的深入思考（见图7.4.1）。

图 7.4.1　新华网"深度新华"评论页面

（二）提升媒体类和政务类官方账号的影响力

在建构网络评论主战场时，网络评论员一定要牢牢掌握媒体类和政务类的新媒体账号，扩大这些账号的影响力。

提升媒体类和政务类账号的重要性和影响力，是在复杂的网络舆论场中牢牢占据主动的先决条件。各个传播平台上的话语交锋、思想碰撞日益激烈，网络评论工作团队需在主战场上排兵布阵，打造能够代表党和政府的核心账号。越是到了舆论宣传的关键时刻，越是要建立以媒体类和政务类为代表的核心账号，要在网络环境中发出主流声音，引导互联网环境中的主流价值观。

除了传统网络平台上的媒体类账号和政务类账号外，在社交网络平台和新兴平台上的媒体类和政务类账号的力量同样不容小觑。微信公众号已经涌现出不少媒体机构设置的栏目或品牌，比如《人民日报海外版》的"学习小组"，《新京报》的"政事儿"，《北京青年报》的"政知道"，等等。近年来，政务新媒体更是给网络评论带来了巨大的改变。数据显示，截至2021年12月，我国互联网政务服务用户规模达9.21亿人，较2020年12月增长9.2%，占网民整体的89.2%。2021年，各行政级别政府网站首页文章更新量均有所增长，截至2021

年 12 月，总量达 3084 万篇。①

在传播影响力层面，截至 2024 年 10 月，《人民日报》、央视新闻、新华社的抖音官方账号分别拥有 1.7 亿、1.6 亿和 6684 万粉丝。新媒体平台上的媒体类和政务类账号，已经能够在多个平台上发出主流声音，并在舆论引导方面做出应有的努力。

（三）建立各平台核心评论人才"主力军"

目前，互联网已经成为意识形态领域斗争的重要场地，而优秀的评论人才队伍则是这场战争的生力军。在搭建网络评论主战场的过程中，在各个平台储备优秀评论人才、搭建核心评论人才队伍、建立高素质评论队伍至关重要。

网络评论工作团队绝不是一盘散沙，而应当成为有层次、有核心、有标准、有要求的评论队伍。其中，最为核心的评论人才，数量无须十分庞大，但一定是舆论战场中最为重要的主力军。这一批核心网络评论人才，要在各个平台中都占据核心位置。当评论需求产生后，他们能够迅速形成应对模式，在核心平台上聚集力量，发表带有思想深度、理论深度的文章。

鉴于此，专职评论员、宣传思想工作者、媒体从业人员、公职人员等主体应成为网络评论工作团队的核心力量，在各大平台积极发声。在这个过程中，网络评论员们决不能漫无目的地发声，而是要形成队伍、排兵布阵，结合各大平台的传播特点，有的放矢，突出重点，每个平台都要搭建起核心评论队伍。

"思想的田野，如果真理不去占领，就会杂草丛生；精神的空间，如果阳光不去播撒，就会霉菌疯长。网络舆论场上，正面的、主流的声音不够响亮，反面的、嘈杂的噪声就会淹没我们，国家意识形态安全就会受到威胁。"② 在网络评论的主战场上，主流媒体和主流阵地要敢于发出自己的声音，敢于担当，勇于亮剑。在各大网络平台建立核心评论人才队伍，是提升网络舆论引导能力的有力保障。

二、重视网络评论外围阵地

网络评论平台除了要有主战场外，也需要外围阵地进行配合。网络评论外围阵地的搭建策略，强调的是在网络评论平台联动过程中能够积极响应舆论动

① 中国互联网络信息中心．第 49 次《中国互联网络发展状况统计报告》[R/OL]．2022−02−15 [2022−07−22]．http：//www.cnnic.net.cn/hlwfzyj/hlwxzbg/hlwtjbg/202202/P020220721404263787858.pdf.

② 高山，国园，赵栋．主力军要上主战场——牢牢把握网上舆论斗争主导权 [N]．红旗文稿，2017 (6)．

态，遥相呼应核心评论账号和评论员的声音，在评论主战场和评论外围阵地的共鸣过程中形成舆论旋涡，甚至实现"以外围内"的效果，助力主旋律传播，推动正能量建设。

（一）打造社交网络平台中的自媒体品牌账号

社交媒体这一舆论空间中充斥着多元声音，舆论之间的碰撞和争论也更加明显。越是在舆论环境复杂的平台上，网络评论工作者越不能放松警惕。

由于社交网络平台更注重用户的社交性和互动性，因此往往拥有庞大的网民用户和自媒体用户。这些网民大 V 和自媒体用户数量众多，通过账号平台积聚起惊人的影响力，发声的时候能够产生巨大能量。

面对纷繁复杂的社交平台传播环境，网络评论工作者不仅要在新闻媒体网站发出嘹亮的主流声音，在互联网环境中启发网民思考，引导网民自由讨论，还需要积极、主动打造社交网络平台中的"非官方"品牌账号，尤其是以评论员个体身份开设的自媒体账号。这些由网络评论工作者开设的自媒体账号在舆论场中可以积极响应主流声音，成为推动主流价值观的重要力量。

网络评论工作团队不能只将自己的目光聚焦在传统的评论平台和官方账号上，还要充分运用微博、微信、客户端等新兴传播平台，并在传播过程中对政治话语进行包装，利用社交网络平台的互动性来提升账号的影响力和感染力。当媒体和政府通过官方平台发布权威声音后，评论工作团队需要紧跟步伐，主动研究受众，审时度势，通过一批自媒体账号主动发声，在社交网络平台营造积极的舆论环境或者发布理性客观的声音。

除此之外，网络评论工作团队还需要有意识地扩充评论工作的外围平台，积极探索新的传播平台。例如，当前网络评论工作对社会化问答社区的重视程度不高。网络评论员需要对这类新兴平台给予足够重视，及时进入平台，搭建自媒体账号，并在平台发展早期就积累人气，提升关注粉丝数量，从而奠定网络评论工作的良好基础。

（二）利用网民身份搭建网络评论外围阵地

除了积极打造社交网络平台中的"非官方"自媒体品牌账号外，网络评论工作者还需要通过自己的网民身份在评论下积极回帖，搭建网络评论的外围阵地。

许多评论员会陷入传统工作模式带来的误区，认为评论员只需主动发表评论，却忽视了自己作为评论员的同时也是网民，应当积极在网络空间中回复他人的评论，在跟帖评论区发出客观、理性的声音，形成评论和回帖之间的良性互动模式。

对于网络评论的外围阵地来说，这一角色定位要求许多网络评论员从容实现角色之间的转换与切换，以网民的身份主动参与到网络评论的外围层当中，既要说好专业性的官方语言，也要灵活掌握大众化的民间用语，在不同的舆论环境中发挥自己的作用。

此外，网络评论工作团队可以积极关注各个平台账号的内容，吸纳优秀的网民评论人才进入网络评论队伍的外围群体中来，如人民网就设立了"人民来论"等板块，也会邀请高校老师等群体就一些专业话题进行评论。此外，还要重视党员、共青团员的力量，并对这部分网民评论员也进行培训，以便于网络评论工作的开展，例如一些基层县市就设立了"网评员"队伍，这些网评员并非专业媒体从业者，政府对这类群体加大组织力度和培训教育，从而让他们在互联网上理性发言、引导舆论。

三、形成网络评论协同机制

当搭建好了网络评论的主战场和外围阵地之后，如何实现更好的平台联动效果就成为网络评论员们需要关注的重点问题。

在形成网络评论包围圈的过程中，要注意以下几点。

首先，在评论工作准备过程中，网络评论员们需要对各个平台的特点及使用策略进行深入了解，建立应急机制。在应对重大主题、思想理论问题等的阐释和评论工作时，要明确各个平台的定位和角色。在网络评论工作的实际开展中，要各个平台多管齐下、协同合作。此外，网络评论工作团队还需要未雨绸缪，演练突发事件中的网络舆论引导和应急评论方案。当出现突发事件后，要确保网络评论员能够通过网络平台率先发声，占据舆论先机，并在后期通过新闻媒体网站等核心平台持续解读、发出权威声音。例如，2020年暴发的新冠疫情，主流媒体的网络评论员积极采取各种策略应对这一突发事件。如在疫情早期，各类主流媒体积极连线钟南山、李兰娟院士等专家学者，对于疫情期间"人传人"等民众普遍关注的议题予以权威回应，稳定民心。疫情中期，各类主流媒体评论员对民间的感人抗疫故事进行深度报道，抚慰人心。疫情后期，各类媒体对政府出台的"复工复产"等最新防疫政策进行及时跟进和解读，确保民众生活正常有序开展。又如2021年河南突发暴雨，各类主流媒体利用微信公众号、微博等社会化媒体平台即时报道抗洪救灾情况，并对刻意炒作、制造社会矛盾的谣言及时辟谣，引领了社会舆论。新华网还利用微博与河南分社记者进行连麦直播，为用户带去一线情况，积极回应民众关切。

其次，网络评论工作需要在实际工作中摸索前行，总结经验，确定平台间合作机制。网络评论平台间的合作模式不是一朝一夕可以形成的，而是要在长期的实践过程中慢慢探索适合每个平台的策略，以及在各类事件发生之后具体如何应对、如何实现平台之间的合作，在经验总结中搭建合作机制和具体框架。具体而言，同一个媒体在不同平台都会开设账号，甚至在同一平台会开设多个账号。例如，人民日报社在微信公众号上就开设了"人民日报""人民日报评论""人民日报政文"等多个评论类公众号。在事件发生后，各个账号会发表不同话语体系、评论视角、思考角度的评论，形成互动和包围圈，从而实现网络评论目的。

最后，网络评论工作团队应和各大网络平台建立合作机制，从平台角度对网络评论进行监管。微博、微信、各大论坛等平台为信息交流主体提供着中介服务和平台服务，掌握着平台服务板块的设置权力，也拥有监管平台信息的权力。许多平台服务提供商都会删控平台上的传播信息、封锁具体账号等，从而净化平台上的传播环境、维护平台运营秩序。网络评论工作团队应当和各个传播平台进行合作，当一些谣言信息、不实信息、恶意评论在网络空间蔓延时，网络评论工作团队应当与传播平台合作应对，合法处置这类评论信息，在根源上保障网络空间的天朗气清。

网络评论的主战场和外围阵地应该是一个圆，在主战场上核心宣传平台明确方针、站稳脚跟、全面统筹，外围阵地上的多种平台发挥优势、进行辅助、形成合力、各司其职，最终形成各大平台的联动协作，具体主阵地和外围阵地的平台分布详见图 7.4.2。

主阵地：新闻媒体平台、各大平台上的媒体号和政务号

微博、微信、论坛、门户网站、客户端、短视频、社交媒体

……

图 7.4.2 网络评论主阵地和外围阵地的平台分布

第八章

网络评论的呈现形式

网络评论大多借助于丰富多变的新媒体形式进行呈现，相较以文字为主的新闻评论而言，其呈现形式更符合新媒体环境下的内容特征和传播规律，更具有表现力、感染力和传播力。当前传播环境下，网络评论在传统的文字评论、图片评论、音频评论的基础上，又增添了互动评论、表情包、H5、小游戏、投票、弹幕评论等其他更具互动性和趣味性的呈现形式。

第一节　网络评论呈现形式特点

呈现形式的多样性是网络评论最为直观的特点。形式的多样性不仅赋予了网络评论更强的表现力和感染力，还使得网络评论的适应性和灵活性更强，网络评论的门槛和成本大大降低，能够适应多种平台和多元媒介环境，进而呈现出即时、泛在的特点。

一、多形式

新媒体环境下，网络评论有多种多样的呈现形式。新闻评论受到传播技术、版面、内容框架等因素的限制，呈现形式一般比较单一，而网络评论则充分运用新媒体表达方式，综合运用文字、图片、音视频以及更多新兴的表现形式，调动起人们的各种感官。

不同的形式在不同情境下往往也代表着不同的情感态度。文字类长评和短评一般用于传递较为严肃、正式的观点，而图片评论、音视频评论等形式则较为轻松、活泼。在不同的事件中，多种呈现形式交互出现，各表达主体的评论日趋个性化，极大丰富着网络评论的内涵与外延。

二、多媒介

网络评论的传播渠道呈现出多媒介的特点。在早期门户网站中，评论的传播主要依靠的是网站的"广而告之"；伴随着社会化媒体出现，评论的传播开始基于社会关系进行；而在智能技术深入传播各环节的今天，评论可以通过智能传播渠道更加精准地匹配到目标受众群体。传播渠道的多样化使网络评论的社会影响力得到提升，网络评论与现实社会的互动日益密切。

三、超链接

超链接的特征赋予了网络评论极强的连通性。超链接将不同形式、不同单元级别的网络评论链接在一起，进一步提升了网络评论表现形式的多样性，文字、图片、音视频等评论形式之间可以自由转换，使得网络评论可以综合各种表现形式实现立体、全面表达。同时，超链接的特征也意味着网络评论可以通过社交平台中的"分享"功能实现社交媒体信息传播，用户本身就可以进行网络评论的自由链接，这极大地拓展了网络评论的影响范围。

四、强互动

依托于互联网技术的网络评论天然就具有较高程度的互动性。互动延伸了网络评论的影响范围和价值链条。在互动的过程中，评论主体收到各种各样的反馈，对某一事件的评论发展成为一个集体的社会化生产过程。在集体讨论和集体创作的过程中，诸多网络评论或形成合鸣或产生分歧，在融合与冲突中，网络评论的意义不断深化，成为折射社会文化的透镜。同时，强互动性也意味着用户在网络评论过程中参与度更高、自主选择性更强。用户可以根据自身喜好或既有观念，选择参与或不参与网络评论内容生产、接受或不接受网络评论中传达的观念。用户成为网络评论的中心环节和关键变量。

第二节　文字类呈现形式

文字评论是最传统的评论形式。互联网时代，文字评论依旧是网络评论中最为常见的呈现形式。

根据篇幅的长短，网络文字评论可分为长评和短评。新媒体背景下，又出现了交互式评论，其中以跟帖评论最具代表性。文字表达的优点在于直接、明确、清晰，不容易产生歧义，但是文字表达的结构性很强，直观性不足，一定程度上影响了目标受众对内容的理解和接纳，要求受众具有一定的文化知识水平。下面将分别介绍长评、短评和跟帖评论三种网络文字评论的特点。

一、长评

网络长篇评论（简称"长评"）指的是篇幅较长、分析深入的网络文字评论，评论话题多为时事政治、经济动态、民生问题等重大社会热点问题。受到观看终端屏幕大小、网民阅读习惯等影响，网络长评篇幅通常在 500 字到 1500字。如人民网的"人民网评"平均篇幅为 1000 字左右、新华网的"新华网评"平均篇幅为 800 字左右。

目前的网络长评既包括新闻评论形式，如网络新闻评论、网络评论员文章、专业博客评论，也包括一些网络自媒体人就舆论热点问题发表的长篇评论（见表 8.2.1）。

表 8.2.1 网络长评类型

长评类型	具体定义	代表账号	特征
网络新闻评论	指某一新闻事件发生后，在网络新闻媒体上发表的评论文章	人民网"人民在线"、新华网"新华网评"、环球网、观察者网等	权威性强、专业性强、时效性强
网络评论文章	网民或网络评论员通过评论网站发表长文评论	凤凰网"凤凰评论"等	专业性强、观点正式、选题覆盖范围广
专业博客或论坛评论	网民或网络评论员在个人博客或论坛等网络媒体上发布的网络评论长文	强国论坛"深入讨论"版等	互动性强、具有鲜明的个人风格
自媒体网络长评	指的是自媒体人在微信公众平台或微博等自媒体平台上发布的网络评论长文	各类公众号上的评论文章	评论空间大、具有鲜明的个人风格、评论深入

与其他网络评论形式相比，网络长评在评论对象、评论体量和评论方式上具有特殊性，具体体现为以下两点。

第一，专业性强。网络长评需要用长篇幅文字论理，说服读者，因此评论者需要具有较强的文字表达能力和专业性。长评的内容也较多结合专业领域内的知识形成观点，论述较为深入。

第二，速度与时效性介于新闻评论与其他网络评论之间。新闻事件或舆论事件发生后，传统媒体受到出版及播出时间的限制，评论的及时性较弱。网络长评则不受此限制，内容经审核后便可随时发布。较短评、跟帖评论等其他网络评论形式而言，网络长评所需的事实依据更加翔实，所包含的信息量也更加丰富，同时需要经历编审环节，因此生产周期更长，生产速度相对较慢。

作为重要的网络评论形式，网络长评在以下场景中发挥着不可替代的作用。

第一，面临重大事件或议题，需要专业解读，深化影响。网络长评的重要使用场景包括配合重大新闻事件相关报道，或在党的路线、方针、政策等重大议题上发布专业解读，深化议题影响。如 2020 年两会期间，新华网开设"风雨无阻，奋勇向前——新华网 2020 全国两会大型融媒体专题"，在"两会特稿"专栏下发布《守住底线　稳中求进——从全国两会看"六稳""六保"如何发力》《如何为中小微企业"雪中送炭"？——两会之上看稳企业》《让孩子拥有更光明未来——两会之上谈教育》《共建共享大健康——两会之上看公共卫生治理》等一系列网络长评，响应国家政策和战略方针，深入阐述司法体制改革等重大议题的丰富内涵和重点，在网络和现实中引起强烈反响和热烈讨论。

第二，面临敏感问题，需要权威声音，引导舆论。我国正处于社会转型和发展的关键时期，一些社会问题、矛盾显露，时常成为舆论焦点。作为主流媒体网络评论的主要形态，长评需要在敏感问题中发布权威声音，客观、理性地对社会敏感问题进行评论，引导社会舆论的发展。如中纪委监察部在 2016 年 1 月 1 日开通微信公众号，定期发布和反腐、监管等相关的网络长评，如《你身边有人被问责吗？问责条例施行这一年》《从 176 起典型案例看失责必问成常态》《加强监督检查，打赢脱贫攻坚硬仗》等，直击官员失责等敏感问题，树立起较强的社会公信力。需要指出的是，对社会敏感问题的评论，应不止于批评和曝光，而是要以问题为导向，提出切实可行的解决之道，只有这样网络评论才是有建设性的。

第三，面临谣言或舆情危机，需要官方发声，还原真相。在社交媒体时代，网络谣言泛滥且肆意扩散。面对谣言，官方需要予以及时发声，还原真相，不能漠视失语。长评的信息含量和专业本色，使其成为回击谣言的主要方式。例如，中央网信办违法和不良信息举报中心主办了权威辟谣平台"中国互联网联合辟谣平台"（见图 8.2.1），平台上发布相关部门和专家的权威辟谣信息，这些信息多以长评形式呈现，以翔实、专业的评论，为广大群众提供了辨识谣言的渠道，发挥了积极的社会作用。

图 8.2.1 "中国互联网联合辟谣平台"网站主页

二、短评

网络短篇评论（简称"短评"）的评论形式篇幅较短，通常在 500 字以内，短评不一定具备所有的评论要素，但论点突出、观点新颖、论据充分。网络短评多出现于论坛、博客、新闻网站、社交媒体，评论对象广泛，评论形式更加多元。

相较网络长评，短评具有以下特点。

第一，发布速度和传播速度更快。相较网络长评，短评用更短的篇幅表达评论者的观点和看法，更符合网络传播"短、平、快"的传播特性，发布和传播的速度更快，尤其在突发事件中扮演着舆论引导"排头兵"的角色。

第二，评论题材和形式更加多元。通常网络长评的发布和审核较为严格，而网络短评的发布更加自由，评论的对象也更加广泛，既包括国家大政方针、重大政策与议题、社会热门话题，也包括小的社会现象、具体的热门事件等。此外，网络短评的评论形式也更加多元，可以采取图文并茂、文字和视频结合等形式，用生动形式来表达评论者的观点。

第三，网络短评往往需要和长评互相配合，相辅相成。作为网络评论的重要类型，长评所具有的权威性、专业性，和短评所具有的时效性、即时性，可以互相结合，在评论过程中相辅相成，实现既有速度又有深度、既有专业性又不失生动性的评论效果。

需要指出的是，不能因为网络短评篇幅较短就忽视它的重要作用。事实上，一篇优秀的网络短评需要用有限的字数表达出评论者核心的观点，字数虽少，但字字珠玑，要求评论者具有非常高的观点提取能力、语言表达能力、归纳总结能力和辩证分析能力。

三、跟帖评论

跟帖评论是从 BBS 论坛发展到社交媒体兴起而常见的一种评论形态，是一种短而精的网络评论形式，通常长度只有几句话，即时性和互动性极强，是网民参与网络评论的重要方式。

与网络长评、短评等呈现形式相比，跟帖评论具有以下特点。

第一，即时性和互动性强。网络长评和短评具有"立论"的特点，由评论者主动发声，而跟帖评论则是评论者（以网民为主）在某一既有评论下即时、自发地进行回帖，是对某一论点的回应，既可以是响应、理解和支持，也可以是针对评论提出反对意见。

第二，语句和观点呈现碎片化。大多数回帖都有字数限制，同时跟帖强调即时性、个性化，其内容通常凝练成简单的几句话。而且跟帖评论不需要具备新闻评论中的论点、论据、论证三要素，一句话、一个词语甚至一个表情符号就可以用来表达网民的观点。因此，跟帖评论中的语句表达和观点陈述往往具有碎片化的特征。

第三，感性化与情绪化并存①。网民跟帖评论中，既有理性的分析和评论，也有直接的情绪表达和宣泄。网络环境的匿名性导致很多评论的情绪宣泄属性更强。此外，网民跟帖评论的速度很快，思考的时间很短，当思考时间被大大压缩后，回帖内容容易受主观情绪影响。

第四，阶段爆发、快速发酵。跟帖评论是社交媒体原生的网络评论形式，以社交网络关系为传播路径，在传播速度上会产生"裂变式传播"效应，评论数量在网民"一来一回"的互动中以几何级数增长。一个热点事件往往会在非

---

① 殷俊，孟育耀.论新媒体言论的基本特征及传播转型［J］.国际新闻界，2012（12）：14.

常短的周期内引起大量网民发帖、回帖，网民意见爆发式涌入，带来舆论的快速发酵。

第三节　图片类呈现形式

在新闻评论中，图片类呈现形式与文字相配合，能增加评论的趣味性和直观性，吸引网民的关注和阅读。而在网络评论中，对图片类评论应用更为广泛，其表现形态更多元、搭配方式更灵活、内涵表达更丰富，成为仅次于文字类评论的第二大类网络评论形式。其中，表情包更是为图片类网络评论增添了生产活力和传播潜力，以表情包表达观点和情绪成为备受年轻人追捧和喜爱的方式。

一、新闻图片

新闻图片，常配合文字被用于评论当中，以进行补充说明。在社交媒体中，微博等平台允许用户在转发或评论时添加图片，进一步拓展了图片评论及图文混合评论的应用场景。

社会热点事件发生后，纯文字的网络评论往往不能直观地满足受众的信息需求。互联网所支撑的信息传输环境使视觉化信息得以以更低的成本应用在评论内容中。一些网民甚至秉承"无图片、无真相"的观念，表明图文并茂的评论呈现方式成为网络评论的常态，也体现出新媒体环境下网民对评论信息丰富度和信息含量的要求提升了。

新闻图片应用于网络评论中一般呈现出以下特点。

第一，与文字评论配合使用的频率高。一般而言，图片传递出的是更直观的视觉化信息，比如事发现场动态。但仅有图片，无法准确传递出评论者想要表达的观点或传达的信息。与文字搭配使用，能够增强图片评论的准确性和说服力，同时也能够为纯文字评论增添真实性和现场感。图文混搭式评论是网络评论中最为常见的呈现形式之一。

第二，紧跟热点、时效性强、可信度高。网络评论的重要特征之一就是生产周期短，需要针对最新发生的社会时事快速反应、做出评论。新闻图片本身带有较强的时效性，较文字评论而言生产周期更短。在网络评论中运用新闻图片，能够让受众第一时间直观了解现场动态，能够提升评论的可信度。

第三，表达直观，影响范围更广。图片评论传递着视觉符号、蕴含着丰富的信息，能带来更为直观的感官刺激。相较于文字评论而言，其理解门槛较低，目标受众更广。比如《人民日报海外版》这一篇《入乡随"服"，美景美服美不胜收》系列评论，就呈现出了浙江横店、云南丽江、河南洛邑古城等地人们穿着传统服饰进行游玩、拍摄的情景（见图8.3.1），这些图片配合文字，让读者更加一目了然，直观上感受到了传统服饰的魅力。该评论被人民网文旅体育版、人民论坛网等平台转载。

图 8.3.1　《入乡随"服"，美景美服美不胜收》配图

二、漫画

漫画在新闻评论时代就是重要的评论形式。自 1922 年开始，美国新闻界最高荣誉奖——普利策新闻奖正式设置漫画创作奖。中国许多报纸都设置了漫画版面，通过漫画对社会热点事件或政治事件进行评论。《中国日报》于 2001 年 7 月 18 日正式开通中国新闻漫画网。2009 年，中国新闻奖中首次出现网络漫画（见图 8.3.2）。

图 8.3.2 中国新闻漫画网部分评论漫画

近年来，随着评论"读图时代"① 的到来，漫画评论形式的重要性不断提升。诙谐幽默的漫画图片可以生动形象地传递观点，同时又意味深长，往往具有较强的教育性和启示性。图 8.3.3 为光明网评论频道光明时评的《漫话天下》栏目，该栏目就以"漫画+短评"的形式展开网络评论，形式新颖，广受好评。

图 8.3.3 光明时评的《漫话天下》栏目

---

① 杨娟.网络与新媒体评论［M］.北京：北京大学出版社，2015：81.

漫画作为网络评论的重要形式，具有以下特点。

第一，生动形象，寓庄于谐。相比于文字评论，漫画作为形象化的图片评论形式，对事件或者现象的解读具有生动性、直观性。优秀的漫画评论，能够在简单的构图中表达出作者的思想、情感、态度，集"新闻性、艺术性和评论性于一体，形象生动，寓庄于谐"①，让读者通过漫画深入体会评论者的观点，在评论者的带领下，洞察社会现象，领悟其中的道理。

第二，观点鲜明。漫画是进行艺术加工后的评论形式，直观而又深刻地表达出作者内在的思想观点。相较普通的新闻图片，漫画新闻的含义会更加尖刻、突出，起到一针见血、画龙点睛的作用。

第三，吸引眼球。互联网时代是"注意力经济"时代，这对网络评论的表现力提出要求。相较于文字信息，色彩丰富、直观生动、具有趣味性的漫画更"吸睛"并为人们所接受。

三、表情包

网络表情包通常由字符、图形、文字等视觉要素组成，以图像为核心元素，直观表达网友的情绪。网络表情包是网民交际的内在心理表达和审美需要，更是新一代网民在线上交往中寻求身份认同和个性化表达的需要。从键盘符号到卡通抽象表情，从静态图片到 GIF 动图，从动画到视频短片，网络表情包的形态经历了从抽象到具象、从静态到动态、从单一到多元的发展过程。

利用表情包进行网络评论，指的是网络评论员在对事件的回应过程中，利用静态或动态的表情包进行交流，表达情感、态度和观点。表情包是一种极具情绪化的呈现形式。要解读表情包的真正意义，并不能单靠常识性的视觉经验直接理解其表情的直观含义，往往需要借助特殊的事件背景或文化经验来理解其传达的某种情绪，及其"隐喻"的某种文化现象。表情包越来越多地被运用于社交网站上的热点事件讨论，如在 2021 年东京奥运会期间，人民日报微博曾创作过一组"中国健儿的 Q 版表情包"，将运动健儿的标志性动作通过动漫的方式趣味化表达，引发大量传播（见图8.3.4）。使用奥运健儿表情包的过程中，网友们表达着对奥运健儿形象的喜爱，在趣味性极强的传播过程中，也传递出网民们质朴的爱国主义情感。

---

① 周俊欢. 读图时代基于受众心理的新闻漫画评论功能探究［J］. 新闻知识，2013（11）：97-98.

图 8.3.4　2021 年东京奥运会举重冠军巩立姣表情包

作为网络评论呈现形式的表情包具有以下特点。

第一，形象性强。网络表情包作为一种象形符号，以丰富的形象神态生动直观地展现了网络评论的立场和态度，视而见意，容易理解。通过运用象形特征很强的示意符号，网络评论者想要表达的情感和观点可以被形象地呈现出来。

第二，情感性强。网络表情包中绝大多数都是用来表现交际中的喜怒哀乐等情感情绪状态。如果说文字在网络评论中更适合用于理性分析，那么网络表情包则能为网络评论工作者增添一种感性色彩①。

第三，具有辅助性。网络表情包的辅助性主要体现在两个方面：辅助文字叙述，辅助情感表达。网络表情包的评论形式能够辅助文字表现交流中的表情、动作和体态，帮助建立认知或形成评论观点。

第四，娱乐性强。网络表情包很大程度上消除了受众的视觉和心理疲劳，给评论增添了一种幽默娱乐效果，缓解了文字表达的呆滞与枯燥。一些较为沉闷的评论话题会因网络表情包的存在而轻松，也更容易被受众所接受。

需要注意的是，很多网络表情包具有极强的隐喻性和调侃色彩，因此在使用前要了解每个表情包的真正含义和使用场合，并选择合适的平台和话题予以使用。

四、信息图表

信息图表将原本分散的信息、数据加以整合，通过一目了然、可视化效果好的图表予以呈现，通常包括图表、图解、地图、数据列表等形式。信息图表

---

① 田丽芳. 网络表情符号分析［J］. 价值工程，2014（06）：200-201.

能够为评论提供更加直观、形象的数据支持，为评论说理提供信息依据，方便受众快速获得更多信息，增强评论内容的可信度和说服力。

如在2021年10月，国家统计局发布前三季度国民经济运行情况之后，新华网使用图表的方式发布《持续稳健复苏！前三季度中国经济同比增长9.8%》（见图8.3.5），直观、生动地将数据展示出来，并且在数据的归纳总结中得出一定的结论①，评论的可读性和可信度都得到了提升。

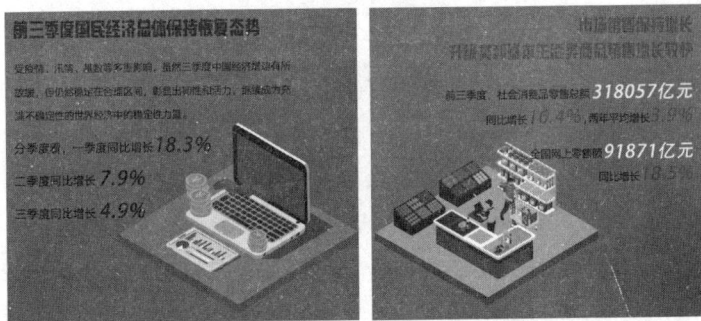

图8.3.5　新华网《持续稳健复苏！前三季度中国经济同比增长9.8%》节选

信息图表作为网络评论的新型呈现形式，具有以下特点。

第一，数据说理，具有严谨性、可信度。信息和数据是信息图表的核心，可被用作评论内容的辅助说明，利用数据直观呈现客观情况，使得说理更有说服力和可信度。

第二，图表内文字信息和数据信息往往相互配合，评论直观易理解。信息图表通过数据可视化方式对原本分散的信息和数据加以整合、集中呈现，辅以简练的文本标注，给受众以必要的提示，大大降低了受众对数据的理解成本，使得评论信息丰富且有序、严谨又易懂。

第三，信息图表往往易于扩散，传播效果较好。信息图表以图片、图解、图表等形式存在，在社交媒体环境下经转发、分享更容易扩散。一些评论者为避免他人侵犯其知识产权或对其信息图表予以歪曲性的二次加工，对信息图表编辑权限做加密或添加水印，通过管理信息图表在后续传播中的可编辑性，保证信息传播的准确性。在信息传播准确性上，图片类评论相较文字类评论具有更强的自主性。

---

①　新华社. 持续稳健复苏！前三季度中国经济同比增长9.8%［EB/OL］. 新华网，2021-10-19［2022-01-30］. http：//www.xinhuanet.com/video/sjxw/2021-10/19/c_1211409790.htm.

第四节　音视频类呈现形式

由于互联网的多媒体特征，音视频类内容成为当前网络评论语言的重要形式之一。移动技术和 4G、5G 网络的发展，更使音视频类呈现形式在手机、iPad 等移动端获得了显著的传播效果。

随着互联网传输性能的提升，特别是随着移动互联网的发展，音视频内容得以广泛出现在网络评论中。音视频类呈现形式可以分为歌曲、动画、短视频、专题片和网络直播等。虽然都是运用音视频在网络上表达观点和态度，但由于平台和内容展现方式的差异，不同的音视频呈现形式在评论重点、评论对象和评论效果上有着截然不同的特点。

一、歌曲

作为网络评论的歌曲，是指结合最新热点事件或流行现象，网民创作歌曲或对大家耳熟能详的某些歌曲进行歌词再创作，从而反映创作者及改编者的态度和观点。这是一种极易产生病毒式传播效果的网络评论形式。

《做人别太 CNN》是具有代表性的原创类歌曲网络评论。在美国有线电视新闻网（Cable News Network，CNN）对西藏"3·14"事件进行歪曲报道后，网络歌手慕容萱创作了歌曲《做人别太 CNN》予以回击，歌曲被广泛流唱。歌词"CNN 信誓旦旦，一切真相都在里面，而我渐渐却发现，这竟是欺骗"表达出了创作者对于 CNN 歪曲报道西藏"3·14"事件的不满和讽刺，网民对该曲的转发和传唱，便是对原作者观点和态度的认同和声援。

歌曲类网络评论呈现形式具有以下特点。

第一，形式新颖，朗朗上口，易于传播。歌曲具有朗朗上口的特征，极易被网友传唱或分享。尤其是改编歌曲，往往具有极高的传唱度，好的歌词改编能够让听者快速记住，传播歌曲。人们传唱歌曲的过程，实际上也是一种转发评论的行为，会激发人们对歌词观点的思考，形成良性互动。

第二，歌词具有一定论证过程。歌曲评论强调对歌词的创造与再造，歌词通常具有一定的逻辑论证过程，体现写词者对于事件的评论态度。通常来说，歌曲"旋律适合作者观点的表达，这种旋律不仅表达了态度，其起伏变化、强弱演绎自然也起到了一定的论证作用"①。

第三，门槛较低，良莠不齐。在音频视频类网络评论呈现形式中，歌曲改编是门槛较低的一种形式，数量也较多。但在众多的带有评论属性的歌曲中，真正的精品评论数量并不多。许多歌曲会以恶搞形式出现，内容也较为粗俗，这类歌曲往往昙花一现，无法对社会舆论产生有效的影响。

二、动画

近年来，动画这一网络评论形式逐渐兴起，其中较具代表性的网络评论类动画有国内漫画作家逆光飞行创作的国民历史普及漫画《那年那兔那些事儿》（见图 8.4.1）。这部作品从 2011 年出品后就因为诙谐的画风和引人入胜的动物形象活跃于各大论坛，颇受关注和好评。

图 8.4.1　《那年那兔那些事儿》动漫

值得注意的是，并不是所有动画都可以被纳入网络评论范畴内，具备网络评论属性的动画须是针对国家方针政策、社会时事、社会现象等进行内容创作，并在创作过程中表达出创作者的观点和态度。

作为网络评论的呈现形式之一，动画具有形象性、娱乐性、艺术性、受众年龄跨度较大等特点。

第一，形象性。动画和漫画，具有一定的相似点，都是将抽象的说理转为具象的呈现形式，通过简洁、生动、形象的动画人物来传播评论内容，传达创作者的观点和态度。

第二，娱乐性。动画是人们消遣娱乐的重要方式之一，通过动画来对热点事件、时事动态等进行评论，将评论的思想性和娱乐性相结合，能够更好地吸

---

① 马玉洁. 歌曲"恶搞"：网络新闻评论的新形式 [J]. 青年记者，2010（8）：70.

引受众目光，让读者在接收意见性信息的同时获得趣味与欢乐。新媒体时代，人们的娱乐本能被大大激发，人们对动画等动态图像、影视的需求增多，也越来越习惯通过动画等形式接收评论信息。

第三，受众年龄跨度较大。大多数评论形式对受众的阅读和理解能力有着一定的要求，动画的受众门槛则相对较低，低年龄层的受众也可以看懂动画及动画所想传达的内容，使得评论的受众群体年龄跨度增大。

三、短视频

短视频是碎片化阅读趋势下诞生的一种新型网络内容形式，近年来也逐渐被应用于网络评论工作中，涌现出了一批具有影响力的短视频评论创作者。短视频内容精练，能在几分钟甚至十几秒钟内讲完一个颇具深意的故事，阐释让人深思的道理。随着网络直播、短视频网站等视频应用的兴起，网络评论的发展逐渐从图文形态过渡到视频形态，成为"行走的种草机"①。

目前，抖音短视频、快手、西瓜视频、B站等视频平台，已经吸引了自媒体人、学者、传统媒体人等不同身份属性的短视频创作者入驻，他们构成了网络评论的新兴力量。例如，中国政法大学罗翔教授常以短视频方式对社会热门话题进行法学领域的分析和评论，往往获得较好的传播效果（见图8.4.2）。

在短视频中尤为流行的Vlog形式也成为许多评论者深入观察社会现状、展开网络评论的重要

图 8.4.2 "罗翔说刑法"抖音账号页面

形式，即在这种亲身经历、动态展现中以更具亲和力的姿态对社会事件发表评论，这种形式往往能获得可观的传播效果。比如，B站央视新闻账号发布记者王冰冰的"东北乡村一日游"Vlog视频（见图8.4.3），生动展现了东北农村小康社会的繁荣图景，截至2023年7月总播放数超过127万次。

---

① 赵曙光主编．网络评论蓝皮书：中国网络评论发展报告（2019）［M］．北京：社会科学文献出版社，2019：9-10.

图 8.4.3　B 站央视新闻账号推出的记者 Vlog
《逛吃又跳舞！王冰冰体验东北乡村一日游》

作为网络评论的一种新形式，短视频评论往往具有以下特点。

第一，制作门槛低，但优质内容成本高。相较其他音视频类呈现形式，短视频可以随拍随传，成为用户原创内容的重要组成。但是优质的视频内容需要创作者的创新，如果想要扩大影响力，需要创作者精心策划、精良制作以提升内容质量，同时还要定期制作、稳定输出以确保内容生产可持续，这无疑对优质内容的生产成本提出了更高的要求。

第二，创作者个性化色彩突出。相较其他音视频类评论，短视频的制作多为个人或者团体，创作者需要在拍摄过程中掺入较多的个人思考和情感。这些个性化色彩构成了评论者的独特标签，能够形成粉丝效应，促成社群传播。

四、视频专题片

专题片是运用纪实的记录手法，对社会生活的某一领域或某一方面，给予集中的、深入的报道，内容主要围绕某一主题开展，展示形式和信息丰富，创作者往往会借此或直接或间接地表达观点。专题片有纪实性、艺术性、故事性和节奏性等重要属性①，通常时长较长，从半个小时到一个半小时不等。传统媒体时期，许多专题片就承担着说理、评论的重要功能。在新媒体时代，专题片从传统电视屏幕走向网络平台，一些网络自制专题片也不断涌现。

央视网《纪实》栏目就收录了许多优秀专题片，如大型反腐专题片《永远在路上》（见图 8.4.4），反映了党的十八大以来中国共产党在习近平总书记的领导下全面从严治党、反腐惩恶的过程及重要举措。专题片列举了苏荣、白恩

---

① 李显宏. 电视专题片的创作认识［J］. 中国报业，2012（11）：88-89.

培、吕锡文等多个领导干部违纪违法的典型案例，针对这些案例进行深入点评和分析，警示教育党员领导干部坚持为人民服务的初心、严守政治纪律和政治规矩、筑牢理想信念的根基，加强广大人民群众对党的信心和信任，为全面从严治党营造良好的舆论氛围。

| 剧集列表 | 分集剧情 | 精彩看点 | 我要评论 |

选集列表　图文选集

| 《永远在路上》第八集 标本兼治 | 《永远在路上》第七集 天网追逃 | 《永远在路上》第六集 拍蝇惩贪 | 《永远在路上》第五集 把纪律挺在前面 | 《永远在路上》第四集 利剑出鞘 |

| 《永远在路上》第三集 踏石留印 | 《永远在路上》第二集 以上率下 | 《永远在路上》第一集 人心向背 |

图 8.4.4　央视网《永远在路上》反腐专题片

结合《永远在路上》等专题片，总结专题片这一网络评论呈现形式的特点如下。

第一，话题严肃，内容深入。通常来说，较其他音视频类评论形式，专题片通常由传统媒体或专业视频制作团队制作，制作周期和审核周期较长，播出平台的筛选条件更严苛。专题片通常涉及相对严肃的社会话题或涉及政治、经济等关乎国计民生的议题。在内容制作时，专题片不是点到即止的表面介绍或简短评论，而是会围绕主题进行全面介绍和深入分析。

第二，主题鲜明，积极向上。专题片的制作往往需要一个成熟的制作团队，而在创作之前，创作者需要对主题进行确定。由于专题片主要对社会政治、文化、经济以及历史等方面进行记录和评论，创作者在创作初始就要把好政治关、内容关，确保影片符合主流价值导向，对社会产生正面的引导作用。

第三，注意细节描写。专题片往往是深入的解读和评论，这就需要大量客观真实的历史细节做支撑，以起到渲染气氛、影响观众、启发思考的效果。

五、网络直播

网络直播平台是一种新的信息传播与人际互动的载体和平台，日益成为人们展示生活、发表评论的重要途径。

截至 2024 年 6 月，我国网络直播的用户规模达 7.77 亿，网民使用率达到 70.6%①。伴随网络直播的兴起，利用网络直播发表观点正在成为网络评论的重要方式。

网络直播评论形式分为两种：第一种是在主流新闻媒体网站上，针对重大政治事件或社会热点设置的"直播间"。如 2021 年全国两会期间，中国网、CCTV 等媒体在其官网上设置了特别节目"两会直播间"（见图 8.4.5）。通过官方报道和记录的直播形式，让网民可以同步跟进两会的进展，并且通过直播发表媒体评论观点。

图 8.4.5　中国网 2021 年两会直播页面

第二种直播形式则是在各大直播平台上，由评论员或普通网民就近期社会热点、新闻事件、舆论现象等发表评论，表明观点。目前，许多政府官员、媒体记者也加入了直播大军中，网络直播已经成为政府舆论引导、媒体网络评论的重要方式。

通过网络直播进行的网络评论，具有以下特点。

---

① 中国互联网络信息中心. 第 54 次中国互联网络发展状况统计报告［R/OL］. 2024-08-29［2024-09-30］. https：//www. cnnic. net. cn/NMediaFile/2024/0911/MAIN1726 017626560DHICKVFSM6. pdf.

第一，具有极强的即时互动性。相较其他音视频类网络评论呈现形式，网络直播是可以在线即时互动的评论类型。评论者可以和广大的网民进行即时的沟通和交流，网民的意见和反馈也成为评论内容的重要来源。评论内容及其发展在评论者和网民的互动过程中最终成型。许多政府机构、媒体记者、专业评论员主动采用网络直播的方式来和网民进行沟通，就是看中了网络直播平台能够即时获得网民的意见反馈，可以实现和网民之间更加畅通的交流。

第二，节目随意性较强。在网络直播中，主播可以较为自由地表达观点和态度，随意性较大。同时直播具有即时性，多个平台、成千上万的网络主播在同一时段进行直播，给网络内容审核工作带来严峻挑战，让一些随意评论、非理性发声行为获得空间。

第三，低俗化问题突出。在以流量为导向的传播逻辑和变现逻辑下，不少直播平台为了吸引观众注意、刺激观众消费，默许甚至鼓励主播以低俗的表演形式和内容吸引人的眼球，乱象频出。一些主播在直播平台对某些社会热点问题进行网络评论时，为了哗众取宠，使用夸大、低俗化的语言内容和肢体动作，这都使得网络评论效果大打折扣。

第五节　其他网络评论呈现形式

除了上述网络评论形式外，新媒体传播技术的发展带来了网络评论呈现形式的持续创新，涌现出 H5、小游戏、弹幕评论等新形式，后者因其独特性，迅速赢得了许多网民的青睐和关注。

一、H5

H5（即第五代 HTML），指的是利用 H5 语言制作的数字产品。H5 最显著的优势是跨平台性，"H5 搭建的站点与应用可兼容 PC 端与移动端、安卓与 iOS、Windows 与 Linux，打破它们之间各自为政的局面"[①]。由于 H5 的兼容性和跨平台性，许多短动画、短视频等内容都会结合 H5 来进行传播，也让相关评论易引起大规模的社会反响。在参与互动、分享的过程中，受众表达着自己的相关态度，促进了网络评论的社会化生产和评论观点的病毒式传播。

---

① 张雯. 基于 H5 技术的网络多媒体作品创作［J］. 美术大观，2015（12）：142-143.

如 2020 年 10 月芒果云客户端发布的作品《一张照片背后的这七年》，聚焦精准扶贫，从 2013 年习近平总书记考察湘西十八洞村提出"精准扶贫"重要论述时的一张现场照片出发，深入寻访照片中的十几位村民在 7 年里的生活变迁，通过 H5 的形式，结合 40 张照片、12 个故事、1 个短视频展现出扶贫工作给十八洞村带来的巨大变化，作品获第三十一届中国新闻奖一等奖。在简单的互动中，用户即可体会到十八洞村翻天覆地的变化，体会到中国扶贫事业的伟大成就。

H5 这一新兴的评论呈现形式，具有以下特点。

第一，适应手机"微传播"。H5 评论能够很好地适应移动端微传播的趋势与需求。H5 可以通过微信推送及朋友圈转发等方式来进行传播，适应移动终端的传播模式。

第二，可视化效果好。H5 往往含有动态图像、背景音乐等多种媒介形态，评论表现形式丰富，可视化效果好，容易吸引人们的注意力。这对海量信息传播环境下网络评论的有效性至关重要，能够实现传播资源的高效利用，避免产生不必要的资源浪费。

第三，评论内容较为精练。由于形式原因，H5 上以彩色图片为主，再配合以少量文字。少量文字的形式使得网络评论者在使用 H5 这一形式时必须注重文字内容的精练表达，以有限文字准确表达出所要传达的思想和观点。

二、小游戏

近年来，随着移动技术和多媒体交互技术的不断发展，"寓教于乐"型的小游戏出现。轻便化、易传播的小游戏很好地融入了以社交媒体为主导的网络内容生态中。一些小游戏能够以社会时事为背景题材设计出来，展现了制作者的观点和态度，成为网络评论的一种新型方式。

如 2021 年 6 月建党百年之际，人民日报新媒体推出益智闯关小游戏《队伍在壮大》，游戏设置重重关卡，再现了共产党创立过程中遇到的障碍和困难，玩家在闯关中回望中国共产党百年征程（见图 8.5.1）。小游戏不仅具有趣味性，在游戏的过程中还实现了对于红色历史的传播，表达出制作者想要激励人们不忘初心、继续奋斗的初衷。

小游戏网络评论兴起的时间并不长，但其所具备的互动性、趣味性已十分显著，十分适合移动端微传播。

图8.5.1 人民日报《队伍在壮大》小游戏

首先，小游戏形式具有吸引力，寓评论于游戏内容之中。小游戏往往设置多个关卡模式，例如《队伍在壮大》就有20个小关卡，用户一路前行收集齐拼图才能通关。这种游戏化的形式设置，能够通过吸引人的激励机制不断让用户玩下去，用户在一边游玩的过程中一边接受着游戏设计者发布的关于"党的一大""新中国成立""改革开放""建党百年"等20个重要历史事件的评论内容。这一形式能够让游戏主题相关的评论内容广泛传播，实现较好的传播效果。

其次，小游戏的用户互动性很强。小游戏这一评论呈现形式注重和受众的沟通和交流，十分强调用户体验，能够有效地"抓住用户"，同时也能在游戏进程中，不断收集用户反馈，间接体察用户需求或既有观念，能够为网络评论和舆论引导工作提供依据。

最后，以包围式环境增加趣味性。小游戏可以创造包围式、浸入式的游戏环境，建立情境并将用户纳入其中、身临其境，大大增加了评论本身的趣味性，能够达到寓教于乐的效果，并在潜移默化中实现评论效果。对于许多受众来说，刻板的评论形式已经很难吸引他们的注意力和兴趣，而小游戏的趣味性使得受众愿意主动接近评论、接受评论。

三、弹幕评论

弹幕这一评论形式主要出现在 AcFun 弹幕视频网站（简称"A 站"）、bilibili 弹幕视频网站（简称"B 站"）等弹幕视频网站或在线视频网站。

弹幕评论是针对音视频进行的文字表达，以直接悬浮在视频页面上的形式（类似滚动字幕）呈现，通常字数不多，寥寥几句。众多的弹幕组合在一起会在音视频页面上形成一个舆论场域，弹幕数量过多时甚至会直接盖过视频本身的内容。作为一种新兴的评论方式，弹幕受到广大网友的青睐，呈现出以下特点：

第一，互动性极强，在互动过程中容易形成意见激荡。弹幕评论本身是网友对音视频类评论的回应和互动，而在弹幕区其他网友的评论内容也会成为网民评论和互动的内容对象。因此，弹幕区中常见针对某一事件或观点的互动以及不同意见之间的争论。

第二，弹幕评论的情绪性较强，需要合理引导。弹幕区是当前网民自由表达观点的重要平台，一些网民会发布带有情绪宣泄性的评论内容。评论工作者需要重视对弹幕评论的引导工作，建立弹幕发布规范，避免过激的情绪和不理性的言论占据弹幕评论区。

第九章

网络评论与舆论引导

传统媒体时代，社会热点议题往往由政府和媒体单位进行设置，社会议题的选择和社会舆论的引导相对较为容易掌控。然而，新媒体的快速发展使得媒体环境发生结构性变化，一方面，微博、微信等社会化媒体平台成为思想文化的集散地和社会舆论的扩音器，不仅政府和媒体设置社会议题，公众也通过网络平台进行话题讨论；另一方面，由于互联网开放、互动、即时的传播特性，公众对社会热点问题的意见可以进行快速的传播和聚合，形成社会舆论并对现实社会施加影响。因此，本章将在梳理网络评论与网络舆论关系的基础上，探讨不同时期网络舆论的发展特征以及引导策略，为更好地利用网络评论引导网络舆论，促进社会治理，形成良好的网络空间提供建议。

第一节　网络舆论与网络评论

网络舆论是网民在互联网平台中，对社会热点事件所表达出的相似或共同的意见。在个体意见表达和社会广泛讨论的过程中，需要有充分的言论自由与观点的自由交锋，互联网的开放性、互动性、平等性等特征，满足了这一需求。

一、网络舆论的特征

相较于传统舆论来说，网络舆论作为一种特殊、崭新的舆论形式表现出了一些不同特征。

一是信息发布的快捷性与海量性。传统舆论受到出版周期、版面、编辑时长等因素的限制，在信息发布上具有较长的时间周期。同时，传统媒体的传播渠道被新闻发布者所控制，普通用户并不具备信息发布权。而互联网平台中的每一个用户都可以成为信息的发布者，同一个时间节点内可以产生大量信息，信息发布的便利与快捷使得互联网新闻处在动态更新中，使得舆论信息具有海量性特征。

二是参与方式的自由性与交互性。传统的舆论中，受众是被动的信息接收者，信息传播者发布的内容决定了受众接收的内容。而互联网时代，网民不仅可以自由发表自己的看法和观点，人与人之间没有严格的等级区分。同时网民也可以对他人的言论进行回复和反馈，信息传播者可以通过网络得到的意见和反馈了解公众观点。

三是舆论内容的丰富性导致的复杂性。互联网舆论的前两个特点导致了网络舆论内容的丰富性和复杂性，在这个自由的空间内，各种文化形态、思想意识、价值观念、道德规范都可以在其中发表，这一方面扩充了网络信息，带来了不同观点的交锋，使得各种立场的人都可以找到自己的阵营；但另一方面，内容的丰富性也带来了网络舆论的复杂性，为互联网舆论的管理和引导带来了新的挑战。

二、网络评论在网络舆论中的作用

（一）正确的网络评论引导正向的网络舆论

新闻活动必须坚持正确的舆论导向，新闻评论既是新闻宣传的重要组成部分，也是网络评论的重要支柱。一方面，新闻媒体要针对广大群众所关心的社会热点问题进行剖析，引导舆论；另一方面，也需时刻关注社会上的各种思潮，对于错误的、混乱的舆论思潮进行答疑解惑，对社会形势进行正确判断，抚平社会情绪，促进社会治理。为此，新闻评论作为"新闻灵魂"在舆论引导与社会治理中扮演着十分重要的角色。

目前，在我国，舆论导向问题的复杂性日益凸显，更加需要正确的网络评论来引导，实现意识形态的协调统一，以保持社会的稳定和谐。如《人民日报》发布的《整治不良"饭圈"，打破"流量"怪圈》评论在多家评论网站上传播，文中指出不良"饭圈文化"有愈演愈烈之势。一些青少年粉丝受到裹挟，在追星的路上完全丧失理智。不良"饭圈文化"的恶性发展已经给青少年的健康成长和公序良俗造成了负面影响，亟须各方面持续不断对其进行合力整治。这篇评论有效促进了"饭圈"恢复良性发展，促进青少年群体理性追星，并一定程度上映照了《饭圈十项管理条例》的出台，促进"饭圈文化"有序发展。

（二）网络评论丰富性促进舆论监督功能发挥

网络评论的丰富性可以促进媒体发挥舆论监督功能，使得更多的社会议题被看见。大多数事件在开始时期并未引起媒体关注，但在网民们自发的评论、转发、扩散的过程中使得传统媒体开始介入其中，并针对社会热点议题发表意见，对一些不良社会现象进行治理与引导，而丰富的网络评论正是在这一过程中发挥了舆论监督功能。

如 2022 年初，西安一段丈夫家暴妻子视频在互联网空间中被网民大量扩散，在网友的呼吁中主流媒体挖掘此事，如人民网就在评论中强调"家暴的本质就是故意伤害，家暴一旦发生，就不再是家事，对家暴必须零容忍！"，同时也呼吁各界参与到反对家暴的进程中，"加大对于受害者的舆论支持、法律帮助以及心理疏导等。进一步加大法律制度供给，降低受害者维权成本。只有凝聚更广泛的社会共识，机制上形成合力，才能筑起反对家庭暴力的坚强防线。希望正在遭受苦痛的人们都可以鼓起勇气开始新生活"。在这一事件中可以看到，主流媒体可以从网络舆论中关注到社会议题、总结出最能引导舆论导向的评论性文章，并挖掘出新闻的深度和新闻事件背后的价值、解决背后的问题。同时，政府相关部门通过网络评论与群众进行对话，有利于相关部门研究网民思想动向，有助于进行有针对性的舆论引导和决策行为，在这一层面上，网络新闻评论也发挥了舆论监督的重要作用。

（三）网络评论主体多元化助力舆论引导功能完善

一方面，受益于互联网的开放性与互动性，网民的观点和意见能够更加容易地形成舆论风潮；另一方面，传受之间的平等性使得互联网当中的意见领袖在网民的评定与追随中诞生。互联网中的意见领袖的舆论引导能力逐步显现，其舆论引导能力可能比传统媒体更强，也更容易被网民所接受。2020 年初，新冠疫情暴发，各类负面舆情使得整个社会人心惶惶，关于疫情是否存在传染扩散现象一直未有定论，各类媒体莫衷一是，群众在恐慌心理和不安全感的作用下在互联网空间内传播大量谣言，导致次生舆情不断。此时，钟南山院士率先发布声明，称疫情存在"人传人现象"，其相关视频在微博、抖音等社会化媒体中迅速扩散，使得中国群众在疫情早期佩戴口罩、主动居家隔离，防止了疫情的进一步扩散。钟南山院士作为医疗健康领域的"意见领袖"，其发布的正确评论在疫情期间起到了舆论引导的正面作用，对各类谣言给予有力一击。

第二节　舆论形成早期特征及网络评论引导策略

区别于传统媒体时代舆论传播形成机制，互联网最大的特征在于信息传播技术带来的时间维度和空间维度上的变化，主要呈现网络舆论传播速度更快，空间更为集中，这要求网络评论工作者在舆论形成早期，就第一时间做出回应，一方面迅速成立相关小组，查明真相；另一方面寻找相应话题的"意见领袖"，消除误解，聚合民意。

一、网络舆论早期特征

（一）舆论主体复杂化，舆论信息海量化

一方面，舆论主体的复杂化是指参与网络舆论的可以是任何人，互联网发布信息的便捷性特征赋予了普通民众在互联网上发声的权利。另一方面，舆论主体的动机也十分复杂，网民出于正义感、道德感、社会责任感等因素，或纯粹的跟风、起哄、围观等参与到网络舆论中，成为舆论主体的一部分，并参与到网络舆论的生产、传播与扩散的过程中。由于互联网的裂变性特征，会导致舆论话题的信息异常庞大。

（二）舆论客体多样化，关注目标焦点化

舆论客体也称为舆论对象，是指社会舆论所涉及的相关话题。互联网传播中，由于其开放性、互动性的特征，舆论客体相较于传统媒体时代要更加多元。贪污腐败、明星绯闻、食品安全、重大突发事件、国际争端、社会思潮等，只要是网友感兴趣的话题或事件，都可能进入公众视野成为舆论的热点。但与此同时，在多元化的讨论中，舆论客体也呈现出聚焦特征，网民讨论次数最多、意见最大、反响最强烈的往往是最直接影响到广大网民切实利益的社会问题，如医疗、就业、教育、环境等民生问题以及贪污腐败等公众深恶痛绝的社会丑恶现象。

（三）舆论本体情绪化，意见表达非理性

舆论本体是指关于舆论话题表达的观点和意见。在传播权力下放的互联网时代，网民的意见表达不需要专业背景的加持，在社会性话题面前拥有自由抒发看法和情绪的权利；同时，互联网空间的瞬时性、自由性和开放性特点，导致了深度表达的缺失和碎片化内容的呈现。因此，网络意见大多是直观、感性、情绪化的，而不是经过深思熟虑的理性表达。有时网民甚至干脆用网络表达不满情绪。有调查表明，超过40%的人倾向于选择在网上发帖、发微博等方式表

达对社会的不满①。

二、早期网络舆论的网络评论引导策略

（一）拔本塞源，厘清争议

引起网民和社会媒体关注的热点事件舆论形成早期，由于信息不对称或披露不全面等原因，社会公众可能对事件产生问题和困惑。这些围绕在热点事件上各种各样的问题和困惑会充斥在舆论场内，由于网络舆论具有议题联动性特征，如果不能被及时解决，则会越积越多，甚至会让一些不法分子有机可乘，趁机散布谣言和不实信息，导致网民群众产生误解和恐慌，甚至造成严重的社会危害。因此，热点事件舆论形成早期，政府和相关部门需要正视这些网络舆论场上出现的问题，积极解疑释惑，针对网民群众的问题一一回应、理性回应、客观回应，避免问题越积越大，疑惑越积越多。

2021年2月，长沙货拉拉女乘客跟车搬家途中坠亡事件发生，舆论对此颇多争议和猜测。工人日报客户端发布评论《货拉拉道歉：每次改进都用生命来换，代价太惨痛！》，指出互联网产业发展中"为了抢占地盘扩大规模，一再降低从业者门槛；为了盈利，砍掉所有不能直接来钱的预算和支出。一旦遇到纠纷，要么靠钱息事宁人，要么就以'平台对各方都不负有责任'为说辞甩锅。不只是曾经的滴滴和如今的货拉拉，不少新行业新企业在野蛮生长阶段，都有类似的想法与做法"②。该文跳脱出围绕新闻表面的争议，直指个案所折射出的行业内部深层问题，有效针对与人民群众息息相关的新兴行业暴露的问题及时发声、大胆发声，发挥了主流媒体在融媒体时代的舆论监督、舆情引导作用。该评论最终获得了第三十二届中国新闻奖三等奖。在本次舆情事件发酵早期，媒体客户端通过一则专业化评论，快速、主动回应热点问题，对争议问题进行了深入探讨，使得问题讨论不再浮于表面，而是寻求病因、辨析核心、厘清争议。

（二）形成意见领袖，凝聚民意

在社会公共问题的热点事件舆论早期，网络谣言"甚嚣网上"，一些网站和

---

① 刘志明主编. 中国舆情指数报告（2013）[M]. 北京：社会科学文献出版社，2014：89，134-135.

② 龚先生（罗筱晓）. 货拉拉道歉：每次改进都用生命来换，代价太惨痛！[EB/OL]. 工人日报客户端，2021-02-04 [2023-07-20]. http://web.app.workercn.cn/news.html?id=153624.

自媒体为了流量，编辑煽动性文章，导致社会恐慌。这一背景下，必须有主流媒体积极发声，对于重难点问题精准打击、一击即中，确保社会公众在短时间内迅速平息社会恐慌，激发理性思考，恢复社会稳定。

2020年新冠疫情暴发初期，钟南山院士向公众普及卫生知识，对取得新冠疫情初期舆论控制发挥了重要作用。2020年1月20日，央视《新闻1+1》节目连线了钟南山院士，他对于"新冠肺炎"与"非典"的区别、是否"人传人"、对人的威胁性、新冠肺炎的症状、"新冠肺炎"的日常防范、医学专家如何监测等关键问题进行了直面回答，让公众对新冠疫情有了初步了解，减少内心的不确定感，直接有效地树立了"全民防控疫情"的正确心态和状态。

第三节　舆论演变中期特征及网络评论引导策略

随着各方主体不断加入热点话题的讨论，舆论往往会进入一个全面扩散的阶段，推动舆论不断发酵，形成新的议题、新的讨论，这将更加要求主流媒体起到网络评论的引导作用，加强网络评论的效果。

一、网络舆论中期特征

（一）蝴蝶效应涌现，次生舆情频发

由网络舆论引发的"蝴蝶效应"，是一种与传统媒体的传播特性相区别的网络舆论生成机制；是在把关人日益弱化，人人都有传播权的今天，网民对于社会事件进行完全公开自由平等的意见表达时所形成的一种舆论表征；由于网民情绪的积聚、初始条件的不确定以及意见表达的非线性所引发的一种较为混乱的舆论现象。舆论的发展可能脱离源头，引发超出预料的舆论效果。并呈现出非理性、非线性和不确定性的特征①。在舆论演变中期，由于互联网传播机制的交互性，带来了信息的大范围裂变，尤其是在微博等公开性社会化媒体中，能够在极短的时间内实现信息数量的指数级增长和扩散，导致舆情大范围裂变，此过程中，网民情绪在群体传播的作用中会被迅速唤醒，并产生集聚效应，并由此导致某一个别事件产生大范围的震荡，甚至会在"以点带面"的作用下引发相关次生舆情，即通常所说的"舆论蝴蝶效应"。如"重庆公交车坠江"事件中，网民

---

① 韩立新，霍江河．"蝴蝶效应"与网络舆论生成机制［J］．当代传播，2008（06）：64-67.

们在讨论中引发对于"女司机"的攻击，并由此延伸出性别对立等社会性问题，在观点的聚集和情绪的交杂中，次生舆情的频发带来了更为复杂的社会问题。

（二）大 V 成关键节点，影响作用增强

舆论演变中期往往会涌现出关键的信息传播节点，成为整个舆论传播范围扩大化和传播态势复杂化的关键阶段。互联网当中的大 V 由于坐拥数量庞大的粉丝，发表的内容更容易受到关注和被转发。一方面，大 V 参与到舆论演变和发展的过程中有助于社会监督功能的发挥，比如在"西安丈夫家暴妻子"一案中，微博大 V 参与到转发扩散过程中，并引起了有关部门的重视。但另一方面，大 V 在未查证事实的情况下可能盲目"带节奏"，也可能会导致谣言进一步扩散，造成不良的社会影响，如在"罗冠军事件"中，诸多微博大 V 在不了解事情真相的情况下参与到对罗冠军的网络暴力行为当中，但事实反转之后对当事人造成了极大创伤；此外，大 V 的过度参与也可能会利用舆论力量干扰司法公正，导致"媒介审判"现象的发生，如在"阿里巴巴高管性侵女员工"和"于欢案"中，大 V 的"站队"行为和舆论引导，表现为在官方微博下激进愤慨的留言，都在一定程度上妨碍司法独立。

二、中期网络舆论的网络评论引导策略

（一）提升主流舆论，增进引导力

无论是热门话题、突发公共事件还是重大议题方面，主流媒体的作用贯穿始终，并且呈现日趋重要的特征。换言之，从传播效果上来看，在传播广度、速度、效度上要优于一般公众。因此，在充斥海量信息的舆论关键阶段，更要加速增进主流舆论的引导力。

2020 年 6 月 1 日，中共中央、国务院印发了《海南自由贸易港建设总体方案》，并发出通知，要求各地区各部门结合实际认真贯彻落实，一时引起网络热议，舆论焦点在于中国香港与海南自贸港的异同等问题。对此，6 月 9 日新华社下属微信公众号"瞭望智库"邀请中国南海研究院院长、中国特色自由贸易港研究院副院长、海南省中国特色社会主义理论体系研究中心中国南海研究院分中心特约研究员吴士存发表文章《与香港相比，海南自贸港有何不同》。该文从全球大背景、中国特色自由贸易港的特点和内涵、制度集成创新、先行示范区建设、补齐短板、解放思想六个方面对海南自贸港的政策和规划进行了全面解读，指出了自贸港的目标和路径、工作重点和难点，明确回应了海南自贸港建设并非取代中国香港。吴士存表示："不同于中国香港、新加坡等独立的经济体，海南自贸港既要考虑对外开放，又要考虑与中国内地市场的连接，需要扮演中国内地与世界其他地区沟通'桥梁'的作用。"① 这样由相关领域专业人士在主流媒体上进行发声，以独特的思维用专业知识解读，将化解社会公众与政策制定之间的知识鸿沟，有益于将舆论回归理性，促进社会达成共识。

进入舆论关键期，随着自媒体等多元声音的入场，更多信息被披露后，社会公众更加需要主流媒体对于信息进行分辨、扩散，分享周期需要进一步缩短，满足公众对更多可信信息的渴求。因此，当事件集中了所有网民的关注度和注意力，公众对热点事件的信息无法满足时，为此，为了主流舆论的主导地位，需要进一步加强对舆论的引导作用，发挥传播价值，凝聚社会共识。

（二）多平台发声，扩大影响力

党的十八大以来，习近平总书记高度重视新闻舆论工作，他提出要高度重视传播手段建设和创新，提高新闻舆论传播力。网络评论的传播，需要借助不同的传播平台，尤其舆论关键阶段，网络评论员们需要采用平台联动策略，建立网络评论传播的包围圈，从而确保主流舆论在海量信息中始终占据主导位置，扩大评论的受众覆盖面和实际影响力。

2020 年两会期间，《人民日报》宣传报道紧紧把握新闻舆论"四力"创建主题宣传新格局。传统纸媒方面，《人民日报》策划设立"两会特刊"；微信公众号"人民日报评论"以"坚持以人民为中心的发展思想"为主题，发表理论文章 4 篇，深度解析两会精神，发挥舆论标杆的作用。新媒体端方面，针对最新推出的民法典，制作短片《热剧主角"现身说法"：民法典将这样改变我们的生活》，以生动诙谐的综合解说、动画、影视剧画面等多样表达形式，帮助社会公众理解；推出人民日报新媒体记者 Vlog，记录两会现场；人民日报抖音账号也及时撷取习近平总书记对人民军队肯定、高票通过全国人大涉港决定、"各级政府带头过紧日子"等两会片段，剪辑推送竖屏短视频，成为刷屏级的融媒体作品。这些作品采用多渠道、多技术、多角度的方式，形成平台联动，形成新闻舆论集群效应，大大增强了主题宣传的传播力、影响力。

（三）持续跟进，主动设置议题

在舆论关键时期，正是网络评论应当加码的关键时刻，因为海量信息的进入随时可能导致舆论风向的变化。在这一时期，主流媒体的网络评论工作团队

---

① 新华社瞭望智库评论．吴士存：与香港相比，海南自贸港有何不同 [EB/OL]．2020-
　05-26 [2020-06-13]．http：//theory. people. com. cn/GB/40557/432802/index. html.

应当把握引导权，通过持续的解读和积极的互动主动设置议题，抓住关键事件和关键时间点，引导舆论走向；应该在保证受众知情权的基础上通过持续更新的信息引导公众理性地对待一些焦点和热点，为公众设置议程，吸引公众的注意力。

2020年4月26日，随着77岁丁先生的第二次核酸检测报告呈阴性，武汉市在院新冠肺炎确诊病例清零，"武汉保卫战"终于迎来载入史册的重要时刻。对此，《人民日报》发表评论《万众一心打赢"人民战争"》①。文章从"武汉清零"谈起，总结抗疫胜利的原因归功于人民："因为从一开始，我们就一切为了人民，一切依靠人民，打了一场疫情防控的人民战争。"之后罗列各个职位的群像，火神山的建筑工人、倚着门框睡着的白衣天使、冒着危险采集病毒样本的科研人员、风雪中送饭送菜的基层党员干部、义务接送医护人员的出租车司机、主动捐献血浆的康复患者等。通过对这些平民英雄的描绘，体现每位中国人的事不避难、义不逃责的文化赓续，守望相助、同舟共济的精神传承，不忘初心、牢记使命的职责担当，由此向世界呈现令人震撼的中国力量的形象。

第四节　舆论演变后期特征及网络评论引导策略

在舆论后期，社会公众对热点事件的关注往往呈现长尾特征，尽管事情已经解决或热度已经过去，但由于兴趣和利益诉求的多元性，社会公众对事件的关注并未完全终止，同时由于把关人的缺位，这一阶段的舆论局面往往因舆论本体的失焦而引发混乱和失控，并可能最终引发群体性事件。针对这一时期的舆论，网络评论员首先可以对不同舆论进行整合，对各个社会群体的观点进行思想指引，凝聚共识，形成同心圆；其次，将"快评论"转化为"软评论"，从长远角度回顾事件的发生历程及其带来的影响力；最后，以专题形式继续追踪总结，一方面做好舆论后期的预警，另一方面增加社会公众的认同。

一、网络舆论后期特征

（一）长尾特征显现，舆论本体失焦

长尾理论起源于经济学领域。2004年美国《连线》杂志主编克里斯·安德

---

① 人民日报. 万众一心打赢"人民战争"　[EB/OL]. 2020-05-26［2020-06-13］.
http://www.xinhuanet.com/politics/2020-05/11/c_1125966998.htm.

森首次提出，"长尾效应"指的是那些原来不受到重视的销量小但种类多的产品或服务由于总量巨大，积累起来的总收益超过主流产品的一种现象①。新媒体传播中的"长尾效应"，是指大众传播和小众群体传播并存，小众群体传播地位日益上升，传播效应可与大众传播相抗衡，甚至超过大众传播②，导致人们关注点已经不在于具体的问题本身，而转移至问题最终结果并延伸出对问题处理者、政府机关乃至当事人的偏见与误解。新闻事件引发"长尾效应"后，最广泛传播的往往是一个高度概括的短语，这类短语往往会在民众心中形成挥之不去的"刻板印象"，对某一社会事件进行简单定性。2008年3月，著名的南京"彭宇案"中，双方当事人在二审期间达成了和解协议，并且申请撤回上诉，最后该案以和解撤诉进行结案，且双方当事人对案件处理结果都表示满意。然而二审期间"和解撤诉"这一结果所带来的影响力和传播力，引发了广大群众对于社会道德和司法公正的反思，在民间引发了广泛讨论。如今，网民对于"彭宇案"的讨论依然停留在"好人没好报"与"判决不公正"的解读上，在一定程度上，对此类新闻的"曲解"，对网民的道义感造成了冲击，也有损法律的公正性与权威性。

（二）把关人角色缺位，导致舆论局面混乱失控

不同于传统媒体，信息传播渠道由传播者所主导，但互联网平台中的传播使得传受一体化，导致"把关人"的缺位，可能导致部分事件的舆论演变后期混乱失控，如网络流言、谣言、人格侮辱、人身攻击、淫秽色情等内容大肆泛滥。同时，把关人的缺失也导致了网络舆论会被更多人所利用，如商家雇用"网络水军"诋毁竞争对手；或一些境外势力利用网民的情绪试图发表不实言论，破坏我国团结统一。

（三）舆论社会动员作用增大，引发群体性事件

意见领袖作为关键性节点，使得新媒体平台上的舆论传播更加迅速和广泛，同时也使得相伴随的社会动员作用更为强大。如在"帝吧出征"等网络民族主义事件中，网民们在西方对中国的诋毁与抹黑中选择集结，并占领海外社交媒体。此外，国外的相关社会运动与群体性事件也较为常见，如"阿拉伯之春""占领华尔街"等社会性运动，都包含新媒体舆论的发酵和社会动员作用。长远来看，新媒体时代下所爆发的社会无组织性力量以及其所引发的社会动员行为

---

① 陈力丹，霍仟. 互联网传播中的长尾理论与小众传播［J］. 西南民族大学学报（人文社会科学版），2013，34（04）：148-152，246.

② 陈朵. 新媒体环境下新闻传播的"长尾效应"［J］. 视听界，2017（01）：78-81.

与相关社会运动，部分已经严重危及社会稳定、民族团结乃至国家安全，迫切需要有关部门将此类社会运动纳入治理范畴。

二、后期网络舆论的网络评论引导策略

（一）求同存异，整合舆论

在舆论后期，热点事件往往进入尾声阶段，议题带来的群体意识倾向往往将社会群体分层，不同群体由于不同的实践和利益而持有不同观点，刻板印象随之形成，引发社会误解和偏见。因此，有必要对海量的声音进行整合，统一舆论，减少不同群体间的隔阂。

2020 年 5 月下旬，民法典拟新增"协议离婚冷静期制度"，即在离婚登记程序中增加规定了 30 天的离婚冷静期，引起公众的广泛热议。起初反对声音居多，有些公众认为该规定侵犯了婚姻自由权，让更多人对婚姻望而却步；另外，公众认为设置这样的规定增加了不必要的离婚成本，如人大代表蒋胜男认为离婚冷静期是"以极少数人的婚姻问题强迫绝大多数人为此买单"，可能给弱势方带来更大痛苦[1]。到了 5 月 28 日，民法典正式确立，《光明日报》邀请中国人民大学法学院博士姚邢发表评论文章《离婚冷静期制度确立家庭价值崇高性》[2]，从专业视角梳理政策意图，增强社会公众的理解，最终增进主流舆论的引导力。评论文章首先从适用范围、主导主体、主体作为、期限性质、法律后果五个方面区别了传统的"诉讼离婚冷静期制度"和新版的"协议离婚冷静期制度"，然后从本质上分析了二者在法律价值层面的异同，也正面回应了舆论的焦点——个人利益与家庭利益的矛盾。评论认为，"在婚姻家庭制度领域，过分强调个人自由散漫与随心所欲，是个人利益对于家庭利益的价值冲击，是与传统文化不相符的"。这一文章落脚点立意高远，削弱抽象情境的讨论，而更多是侧重社会宏观层面和专业知识角度，对存在的诸多矛盾进行解释和回应，有效整合舆论，有利于社会的稳定发展。

（二）深层剖析，引发思考

在舆论的初期和发展阶段，社会公众往往关注于事件的真相，力图消弭政

---

[1]　人大代表蒋胜男：建议民法典草案删除"离婚冷静期" [EB/OL]. 新京报，2020-05-19 [2022-02-20]. https：//baijiahao. baidu. com/s? id = 1667118395006954799&wfr = spider&for = pc.

[2]　光明日报评论员姚邢. 离婚冷静期制度确立家庭价值崇高性 [EB/OL]. 2020-05-26 [2020-06-13]. https：//wap. gmdaily. cn/article/p3626658744964932957c5c2f2e585359.

府与公民之间的信息隔阂。当事件发展到后期阶段，舆论开始发生对于事情本质的转向。事实上，不同于传统媒体的舆论引导工作，网络舆论由于覆盖受众广、传播速度快，舆论渐趋复杂化，舆情的范围、热度、深度、持续度达到了前所未有的高度，因此帮助社会公众追寻真相不是舆论的终点，更要挖掘背后的本质，从"是什么"转向"怎么办"，梳理时间线，以点到面对热点事件进行回顾和深入思考。

2020 年 4 月 30 日起，"丰巢"开始向收件人收取超时保管费，非会员包裹只可免费保存 12 小时，超过需收取 0.5 元/12 小时的费用，3 元封顶。此举引起争议，全国各地小区开始抵制"丰巢智能柜"。5 月 11 日，"人民日报评论"账号发表文章《反对"丰巢收费"，究竟在反对什么》①，从顶层设计的视角分析了"丰巢收费"实际是"以用户为中心"还是"以利润为中心"的问题。评论首先回顾了快递行业的发展带来了快递柜的产生，然后总结了此前专家和学者对此事的评论，将其分为合法性和合理性两个维度，并指出主要矛盾在于"小区公共空间有限的前提下并未形成快递柜充分的市场竞争，用户的选择在哪里"。最后文章提出观点，认为问题的本质在于平台经济的价值排序挑战了制度设计的尊严。文章层层递进，挖掘事件的实质根源，对事件的负面影响进行了鞭辟入里的指明和分析，将焦点转向了整个行业，进而为未来社会各界对快递行业良性发展提供思路和启发。

（三）专题总结，增强认同

网络热点事件传播的生命周期具有短周期性，一般不超过 7 天②。在热点事件衰落期和新话题产生的过渡阶段，任何关于热点事件的周边议题都会重新引起舆论的关注。对于正面的主题宣传而言，舆论后期是为舆论造势的最后阶段，更要立意高远地对相关议题进行总结，扩大舆论宣传力量，从而增强社会认同感。

中华人民共和国成立 70 周年之际，新华网主办以"壮丽七十年，奋斗新时代"为主题的大型融媒体专题③。在国庆大典结束后的 20 天，该专题下的"权威评论"栏目笔耕不辍，联合《人民日报》、新华社，共同连续发表了 10 篇相

① 人民日报评论. 反对"丰巢收费"，究竟在反对什么 [EB/OL]. 2020-05-26 [2020-06-13]. https：//view. inews. qq. com/w2/20200511A0QRXX00？tbkt=H&strategy=&uid=1243107527.

② 韩少卿. 网络舆情热点事件传播的生命周期研究 [J]. 东南传播，2018（10）：88-90.

③ 新华网. "壮丽七十年，奋斗新时代"主题大型融媒体专题 [EB/OL]. 2019-10 [2020-07]. http：//www. xinhuanet. com/politics/70zn/qwpl. htm.

关主题的评论员文章，从展现中国气象、读懂"国之大典"、团结奋进、勇于拼搏、为国自豪五个层次全方位地再次总结新中国成立 70 周年对国人的意义、对世界的意义，建立国家自信形象、激发国人的爱国情怀，增强自我的社会认同，从而促进国家未来的快速发展。

第十章

网络评论与社会治理

当前，互联网技术日益成熟，互联网的社会治理潜质不断被激发，网络空间逐渐成为社会治理的主阵地，利用网络评论进行社会治理更成为重要的治理途径之一。

社会治理是指特定的治理主体对社会实施管理的行为。在我国，社会治理是指在党的领导下，由政府组织主导，吸纳社会组织等多方面治理主体参与，对社会公共事务进行的治理活动，是以实现和维护群众合法权益为核心，发挥多元治理主体的作用，针对国家治理中的社会问题，完善社会福利，保障改善民生，化解社会矛盾，促进社会公平，推动社会有序和谐发展的过程①。简言之，社会治理是政府主导，社会力量协同参与，以"为人民服务"为宗旨的治理过程。

随着互联网技术的迅速发展，传统社会治理的逻辑也随之发生变化。相较于传统的线下治理模式，习近平总书记指出了社会治理模式的三点变化："社会治理模式正在从单向管理转向双向互动，从线下转向线上线下融合，从单纯的政府监管向更加注重社会协同治理转变。"② 这意味着，移动互联网时代的社会治理务必与时俱进，利用互联网思维，创新渠道、内容，通过互动的形式紧密联系群众，从而实现政府科学决策、社会精准治理、高效公共服务的目标。

网络评论作为政民互动的直接体现，成为网上社会治理的特殊表现形式。它既是风向标和测速仪，又是安全阀和稳定器。一方面，政府可以通过网络评论的形式对社会舆论进行引导，凝聚社会共识，维护国家长治久安和社会和谐稳定；另一方面，社会各界可以借助网络评论，更好地参与社会公共事务、讨论社会热点话题，从而推动社会发展，促进社会治理的现代化转型。本章将从

---

① 王浦劬. 国家治理、政府治理和社会治理的含义及其相互关系 [J]. 国家行政学院报，2014（03）：11-17.

② 朝着建设网络强国目标不懈努力 [EB/OL]. 新华网，2016-10-10 [2020-09-26]. http://www.xinhuanet.com/zgjx/2016-10/10/c_135742057.htm

政府、社会、市场、网民群体的角度，分别讨论网络评论在社会治理中的作用机制。

第一节　网络评论与社会治理的关系

网络评论作为社会舆情的组成部分，在社会治理的过程当中发挥着重要作用。首先，网络评论是网民针对社会问题进行意见表达的渠道，集中式的问题反映能够引发有关部门的关注。其次，网络评论也是官方与民间沟通的桥梁，官方通过网络评论对社会矛盾进行剖析，能够更加精准地聚焦网民所思所想，以促进社会核心痛点的解决。最后，作为语言载体的网络评论能够依托互联网公平、开放、共享的特征最大限度贴近民众，通过平民化的表达方式增进与民众间的心理距离，有效调节社会情绪，引导社会舆论。

一、反映社会问题，引发政府关注

社会治理现代化是国家治理现代化的重要内容，当前，我国社会矛盾呈现出与社会主义现代化建设进程相一致的阶段性特征。伴随我国社会结构的日益复杂化，社会需求的不断扩大化，以及社会风险叠加化，共同导致了我国社会矛盾的复杂局面。然而，互联网技术的普及与深化，网络空间中呈现出舆论和观点多样化特点，这为社会治理带来了前所未有的挑战。网络评论作为社会舆论的重要组成部分，是社会治理的重要环节，来自广大网民的评论内容能够有效反映社会问题，而专业组织机构的深度评论又能够剖析社会矛盾，缓解社会情绪压力，达到舆论引导与凝聚共识的作用。

网络评论诞生在一个高度开放的互联网社会之中，各种社交媒体的涌现为群众提供了表达个人意见的机会，各类社会热点、焦点问题都能够通过网民的自发参与引发广泛讨论。网络评论不仅是意见表达的载体，更是舆论内容本身。规模化、积量化的网络评论是社会问题的反映，能够引发有关部门对社会现象的关注。一方面，网络评论可以是某一段时间内集中发酵的舆论现象，网民希望通过舆论造势来引发政府关注和介入；另一方面，网络舆论本身也构成某种社会问题，亟须有关部门的关注和治理。如 2020 年 2 月爆发的"227"事件，粉丝"霸占"微博评论区、官场，后又将战火蔓延至官方平台发布不实举报信息，干扰政府合理有序的社会治理行为，造成了极其恶劣的社会影响，最终引发了官方对于"饭圈"群体"控评、灌水"式网络评论的关注和治理，并在

"2021 清朗行动"中设置了"饭圈"专项整治计划。由此可见，网络空间中部分网民自发的行为有可能造成社会不良影响，进而引发相关部门对网络空间治理工作和网络评论引导舆论工作的重视。

二、剖析社会矛盾，解决核心痛点

互联网大背景对社会矛盾的化解工作提出了更高的要求，网络评论内容对网民的思想和行为具有重要的引导作用，日常社会生活中的矛盾冲突类事件有可能通过网络平台进一步发酵，造成广泛影响。同时，来自政府部门、官方机构的专业网络评论，也能够通过翔实、严谨、细致的分析将社会矛盾与背后真相还原给受众，缓解社会矛盾，抚平社会情绪，减少矛盾激化的可能性。如2019 年，"996 福报论"（"996"是指"每天早上 9 点上班，到晚上 9 点下班，并且每周工作六天"）蔓延互联网，引发了广大网民和劳动者的不满，造成了劳资关系矛盾，损伤了劳动者的工作积极性。为此，《人民日报》发表评论并在百家号、头条号等网络平台上转发传播，该文指出：崇尚奋斗，不等于强制"996"，该文剖析"996"与拼搏奋斗、努力工作之间的关系，强调："需要在价值观层面澄清一个误解，即对'996'有争议，并不是不想奋斗、不要劳动。"面对企业强制推行"996"劳动制、公然违反劳动法的行为，《人民日报》认为："面对经济下行压力，很多企业都面临生存考验，企业的焦虑可以理解，但缓解焦虑的方法不是让员工加班越多越好。"①

随着中国逐步从高速增长转向高质量发展，随着互联网行业逐步进入更加注重产品质量的下半场，企业管理也更需要树立结果导向、效率导向，进行更加文明、高效和人性化的时间安排。此外，《新闻联播》也发表评论，为"996"工作制定性，指出"996"属于违法行为。新闻发布后，光明网、中国新闻网等诸多新闻网站也均发布针对"996"的评论文章，多个互联网公司做出应对和响应，在一定程度上缓和了劳资矛盾。

三、缓解社会情绪，提升治理效果

新闻评论作为网络评论的一部分，承担着引导社会舆论、凝聚社会共识、提升社会治理成效的重要作用。在重大突发性事件中，网络评论往往成为网民情绪的聚集地和扩散源，如果缺乏合理的情绪调节与情绪隔离手段，网络评论

---

① 人民日报．崇尚奋斗，不等于强制 996［EB/OL］．2019－04－14［2022－12－01］．https：//baijiahao．baidu．com/s？id=1630774179249573422&wfr=spider&for=pc．

所形成的舆论场会导致消极社会情绪蔓延；另外，消极社会情绪所引发的网络评论内容可能出现偏激、非理智言论，为社会治理带来不稳定因素。如在以新冠疫情为代表的重大突发性公共卫生事件中，由于疫情造成的恐慌，负面情绪在网络评论中大规模蔓延。在这种情况下，通过对网民之间的评论与互动行为进行合理引导，能够促进消极与积极情绪的中和，发布正能量的网络评论内容，并扩大其影响力和辐射范围，以此来缩小消极评论所带来的不良社会情绪，正视问题并及时回应，保证评论信息渠道公开透明，通过有效引导舆论，达到社会治理目的。

第二节　政府角度的网络评论与社会治理

政府作为社会治理的主导者，在网络评论中起到了舆论引导的作用。当前，互联网的信息已从传统"一对多"的宣传模式转变为"多对多"的扁平化传播，一方面，形成"人人都有麦克风，个个都是评论员"的格局，对网络环境下的舆论引导带来更大调整；另一方面，假新闻泛滥、多元的意识形态持续输入，可能导致社会观念的分化与混乱，不利于营造团结向上的社会氛围。因此，从政府角度而言，应当充分借助网络评论的手段，通过传播真相、真知和真理，凝聚社会"向心力"，画好"同心圆"。

一、设置舆论话题，引发社会讨论

互联网的开放性、互动性在一定程度上代替了政府的内容生产和分发的功能，弱化了政府的"议程设置"的作用。但与此同时，面对网上海量冗余的信息，用户难以研判，亟须政府通过网络评论，二次"议题设置"，从网络热点话题中选择具有价值的议题，因势利导地表达观点，鲜明地反映政治立场和价值判断，形成社会舆论的二次讨论，引导社会舆论方向。

例如，"吃播"作为一种直播内容，自诞生起就备受争议，常居网络热门话题之列。有网民认为将观看"吃播"视为解压的方式，也有网民认为"吃播"不符合日常行为规范，不利于青少年饮食习惯的引导。对此，2020年8月12日，央视正式揭开"吃播"真面目，发表评论《厉行节约 反对浪费 从你我做起：网络大胃王吃播秀 误导消费》，一方面揭开大胃王镜头背后的真相，看似日复一日挑战食量"上限"的主播，实则通过剪辑卡点来掩盖假吃、催吐、倒垃圾等伎俩；另一方面认为"吃播"是对于消费的浪费。随后，央视网转发了

"早安四川"发布的视频评论，进一步对网络大胃王现象进行批判①。新华社也在其百家号等账号上以漫画形式发表评论，提出畸形的"吃播"，不仅铺张浪费、危害自身健康，更是在消费习惯、饮食文化等方面产生了巨大的负面影响，倡导回归健康的生活方式②。在议题的引导下，多家直播和短视频平台相继做出回应，将加强美食类直播内容审核，杜绝餐饮浪费行为。自媒体平台也纷纷参与议题讨论，驳斥浪费食物的行为，倡导节约的饮食文化。网民也在评论互动中形成共识：推荐美食、分享快乐，才是"吃播"节目创建的初心。

二、占领新兴渠道，把握舆论阵地

当前，用户网络评论触媒的渠道日益广泛、多元。拼多多、快手等应用以龙头的姿态从众多新兴网络平台中崛起，占领了该蓝海市场。与此同时，此类APP深得下沉市场大量用户的喜爱，这让新兴网络平台享受到新一轮的用户红利，形成了全新的网络评论文化"圈层"形态。

然而，这一方面对网上舆论的主导权和话语权形成挑战，另一方面多平台也给社会治理工作造成一定困难。一些商业网站平台片面追求商业利益，罔顾相关规定，曲解政策、违背正确导向，散布虚假信息，突破道德底线，影响网络空间的内容秩序。因此，政府应当主动出击，入驻新兴平台，通过正能量价值网络评论内容的输入，维护清朗的网络空间。

例如，央视入驻抖音、快手等平台，并针对短视频平台形态特点，推出"主播说联播"的短视频评论栏目。该栏目通过竖屏录制的形式、热门的社会话题、平易近人的语言以及一针见血的观点吸引了用户的眼球，打破了网络评论文化圈层的现状，丰富了用户的政治认知。2024年国庆节当天，新闻联播的抖音账号发布"主播说联播"短视频评论，由《新闻联播》主播作为讲述者，介绍了来自天南海北的人们相聚在天安门广场观看升旗仪式的画面。主持人这样评价道，"这是独属于中国人的排面和浪漫，也是刻进中国人DNA里的仪式感，有一种骄傲叫做五星红旗，你是我的骄傲。有一首歌永远可以单曲循环，叫《我爱你，中国》"。这一评论内容发布在新中国迎来75岁华诞的重要时间节点，用人们喜闻乐见的表达方式，传递出爱国情怀，实现了正能量传播。

---

① 央视网．［早安四川］网络大胃王吃播秀 误导消费 浪费严重［EB/OL］．2020-08-14［2022-12-01］．https：//news. cctv. com/2020/08/14/VIDEeqrTafLNZAg2VjntPQ4 R200814. shtml.

② 新华社．（图表·漫画）「浪费可耻 节约为荣」"每颗美食都不被辜负"［EB/OL］．2020-09-14［2022-12-01］．https：//baijiahao. baidu. com/s？id＝1677820636545551176&wfr＝spider&for＝pc.

习近平总书记指出，宣传思想工作是做人的工作的，人在哪儿重点就应该在哪儿。他还强调，要根据形势发展需要，把网上舆论工作作为宣传思想工作的重中之重来抓①。要守好舆论的安全阀，政府需要占领所有新型渠道，善于运用网络了解群众、走近群众，并在第一时间输出正能量价值观，方能有效通过全渠道的网络评论引导舆论、回应民意。

三、凝聚社会力量，推动网络评论治理

网络评论的指导工作不应仅仅停留在意识形态层面，更应当由专门的管理机构落实到具体问题的执行层面，通过举办活动来协助社会组织和网民加深网络评论对社会治理的意义，动员社会力量推动网络评论整体的良性发展。

例如，新冠疫情期间，中央网信办组织举办了"阳光跟帖·阳光主播"获奖作品展播：《即使隔着口罩，也要传递微笑》。该活动由中国互联网发展基金会、中华文化促进会、中国老龄协会老年人才信息中心共同主办，光明网、抖音、快手、腾讯、B 站等 30 家网络平台共同承办，最终评选出 100 部优秀作品，用感恩之心记录平凡英雄的最美面孔，讲述特殊时期温暖人心的故事②。视频推出后，总播放量超千万次，各领域的权威博主和媒体机构积极转发，广大网友也纷纷对公益倡议点赞支持，留言表示"虽然口罩下面有无数的表情，但是爱一定可以透过它传播""笑一笑没有什么大不了"。

可见"人人都是麦克风"的网络评论环境已经成为社会共识凝聚的重要空间，蕴藏着巨大的社会治理价值。网络评论监管部门不定期地联合多家组织机构举办网评专题活动，有利于提高社会组织和网民的评论参与度，同时使社会主义核心价值观深入人心，在社会治理层面具有深远意义。

四、打造新型智库，聚焦网评议题

作为媒体的旗帜和灵魂，评论历来是引导舆论直接且有效的方式之一。然而，在网络舆论新阵地，网络评论的传播逻辑、演变路径发生了根本性变化，这要求评论不仅需要摆事实、说道理，更需要符合传播逻辑的情感和耳目一新的传播形式，即传播学理论与评论写作实践高度结合。因此，应当成立新型网

---

① 人民网评论员. 做好网上舆论工作的时代指引［EB/OL］. 人民网，2013-11-28［2020-09-26］. http：//media. people. com. cn/n/2013/1128/c369229-23685862.

② 网信中国. 阳光跟帖·"阳光主播"获奖作品展播：《即使隔着口罩，也要传递微笑》［EB/OL］. 2020－07－05［2020－10－01］. https：//mp. weixin. qq. com/s/EyU8RR_sr8IsXMB83DpnKg.

评智库，募集业界、学界的专业人士，针对网评内容进行选材、语言、网络互动方面的分析。

2018 年起，由国家互联网信息办公室指导的年度网络评论蓝皮书项目正式开启（以下简称"蓝皮书项目"）。蓝皮书项目邀请众多高校参与，旨在全面、系统地分析网络评论传播规律，立体呈现年度网络评论的发展现状和趋势。

从政府的角度而言，每年的蓝皮书将成为舆论引导战略的重要参照，创新网络评论的渠道、内容和手段，为各级机关单位正能量宣传提供更强有力的支撑；从媒体行业来说，蓝皮书对优秀案例的分析，既是每年网络评论工作的总结，又是提升媒介素养的重要渠道，有利于培育网络评论工作者的社会主义核心价值观；从学界而言，定期、全面、系统地深入解读网络评论研究前沿，将为网络评论实践路径提供更扎实的理论依据，有利于进一步创新传播路径、传播议题、传播渠道方案等，提升网络舆论传播力、引导力、影响力、公信力。

第三节　市场角度的网络评论与社会治理

互联网平台同时具有市场竞争主体与市场规则制定者两层身份，因而在网络评论的监管与治理中也扮演着重要的角色。许多互联网平台作为不直接介入内容生产的第三方，为内容生产者和消费者提供一个可以进行匹配和互动的虚拟场所，这为网络信息和网络评论的传播和扩散提供了极大助力。但与此同时，由于互联网平台作为提供中介服务的市场，以技术为驱动掌握了用户的接入权，具有市场监管的优势，成为新的监管主体。因此，有必要加强平台侧的用户评论监管和规范。

一、加强行业自律，促进行业网评规范

2020 年 3 月 1 日，国家互联网信息办公室发布的《网络信息内容生态治理规定》正式开始施行。"网络信息内容生态治理"以政府、企业、社会、网民为主体，对网络信息内容生产者、服务平台、服务使用者、网络行业组织应承担的责任和履行的义务都有明确规定。以新闻信息、网络社交、网络音视频、网络游戏、电子商务、互联网金融、生活服务为主要业态的互联网企业和互联网行业组织，都需要在新规定生效后，遵守治网管网新变化。

当前，互联网平台的趋势渐显，加强行业自律已经成为互联网行业共识。对于互联网平台企业而言，有利于促进行业的整体健康发展，避免业内恶性竞

争，营造良好的网络评论生态；从国家宏观的"调结构"的战略来看，行业自律有利于形成"政府—平台"的联动。平台作为治理主体，是用户接触网络评论的直接管理者，对于网络评论的现状和网络舆情发展往往更加了解，能够制定具有针对性的平台规则与公约，进而形成对政府监管力量的补充。一言以蔽之，互联网的评论生态需要政府引导和行业自律两驾马车，唯此，才能制定切实有效的监管制度，成为行业稳步发展和网民受益的现实环境。

具体而言，可以由网络评论管理机构牵头成立行业组织，邀请业内企业参与，共同制定相关规范，增强企业间的沟通，共同维护网络评论生态。例如2018年5月9日，中国网络社会组织联合会（以下简称"联合会"）在京正式成立，原国家互联网信息办公室副主任任贤良当选为会长，多位互联网头部企业负责人等当选为副会长。联合会由10家全国性网络社会组织发起成立，国家网信办作为业务主管单位。当前该社会组织主要业务包括梳理行业新闻资讯、进行行业研究、举办评论活动等，为网络评论的发展提供了支持。

二、升级内容算法推荐机制，推进议题导向管理

营造良好的网络评论空间不仅需要净化违法和不良信息，更需要支持引导高质量内容的创作与传播。随着社交媒体逐步深度嵌入网民的生活，网民接触的新闻越来越具有情绪化倾向，进入"后真相"时代。一方面，去中心化的网络结构使得信息流动从单向变向互动，赋予了网民评论的主动权；另一方面，在社交网络基础上产生的"选择性信息接触"不可避免地带来了情绪化传播，使得偏见和群体极化存在于社会之中。因此，应当充分利用平台的内容算法推荐机制，推送一些社会议题的网络评论，使话题短时间内得到较多关注，并得到解决。例如，在B站本由鬼畜区的普通UP主发起的民间倡议，由平台升级为官方应援活动，鼓励和支持原创视频作者积极投稿科普类和辟谣类视频，最终该活动共收集了1000多条相关话题视频，一方面显著提高了防疫的宣传力度，另一方面减轻了公众对于病毒过度的担忧及焦虑。

2022年3月，国家网信办等四部门联合发布了《互联网信息服务算法推荐管理规定》，明确要求确保算法公开透明，严防刷量控评影响舆论。在移动互联网时代，对于各大平台，"注意力"是稀缺资源，在重大事件面前，商业平台应当主动承担社会责任，通过算法机制的升级，提高重点社会议题的频率，从而有效提高舆论引导的效率和扩大范围。

三、强化平台技术保障，完善舆论预警机制

当前，互联网评论机制成为网民反映利益诉求的重要渠道，热点问题和突发事件易发多发，极大增加了舆论引导和社会治理的难度。互联网的扁平化传播结构，既丰富了传播渠道的多样性，又叠加和分化了网络评论的传播，一旦触及社会阶层不平等网络热点问题，网络评论的传播就会呈现指数级裂变，短时间内引发社会危机。因此，平台有必要从技术层面完善网络舆情监测预警机制，提高反应速度。

首先，利用大数据实时升级敏感词库，词库即词汇的集合，一般由基本词库和专业词库组成，广泛应用的专业词库包括流行词库、专业本体词库、敏感词库、情感词库等。其中，现有的敏感词库主要有反动敏感词库、暴恐敏感词库、色情敏感词库、垃圾广告敏感词库等。根据敏感词库，平台系统可以提前过滤、屏蔽有害信息，净化网络评论环境。然而，随着社交媒体形式的不断更新，网络语言也在不断创新和传播，演化出新的意义，为敏感词的采集和分析带来困难。因此，平台有必要定期收集网络热词，并对有引申含义的热词加以标注和研判，保证敏感词库的时效性，从而最终实现对舆情的预判。

其次，识别意见领袖和高危人群。"意见领袖"作为两级传播中的重要角色，在推动网络议题转化为公众议题方面具有重要作用，是舆情发展的启动者、扩散者，加速了舆论进程。虽然网络给予每个网民自由发表意见的机会，但是大多数网民还是被动地接受信息，不发表意见，属于"沉默的大多数"和"追随的大多数"。即使发言，也只是片言只语地附和一下，或者简单地表达赞成不赞成，很少系统地发表观点。只有"意见领袖"是最活跃的群体，在各种网站发表观点、聚焦热点、影响舆论的主题和倾向，左右网民的思想[1]。意见领袖的网络评论也更具影响力。因此，平台可提前设立黑名单制度，依照重点话题和热点话题，定时对相关"意见领袖"进行舆论监测，提前做出舆情研判和预测风险，避免管理的滞后性。

---

① 邱素琴. 网络语境下"意见领袖"在理论传播中的角色与作用发挥［J］. 上海党史与党建，2010（05）：53-54.

第四节　网民群体角度的网络评论与社会治理

互联网为政府与公众之间的沟通提供了平台。借助互联网社交工具，网民群体可以通过网络评论参与社会治理，发挥社会监督的作用。一方面，网民评论有效地突破了某些信息屏障，可能先于传统媒体报道和政府信息发布，第一时间发布大量第一手信息，成为强大的舆论工具，为传统媒体做出有益补充；另一方面，针对互联网上传播的某个时间或焦点问题，网友对事实的深刻分析、犀利评论、批评质疑，往往能够在短时间内形成集聚效应，形成广泛的民意，推动事件的解决，最终形成对政府工作的监督力量，甚至影响政府政策的制定。因此，应当重视网民群体的网络评论的重要性，从定位、自律、他律等层面全面提升网民的评论质量，营造良币驱逐劣币的舆论环境。

一、网民参与网络评论——舆论监督的重要力量

网民评论是指网民作为监督主体，通过论坛、新闻评论、博客等渠道发表的言论。当前，网民评论已经成为重要的网络舆论监督与社会治理的途径之一。最新数据显示，截至 2024 年 6 月，我国网民规模近 11 亿人（10.9967 亿人），居世界第一位①。另数据显示，网络评论经历了早期简单的传统媒体评论"上网"，各类新闻网站和门户网站设立评论栏目、频道，以及微博、微信等社交平台网络评论和移动新闻客户端网络评论快速发展的各个阶段，成为备受用户关注的高频基础应用。调查数据显示，网络评论的深度用户占网民总数的 60.2%，其中经常关注网络评论的用户占比为 48.0%。近 70% 的用户每次花费 15 分钟至 1 小时的时间浏览网络评论，其中单次浏览时长为 30 分钟至 1 小时的用户占比最高，达到 35.4%。网民评论已经成为一股不可忽视的舆论力量②。

当前，网民通过网络评论进行舆论监督主要有两种形式：其一，揭露社会现象，对传统媒体的报道进行有益补充。随着 5G 技术的发展，移动网络覆盖率和用户普及率快速提升，人人都有麦克风，人人都可以成为第一现场的当事人

① 中国互联网络信息中心. 第 54 次中国互联网络发展状况统计报告［R/OL］. 2024-08-29［2024-09-30］. https：//www. cnnic. net. cn/NMediaFile/2024/0911/MAIN17260 17626560DHICKVFSM6. pdf.

② 网络传播杂志：网络评论的发展现状和特点［EB/OL］. 2019-03-21［2020-10-01］. http：//www. cac. gov. cn/2019-03/21/c_ 1124264659. htm.

和报道者，将社会问题以图片、文字或视频的形式上传至网络，引起舆论关注。

比如2020年8月14日，网友"action"从镇上到县城去学校领毕业档案，结果从中午12点一直等到15点18分，还不见工作人员开门办事，于是将此遭遇向仪陇论坛反映，引起媒体关注。6天后，仪陇县人社局官方回复："人才中心职工一名，8月11—20日期间正常休年假，未到单位上班。另聘请2位工作人员专职负责处理本年度毕业大学生档案接收入库工作，针对该员工迟到现象，我局调查属实，并对其进行严肃批评；您拨打电话的同志正处休假中，态度不好情况属实，我局及时对其进行严厉批评，责令整改。"然而，在这份400多字的官方回复中，出现了4个错别字，引起网友新的吐槽，一度登上微博热搜。随后，纪委监委介入调查，并对相关人员进行了书面诫勉的处罚。这一事件中，网民"一键上传"个人办事遭遇，与网络舆论形成共鸣，从而形成了对社会治理机制的监督。

其二，网民评论对社会事件的参与与解读，加速政府的反馈和回应，推动社会事件的解决。网络空间已成为各类信息的集散地和社会舆论的放大器，一定要听民之声，聚民之智。在互联网时代，一旦新闻事件升级为网络舆论事件，将导致网民意见集中，并一致指向公权力，迫于网络民意压力，政府高层被动介入，以实现有利于网民的新决策。

比如2020年7月，"杭州失踪女子案"频上热搜，网民在各大社交媒体上推测女子踪迹，并提出对化粪池进行抽取检验。舆论发酵中，引起警方重视，成立专案组对事件进行调查，对地下室、天台、绿化景观进行地毯式搜索。最终，7月22日，通过对化粪池开展了25小时的抽取工作，发现了失踪女士来某某的人体组织，并于7月23日发布警方通报、7月25日举行发布会，披露案件发展情况。在网民群众以评论方式为主的舆论推动下，事件备受关注且不断推进。

二、培育网民媒介素养，加强舆论判断能力

互联网因其开放性、匿名性、实时性特征，往往在短时间内形成强大的舆论声势，有利于对社会治理进行舆论监督。然而，当前我国部分网民媒介素养有待提升，具有"刻板成见"等倾向，在接收信息时，往往会依据自己的喜好接收一些信息而屏蔽另一些信息，不利于对事实的追问和做出正确的判断，容易加剧"观点极化"，并最终导致社会极端化情绪泛滥。因此，有必要建立媒介素养培养机制，加强网民的评论自律。

交互式的互联网环境下，美国新媒介联合会曾给"新媒介素养"下过一个

定义，即"由听觉、视觉以及数字素养相互重叠共同构成的一整套能力与技巧，包括对视觉、听觉力量的理解能力，对这种力量的识别与使用能力，对数字媒介的控制与转换能力，对数字内容的普遍性传播能力，以及轻易对数字内容进行再加工的能力"①。换句话说，区别于传统的媒介培养机制，受众不再被视为被动的接受者，从媒介的批判的角度开展媒介素养教育，而更加侧重于主动的传播者。

因此，有必要建立健全新型媒介教育机制。一方面，可以通过媒体的报道和宣传，加深网民对于网络评论的理解能力。例如，对于利用 AI 技术以假乱真的短视频内容，可以以专题报道的形式揭开背后的制作过程，提高网民对于假技术假新闻的判断能力。另一方面，开展校企活动，提高青少年的网络评论的参与意愿和传播能力。出生于千禧年后的孩子往往被称为互联网原生代，熟悉网络应用的技术使用，但缺乏正确使用网络评论手段的引导。应当通过讲座、比赛等形式展现正确网评案例，提升年轻网民使用网络评论的红线意识和底线意识。例如，海南大学自 2016 年起举办网络评论大赛②。此外，还可以通过一些平台或宣讲活动，提升对网民群体的教育引导，例如中国互联网建立了联合辟谣平台并开展了一系列的线上宣传活动等。

三、鼓励多元意见表达，规避"回音室效应"

互联网的一个显著特征是缺乏把关人机制，网民只要在互联网平台注册账号，即可实现自我赋权和舆论表达。低门槛、低成本和匿名性等特性，一方面提高了网民的政治参与意愿，扩大了舆论主体监督的范围；但另一方面，"意见领袖"的缺失会导致网民的舆论监督陷入混乱，被情绪裹挟，在不断接触同质化人群和信息后，形成"回音室效应"，窄化个人理解，陷入"信息茧房"，走向极端。因此，有必要疏堵结合，双管齐下，一方面鼓励网民多元表达，打破"信息茧房"；另一方面培育网络平台的网民"意见领袖"，针对网络空间出现的不良声音和错误观点，做到疏堵并举，有破有立，引导网民舆论向上向善发展。

第一，建立网络评论奖励机制，鼓励多元视角的网络评论。互联网是反映民意的部落，对于提出不同网评视角且符合社会主义核心价值观的网络评论员，

---

① 曹艳. 大学生新媒介素养教育的途径 [J]. 当代传播, 2011 (04): 102-103.
② 海南大学马克思学. 海南大学第四届网络评论大赛专题讲座于马克思主义学院顺利举行 [EB/OL]. 2019-12-30 [2020-10-01]. https: // www. hainanu. edu. cn/stm/mks/20191230/10560240. shtml.

应当适当增加流量的分配，提高其网络曝光量，鼓励更多的网络评论，由此切实地解决民生问题，增加网络空间的正能量内容，构建一个风清气正、和谐文明的网络生态环境。

第二，筛选和培养民间网络评论员，提升社会议题的关注度。一方面，可以从网络平台已有的"大V"中，筛选一批政治坚定的网络评论员，纳入网络评论的社会组织群体中，不定期对他们进行集中培训，增强他们的网络舆论敏感性和对网络舆论的鉴别力，引导他们合理运用自己的社会影响力，以个人的独特形式，在网络热点话题中发挥舆论引导的作用；另一方面，从高校中培养新生网络评论队伍。年轻的网民熟悉互联网基因，了解网络文化和网络语言，更擅长通过网络评论的方式应对不良信息。因此，应当建立高校网络评论机制或者开设高校评论课程，从年轻网民中筛选具有"脚力、眼力、脑力、笔力"的有潜质的年轻网络评论工作者。

第五节　网络评论对社会治理的影响和作用

通过网络评论进行社会治理，能够最大限度使互联网的互动性特征与现代化治理模式相结合，通过完善沟通机制，使社会治理参与主体更加多元，社会治理模式更加联动，提升社会协同治理的水平。与此同时，社会治理模式的日益完善也能够不断提高政府治理水平，从而提升政府公信力与民众对政府的信任感。

一、完善纵向沟通机制，走向互动型治理模式

网络评论为社会治理带来了渠道上的畅通，通过完善纵向沟通机制，促进网民与政府之间平等高效的交流，由曾经自上而下、单向的治理模式转化为上下联动的互动型治理模式。一方面，网民可以通过社交媒体或政府官方平台，发表评论、表达个人意见，实现"自下而上"的信息传递和舆论监督。如北京市人民政府官网上开发的"政民互动"板块，网民可以通过投诉、咨询、建议等多种方式与政府有关部门进行对话。另一方面，政府也可以利用网络平台实现"上情下达"，做到与网民及时、直接、便利地沟通，贯彻中国共产党"从群众中来，到群众中去"的路线，运用社交媒体中的网络评论了解社情民意，加强与民众的互动与交流。

二、引导网民理性思考，发挥协同治理作用

我国的治理模式是一元主导、多方参与、民主协商、各司其职的共同治理。对于网民来说，互联网空间为其提供了一个可以自由发表个人意见的场所，但网民素质的参差不齐也导致了网络舆论环境的混浊。对于社会热点事件的评论中也夹杂着许多非理性、偏激化与煽动性的言论，一定程度上造成了不良的社会影响。为此，来自主流媒体、专业评论员或政府部门的网络评论内容，对于引导网民理性思考，提升网民网络素养具有重要作用。另外，来自自媒体、市场化媒体或网络大V的评论内容，在网民心中也具有较高地位，发挥自媒体时代从业者的影响力和作用力，引领网民进行深度思考，通过网民与意见领袖之间的交流互动，来提升广大群众的网络素养，发挥不同主体之间的协同治理作用。

三、促进社会治理水平提升，提高政府公信力

通过网络评论与网民进行对话沟通，发现社会问题、化解社会矛盾、促进社会治理，能够帮助官方机构掌握"互联网思维"。通过话语模式、行动策略、技术完善等方面的调整与优化，来适应新时代下互联网传播的特征与模式，促进政府社会治理水平的提升。从"庙堂"走向"江湖"，与网民进行直接沟通与互动，对于澄清事实真相、塑造良好的政府形象、提高政府公信力具有重要作用。互联网的及时、公开、透明等特征，为政府部门应对社会危机事件提供了良好的平台支撑，可以及时回应群众关切，采取相关行为对策，提高社会治理的实效性。同时，网络评论所反映的网络舆情，可以通过技术手段进行检测、预警以及干预，政府部门可以通过技术的升级对网络评论进行分层次、分级别、分人群的把握，分情况采取策略，调配资源，促进社会治理精准化，提高社会治理的效率。

第十一章

网络评论与知识传播

知识传播是指以专业知识内容为核心进行的分享与交流过程，知识传播将社会中原本分散的知识资源通过媒介手段进行整合，网络的介入使得知识传播在许多方面都发生了革新。互联网领域中"知识"这一概念不仅包括有明确学科界限的专业知识，也包括各类科普类内容、生活常识、专业思想的分享等内容。当下的互联网生态中，除了传统的娱乐项目外，越来越多的人开始选择在网络上进行知识传播与学习。网站平台多种多样，无论是文字类、图表类还是视频类的知识传播内容，都可以在互联网上找到发挥空间。本章将围绕网络评论中的知识传播内容进行讨论，结合具体实例介绍知识传播的网络评论类型、网络评论中知识生产的兴起与发展过程、知识分享行为、科技领域的网络评论以及网络评论对知识传播的影响等。

第一节 进行知识传播的网络评论类型

在文化类型越来越丰富的互联网网络生态中，知识传播型的网络评论越来越多，而且形式丰富多彩。当网络与人们的日常生活更加紧密结合的时候，普通网民的上网需求不仅局限于娱乐休闲方面，而且延伸到学习、交流等各个需求层面。总体而言，进行知识传播的网络评论可以从三个角度进行归类——传播主体、传播渠道和传播内容，具体而言，不同类别的网络评论又分别呈现出不同的特点。

一、从传播主体角度分类

传统知识传播的参与主体主要是专业的知识生产者，以报刊、广播、电视等传统大众媒介为中介进行知识传播。而网络评论的繁荣意味着多主体的网络评论特征成为常态，媒体机构、专业知识生产传播者、个人参与者都参与其中。

（一）媒体平台或媒体栏目

专业的媒体平台一直以来都是知识类评论生产的主力军。由于内容生产能力强、舆论引导效果好、组织内部生产效率高等，在新闻评论生产过程中，媒体一直占据着主要地位，在评论内容领域中具有较大的话语权。而伴随着互联网的发展，传统媒体逐渐实现媒体融合与转型，具体到网络评论生产领域，这意味着专业内容生产能力与网络化传播效应的结合。体系化、高质化的评论生产模式与对理解和传播能力有一定要求的知识传播话题结合，不断爆发出新的活力。

以中央广播电视总台在 B 站上开设的央视新闻账号为例，它会定期发布"主播说联播"为主体的视频评论内容，通常由康辉等《新闻联播》主持人对新近发生的一些社会事件或舆论内容发表评论，其中不乏知识传播类内容，基本每条评论都能获得"10 万+"的播放量。

此外，除了新闻栏目之外，一些知识类栏目也在积极发布网络评论，实现知识传播。以中央广播电视总台制作的文博类知识评论节目《国家宝藏》为例，节目联合各地博物馆对文博领域的国家文物进行重点挖掘，以每件宝藏一位"国宝讲述人"的形式展开专业领域的知识评论，探讨中华文明的形成。节目可以通过央视网、腾讯视频、爱奇艺、B 站等多个平台进行线上观看，引起大量网友参与对历史文化知识的传播和分享，取得了良好的传播效果。

总的来说，媒体平台或媒体栏目评论生产者内容制作能力较强，其评论多为传统媒体机构代表在网络中的评论延伸，体现出制作精良、专业性强、讨论度广的特点。

（二）专业知识研究者

专业的知识研究者主要指学者、某领域意见领袖代表和研究机构等评论主体，这些评论主体通常在某一专业知识领域深耕多年，拥有丰富的知识储备和相关经验，而在网络评论的生产过程中，他们主要将自己的专业知识与网络评论这一传播形式相结合，在社交平台上发布评论、采用适合新媒体传播的通俗表达方式，在其专业知识储备的基础上取得良好的传播效应。

以中国科学院物理研究所的哔哩哔哩官方账号"二次元的中科院物理研究所"为例，作为科研成果突出的物理研究机构，中国科学院物理研究所在 B 站开设了官方账号。账号运营团队由物理所一线科研人员组成，其视频内容以科普知识为主，5G 技术、宇宙空间、天文知识都是其涉及的领域，该账号还针对神舟十三号飞船发射成功、中国空间站建设等热点话题进行评论，截至 2024 年

10 月，"二次元的中科院物理研究所" B 站粉丝数已经突破 235 万，成为知识传播领域的代表性评论参与者。

除了一些机构之外，也有以学者为代表的个人账号，他们也是具备专业知识的研究者，往往会以更为贴近受众的方式来发表评论。其中较具有代表性的账号，如中国政法大学教授罗翔老师开设的"罗翔说刑法"，发表了大量和法律有关的知识科普类评论，罗翔老师也成为 B 站 2021 百大 UP 主之一、2020 年度最高人气 UP 主，深受广大网友的喜爱。

（三）个人参与者

去中心化是互联网的本质连接特征，大量个体的参与赋予了知识类网络评论发展的生机和活力。借助图文类、视频类社交平台的力量，普通个人参与者在网络评论中逐渐崛起，个人参与者参与知识类网络评论的领域和标准则更加泛化。泛知识时代，人人都可以在自己感兴趣的领域分享专业知识，就某个话题发表自己的看法。借助社交媒体传播的力量，不少个人参与者迅速崛起，成为某一知识领域的代表性评论者。

目前，在一些内容平台上，如 B 站和知乎等平台上有许多个人 UP 主，他们并不属于专业知识研究者或媒体从业人员，但是也在互联网上发布着自己的评论内容。例如，聚焦军事领域专业知识的"种花家的评论员"账号，作为个人 UP 主，但都基于自己对某一领域的热爱和知识储备，成了粉丝过万、具有一定影响力的 B 站 UP 主。这类个人账号的数量很多，共同构成了知识传播领域中数量最多的一批参与主体。

二、从传播渠道角度分类

在当前的知识传播过程中，平台作为中介性的角色出现，建立起知识评论分享者之间的联系，满足用户的知识评论需求。具体而言，这些平台既包括专门的知识传播类平台，也包括综合类社交平台中的特定分区，依据其传播渠道的不同，可以分为依赖社交关系传播的平台和依赖算法进行传播的平台这两类。

（一）依赖社交关系传播的平台

依赖社交关系传播的平台主要是指在用户之间的相互联系基础上，聚合知识评论和分享行为的社交平台。根据社会学者格兰诺维特的理论，人与人之间的联系既存在强关系，也存在弱关系，而弱关系的大量存在能够帮助人们提升传播效率，扩大传播范围。社交媒体的存在也正是通过建立起用户之间的弱关系，使得原本局限于特定领域的专业知识超越群体之间的区隔，传播给更广大的受众。

以问答型社交网站知乎为例，知乎是一个以问答为主的互动社交网络平台，传播内容包括但不限于科学、艺术、文学、生物、技术、娱乐、生活等领域。在知乎上，用户可以进行发出提问、邀请其他用户回答问题、接受其他用户邀请回答问题、点赞回答、关注用户等一系列社交行为。通过点赞、评论等行为，用户之间可以建立第一步的社交联系，私信聊天等功能则是第二步的社交行为，而且，知乎又开发出"知乎 live"、线下大会等方式，加强了用户之间的社交联系，增强了用户之间的黏性。基于这种社交关系传播方式，整个知乎平台成为一个庞大的知识内容社区，传递着知识类网络评论。

（二）依赖算法进行传播的平台

第二类传播渠道是依赖算法进行传播的平台类型，这类平台主要依赖对用户数据的分析、将不同喜好的用户与相对应的内容匹配，实现知识的个性化、精准化传播。这类网络评论涉及的知识领域往往更加细化和小众、内容生产更加碎片化，而其对用户带来的传播也更具针对性，算法的存在使得再小的知识评论需求都能够被关注到，有关知识领域内热点事件的内容更能够迅速渗入用户内容消费行为中去。

以抖音平台为例，基于强大的数据获取与分析能力，抖音对其平台内部的用户数据进行分析和分类，给不同的用户打上不同的用户标签进行细致分类，同时与不同内容标签的内容进行匹配，按照标签进行智能化个性推送。而知识传播内容专业性强、细分领域复杂、覆盖用户群体较大，这些特点都使得基于机器算法的内容推送模式可以使知识内容准确到达不同的群体中去，满足用户个性化需求。

三、从传播内容角度分类

多知识领域、多内容形式是知识类网络评论内容的基本特征，伴随知识传播领域的井喷式发展，从这两个角度入手分析知识传播类网络评论可以更好地理解此领域全貌。

（一）按照知识领域进行分类

许多涉足知识传播领域的平台都设置了专门的知识分区，并下设不同的知识类别领域，以聚合各类评论内容，便于读者阅读相关内容。通过分析知乎、B站知识分区、喜马拉雅知识分区、CCtalk 等平台分类，可以综合得出以下知识领域：科学科普、人文社科、财经商业、考试学习、职业职场、生活技能、IT

科技等。

按照知识领域进行内容分类可以发现，当前知识传播中的网络评论内容呈现出细分化和知识边界泛化的特点。

一是细分化，知识的分类不再依照传统的学科划分法明确不同学科之间的区别，现在的知识分类更加细碎，许多非传统类型的知识需求也被列为单独的频道进行评论生产，例如 B 站中较多账号是聚焦数字科技类、军事类、海外类、影视类等内容。

二是知识边界泛化，知识的含义不再仅仅指书本上的知识，与日常现象、生活技能相关的评论都可以成为专门的知识传播领域，知识传播进入"泛知识"时代。例如，在喜马拉雅上有"随口说美国"的评论连载，其中就有很多博主在美国生活的评论内容，这些内容也可以成为知识传播对象，在平台上引发大量网友关注和讨论。

（二）按照内容形式进行分类

在前文的论述中已经提到，多符号、多元化、多媒介的评论形式成为网络评论的新特点，而具体至知识传播这一领域中，主要包括图文类内容形式、视频类内容形式、音视频类和直播互动类内容形式。

以图文类内容形式为主的知识传播平台包括知乎、百度百科等早期知识传播平台和网站，其影响力较大。

以视频类内容形式为主的知识传播平台包括 B 站、抖音、快手等以自媒体人或博主为主的视频平台，这些平台降低了知识传播的门槛。除了这些用户生产内容为主的平台外，还包括得到 APP 等专业化视频内容平台，它们往往邀请一些专业学者发布视频内容，进行知识传播。

音频类的代表是喜马拉雅 FM，它实现了体系化、专业化的内容生产。而直播互动类内容形式则包括 CCtalk、钉钉等实时互动平台，通过多种互动功能复原线下课堂场景。

（三）按照知识专业程度进行分类

当前环境中，"知识"这一概念在网络中涉及的方面较广，知识的含义并不存在明确的壁垒。因此，根据知识专业化程度的不同，知识类网络评论可以划分为科普类评论与学术类评论两类。二者的区别就在于知识专业程度的不同。

科普类评论涉及的通常是易懂、浅层的知识内容，评论生产者大多以通俗、直白的方式发表评论，其生产对象多为网友，生产目的多为扩大此类知识的影响范围或者帮助网友理解现实社会问题。前文中提到的中国科学院物理研究所的 B 站账号"二次元的中科院物理研究所"就是典型案例。

学术类评论的受众相比而言则更为小众，其知识的专业化程度较深，形式多为专业学者们针对具体的研究问题或研究热点进行规范化的学术讨论，得出具有一定可行性和创新性的结论，受众也多为此领域内的专业人士。不少专业的学术类杂志往往在其知网页面中设置学术评论专栏，传播专业类的知识评论。

专业程度不同的两类评论的存在体现了知识类网络评论的多样性与特色化，突出了网络评论从不同领域切入对社会思想产生的影响。

第二节　网络评论中的知识生产

网络评论的内容五花八门、形式多种多样，而知识生产在网络评论中更是呈现出百花齐放的上升发展状态。而且当下世界正处于知识社会全球化的背景下，人们对知识的渴望与需求越来越强烈，随之对应的是同样不断发展的知识生产。网络技术的发展与现实社会的转型催生了网络评论中的知识生产，随着知识传播市场的不断成熟，网络知识生产也迎来了一个阶段性的转型与升级，对于网络平台来说，知识生产模式的发展方向与技术要求是值得思考的问题，同时更值得重视的则是受众的知识生产接受能力，在此基础上对网络评论知识生产的转型升级进行讨论，将会更加有的放矢。

本节将从网络评论中知识生产模式的诞生、知识生产模式的变革与转型，以及知识生产模式的发展趋势三个方面进行分析讨论，具体结合网络上多种形式的知识生产内容，对以上问题进行有针对性的探讨。

一、网络评论中知识生产模式的诞生

在知识传播的过程中，往往存在一些环节，在各个环节之间的配合中，知识传播往往会出现某种特征或规律。传统知识生产模式往往制作门槛高、专业性强、环节化分工，以纸质媒体时代为例，书籍作为一种重要的知识传播载体，其生产成本比较高昂，需要通过专门的出版发行渠道才可以问世；书籍作者一般都是有一定社会地位的精英，在某个专业领域深耕以至积累了一定的独特理解；书籍的问世有明确的写作、编辑、审阅、宣传、印刷等流程，其内容的生产门槛较高。

随着信息技术的发展和社会文化的革新与进步，传统的知识生产模式不再适应信息社会中知识的高速迭代，新的知识生产模式逐渐酝酿而生。信息技术

的发展使得网络成为社会最主要的传播渠道，网络的去中心化和超链接特性打破了原先知识生产与传播中存在的门槛；社会文化的革新与进步使得个性化、通俗化成为新媒体文化的特征。这带来了细分化、趣味化、弱化把关的知识生产类型。

具体至网络评论这一内容类型中，由于网络评论形式灵活、符号多样、传播范围较广且存在明确的观点态度，因此其影响范围更加广泛，不少社交平台都在评论这一基础功能上强调其社交特性。在大规模的网络评论传播和表达过程中，以知识生产为主要目的的评论也逐渐出现了新的生产模式特征，并不断发展与变化。

二、网络评论中知识生产模式的变革与转型

最初，当知识在网络评论中产生出来的时候，往往都是用户或者是平台无意识促成的。比如一个论坛在建立之初只是为了方便网友交流，但随着网友的聚集，就渐渐分化出不同方向的讨论区。知识生产也因此产生。但当下的网络环境中，网络评论中的知识生产模式仍然是不够系统全面的，需要一定的变革与转型升级。

（一）互动性不断加强

在网络评论中的知识生产一开始是自发的、零散的、不成体系的，比如互联网早期网友们在 BBS 中发布帖子进行问题讨论、知识分享等，这些虽然是一种知识生产，但并没有形成体系。当专业的网络平台介入之后，知识生产和分享逐渐环节化和流程化，以基于搜索的互动式知识问答分享平台"百度知道"为例，用户有针对性地提出问题，通过积分奖励机制发动其他用户进行回答与评论，进而解决该问题。这使得知识的生产成为网站业务的核心，而且在知识的生产与传播过程中逐渐形成用户社区。

这些平台网站为人们的知识探讨这一环节提供了一个"网络聚集地"，单纯的"一问一答"被打造成具有互动性质的社交环节，人们可以在"百度知道"上寻找自己感兴趣、好奇的知识，并针对这些知识进行提问或回答，在这个过程中，还可以收到他人的"回答邀请"或者是点赞、评论等。当单线的知识输出成了双向的讨论，这更加促进了网友知识生产的热情，加快了网络评论中知识生产模式的转型升级。

（二）平台加大对知识创作者的扶持力度

早期各大知识生产类平台主要是博主们在平台自身的流量规则和算法推送

规则基础上，以内容本身来获取更多的关注。但随着平台发展规模的增大，平台开始有意识地对优质内容和优秀创作者加大支持力度，甚至直接给予资金鼓励和流量支持，从而让更多优秀的评论内容得以生产、传播。

除了平台本身特点对知识输出者的吸引，平台的奖励机制更能促进创作者的知识输出。知乎平台每周都会产出一期令人感兴趣的策划主题的"知乎周刊"，在每期周刊中，都可以看到不同问题下不同"答主"的优质回答。这同"点赞多的回答会被推送到主页"的性质一样，都是在增加回答者的曝光度，对知识创作者进行扶植。

而以针对年轻人的视频平台和文化社区 B 站为例，B 站不仅在自己的内容分区中设置了专门的"知识"板块，整合相关内容，而且，从 2020 年开始，B 站持续推出"知识分享官"创作激励计划，鼓励用户参与知识区的原创内容生产活动，并根据播放量排名给予数百元至数万元不等的活动奖励，极大地激活了用户的创作和表达热情。

三、网络评论中知识生产模式的发展趋势

网络评论中的知识生产模式在不断发展，并且越来越迎合受众的需要，满足受众的需求。在刺激用户兴趣点上，网络评论的知识生产模式和娱乐的结合更加紧密，更加刺激用户眼球。在用户定位上，知识生产的用户定位更加准确，精准捕捉到某个特定的用户群体，而不是面面俱到照顾所有用户；随着人们对知识的需求不断增加，网络知识生产也在朝着跨学科以及应用化趋势发展，更加有利于人们的了解与学习①。

（一）与娱乐结合更加紧密

在当下信息爆炸的互联网生态中，一个"朴实无华"的优质内容往往无法吸引受众。以微信公众平台为例，一篇点评电影的优质深刻影评想要吸引受众，往往需要起一个一下子就能抓住受众眼球的标题，这样才能让用户在刷手机的过程中，不把这篇优质产出"刷"过去。综艺节目制作更是将与娱乐结合贯彻得极为彻底。以爱奇艺的《奇葩说》为例，这是一档辩论赛式的节目，每期都会制定一个值得思考的辩题，由双方选手进行辩论，在辩论的过程中，选手们往往会为了输出大量知识内容，通过评论表达的形式证明自己的观点。他们选择的例子大不相同，但往往会选择以一种娱乐化的形式表达出来，结合社会热

---

①　廖韵佳."人-人"连接如何催生知识生产和共享——以知乎为例［J］.东南传播，2018（09）.

点进行评论分析、幽默调侃，因为这样才能吸引更多听众。这种和娱乐紧密结合的形式是知识生产的一个正在进行中的发展趋势。

（二）定位更明确，受众主体更分明

以往传统的信息传播平台的知识生产总是面向大众的，以中央电视台科教频道产出的节目《百家讲坛》为例，这档节目是以讲座形式向观众普及中国历史、中国文化等内容，涉及生物、医学、经济、军事等多个方面。该档节目面向的观众面较为广泛，是电视机前大部分对中国历史文化感兴趣的群体。这从另外一方面就使节目制作组受到一定限制，他们需要在选题、内容等多方面下功夫，确保大部分的观众能够理解或者被吸引。

但网络评论节目中的知识生产则更加有的放矢，以喜马拉雅这一平台上的各种课程为例，制作方有着明确的定位，针对的群体对象也较为分明，因此在知识内容输出上，就会更加深入、更加深刻，不会显得广而不精。以其知识分区中的商业财经频道为例，其内容多是围绕商业热点进行专业的财经评论，并出现了如"齐俊杰看财经""清言友道"等头部内容账号，通过优质内容吸引用户参与知识的消费，建设起了良性互动的知识评论社区。

第三节　网络评论中的知识分享

知识分享主要指人们在知识交流过程中产生的主动进行内容输出和交流的行为，在网络平台中，知识分享带来用户间的交流和共享，创造了良好的学习氛围。为满足人们日益增长的知识文化需求，以部分网络平台为主导的网络评论知识生产呈现出以知识分享与知识总结为主要形式的特征。人们在网络上可以享受经过专业人士筛选整理过的知识总结，也可以自己作为知识输出者，将自己所了解掌握的部分行业信息、知识领域进行总结并输出，成为一个网络知识分享者。知识分享与总结作为网络知识评论的两种获知途径，越来越受到广大网民的欢迎。其中，较为典型的是视频平台和社区 B 站，该平台早期是以动漫内容创作与分享为主的视频网站，如今已经发展成为一个涵盖各个圈层的多元文化社区，在 B 站中设有专门的"知识""课堂"等相关内容分区，人们可以搜索到自己想要学习的相关知识，比如国内外著名大学的公开课视频，知识类演讲视频或者是其他相关技能的课程。人们可以直接在该类网站上看到总结完善的知识。同时，许多个人内容分享者也参与到知识分享的过程中，在 B 站上，分享者 UP 主可以拍摄视频分享自己的学习经验、穿搭技巧、健身计划、做饭技巧，甚至也可以是一些比较小众的植物种植、野外生存等视频内容。在这些视频中不仅传达了娱乐性，人们还可以在这里学习到很多现实生活中需要的技能知识。

以平台为中介、内容多样化生产、凭借社交关系在互联网中传播，这是知识分享网站的基本要素。本节将讨论知识分享与知识总结内容的特点、影响以及局限发展等。

一、知识分享的特点

网络知识分享得到越来越多的用户的重视，其特点也是值得深入分析讨论的。实时化与开放性是网络知识分享的两大特点。实时化体现在知识类网络评论分享的形式上，而开放性则体现在评论双方的关系地位以及评论内容的可共享性上。

（一）实时化

实时化的沟通方式已然成为知识类评论分享的常态，不管是在社交媒体中还是直播平台上，分享者针对一定的社会话题给出评论，用户实时接收并通过文字评论、直播弹幕等形式给予回应，带来知识类评论分享的良好互动效应。以知识类分享媒体樊登读书会为例，该账号主要针对不同书籍内容进行评论，通过分析书籍内容给出评论者自己的观点，引发观众的讨论和共鸣。截至 2024 年 10 月，在快手中，樊登读书官方旗舰店这一账号的粉丝量已经超过 480 万，其直播栏目《樊登读书，与你共读》已经成为常态化的直播评论栏目，在直播中主播以一些名著为评论主题，通过介绍书籍含义，联系自己的生活经验与阅读体会进行评论分享。实时化的知识分享方式使得知识类评论能够更好地接收到用户反馈，拉近与用户之间的距离，使此类分享取得良好的社会效益和经济效益。

（二）开放性

网络评论中的知识分享也呈现出开放性特点，开放性的特点既体现在传者和受者之间的平等教学关系，也体现在更多信息之间的交流和共享。

第一，教学关系平等。在线下的课堂中，一对多的教学关系会让很多学生在听课过程中感到紧张，具体表现为很少向老师提问、与老师的互动性很低。但在网络上，由于是线上授课，学生会感到更加轻松自如，师生之间的平等性达到了一种极为和谐的状态。学生可以随时随地向授课者提出问题，授课者也会积极地进行解答，这极大地提高了学生的学习质量。

以知乎 Live 为例，这是知乎推出的一个实时问答互动产品，创建者可以创建一个 Live，当其他用户点击进入并支付创建者设立的准入费之后，就可以进入沟通群中，向创建者发起提问，而创建者就可以通过语音分享等形式分享多种信息。这种平等的问答关系与传统的师生授课方式既有相似之处，又有很大不同，但不可否认的是，当下互联网生态中，知乎 Live 的运营方式十分适合网友。

第二，信息共享。使用网络评论的形式进行知识传播所带来的另一特点就是信息资源的共享。以国内著名的经济管理学知识论坛"经管之家"为例，该论坛的前身是人大经济论坛，多年来始终以"让优质教育人人可得"为使命。论坛的知识分享模式主要是知识社区内部的发帖和回帖互动，发帖者针对经管行业热点或学术专业知识进行评论，而回帖者可以直接在帖子下发表评论回复。论坛中的主要内容多为知识交流、学习资源分享、经济信息、教材分享等内容，实现了信息资源的贡献，促进了知识的传播。

二、知识分享产生的影响

以往的知识传播往往局限于很多因素，但网络上的知识分享在某种程度上打破了这些局限，其发展也带来了许多影响。用户在网络上得到知识分享的内容的时候，需要投入一定成本，比如金钱成本或者是时间成本。同时也正是因为网络因素不受时空限制，所以参与人数往往很多，所分享的知识内容也十分丰富。①

（一）知识付费提升用户黏度

网络上的知识分享并不是完全免费开放的，很多时候都需要付费观看。这就涉及知识付费。随着人们经济文化水平的不断提高，越来越多人认识到了知识版权的重要性，因此知识付费经济也随之发展起来。在网络上分享知识的输出者不再是"白费心血"，而是将自己所掌握的知识成功"变现"。知识付费的这个环节不仅体现了对内容输出者的尊重，同时也会反向促进支付者对知识的足够重视与充分利用。人们往往对免费得来的事物不甚上心，但是却会十分重视付费产品。当投入成本足够大的时候，用户会给予知识产品足够的重视。

---

① 劳凯声. 智能时代的大学知识生产［J］. 首都师范大学学报（社会科学版），2019
（02）.

（二）参与人群大规模化

传统的线下课堂或者是讲座都会受到场地限制，但互联网上的"课堂"或是讲座却不会受到场地等因素的限制。一节课程不会受到时间、地点等限制，用户可以在任意时间、地点进去访问，同时也不会受到访问人数的限制。一节普通课程结课后，其访问人数是上千的，而一档优质课程结课后，很有可能会有上万的访问人次。以 B 站上的知名知识分享者罗翔为例，罗翔是中国政法大学的一名教授，从 2020 年开始进驻 B 站，其视频原本是面向法学生讲授刑法相关专业知识，由于其生动幽默的讲解风格受到了广大网友的喜爱，其视频内容也转向普法、趣味知识等方向。截至 2024 年 10 月，罗翔说刑法 B 站账号的粉丝数已经超过三千万，不少视频的观看量都破千万，使得大量网友参与至法律知识和法律思想的学习之中。

（三）知识内容和数量庞大

内容传播的碎片化是新媒体传播的基本特征，而碎片化的知识传播意味着有关知识的网络评论也常常是片段化的，一条几十字的微博评论、十几秒的短视频评论都可以是知识传播的强大载体。碎片化的特征极大地扩大了知识类评论的内容和数量，在各类平台中占据的内容量也在持续增加。以抖音平台为例，2021 年，抖音上的泛知识内容增长迅猛，播放量年同比增长达 74%，泛知识内容播放量占平台总播放的 20%，知识种类涵盖生活技能、科普、人文艺术、职场等模块①，这证明了以短视频形式进行知识评论在内容和数量层面上带来的提升。

三、知识分享的局限与发展

虽然人们逐渐看到网络知识分享的重要性，越来越多的网络用户开始在网络上进行学习，很多网站平台也将知识分享这一领域当作未开垦的商机发掘地，但网络知识分享的发展仍然谈不上成熟，目前只是一个起步阶段，尚有诸多局限以及较大的发展提升空间。

（一）局限性

第一，线上知识分享存在多方面约束条件，需考虑用户、需求、场景等因素。网络评论的知识分享内容面对的受众是极广阔的，并且如果不做好产品定位，知识输出者是无法确定受众的水平以及需求的。在线下教学中，老师往往

---

① 《2021 抖音泛知识内容数据报告》发布 [J]. 新闻世界，2021（12）：15.

了解自己学生的擅长点与不足点，但线上教学却需要考虑到用户的背景、需求以及教学场景安排等问题。

以中国大学 MOOC 网为例，该网站拥有包括"985"高校在内提供的千余门课程，网站的教学方式以录播课程分节讲授为主，教学者与用户之间的互动主要通过评论的形式进行。但这种互动方式也存在一定的局限性，学习的过程全凭用户的自觉，网站无法做到完全的监管。所以很多用户在课程开始的时候报名了许多课程，但在课程结束的时候却并没有完成。而且课程讲授的双向互动性也大打折扣，影响知识传播效果。

第二，碎片化传播，短时间获得全局性概览，深度学习不足。人们在网络上获取知识并不是强制性、被动性的，而是需要自发主动去完成网络知识学习这一过程。这就需要人们对知识学习有强大的渴望与驱动力，但这对部分人来说，是做不到的。所以大部分知识总结型产品的内容时长都很短，供用户利用"碎片化"时间学习，甚至部分知识内容也会考虑到受众的知识水平，降低知识深度与难度。这样虽然有利于优化时间效率，使用户短时间内获得全局性概括，但对于深度学习来讲，这并不合适。学习需要大量的时间来消化和思考，碎片化的学习状态难以让人进入理想化的学习状态中。

（二）发展策略

第一，优化平台运营。当下知识平台越来越多，都在极力争取用户，在这个时候就凸显出平台运营的重要性。只有能够做出优质内容并且让用户更好学习的平台才是优质的网络知识总结平台。以个性化推荐为例，许多平台都采用算法推荐来稳固用户，但同时也要注意提高用户体验，提高内容的异质化程度。否则，当用户发现自己陷入"茧房效应"的时候，其就会对这些内容产生审美疲劳，从而产生厌烦心理。

第二，提高用户活跃度。许多知识传播网站的用户活跃度并不高，这也使得知识产出者的产出动力下降。与此相反的则是知乎平台，问题回答者或者是专栏作者更加容易获得曝光被更多看到，因此刺激创作者的知识产出[①]。当一个知识网站的内容产出得到一定保障的时候，会有越来越多的用户涌入平台。

第三，提升内容的专业性。网络知识平台和相关账号的发展离不开用户的支持以及提升用户的付费意愿，而想要获取用户的支持，内容的专业性和吸引度是根本。一个知识平台想要让用户心甘情愿地付费，就需要不断提高自我建

---

① 刘佩，林如鹏．网络问答社区"知乎"的知识分享与传播行为研究［J］．图书情报知识，2015（06）：109-119.

设能力，有意识地优化算法规则，邀请专业人士入驻平台进行内容生产，出台规则鼓励优质内容。以"得到"为代表的课程视频类知识分享平台就是典型的例子，平台方面会主动邀请专业的、有优质内容生产的学者、媒体人进入平台，保障平台知识质量，增强用户的持续付费意愿。

第四节　网络评论与科技领域的知识传播

伴随网络评论在知识传播领域的兴起与发展，科技领域作为专业性较强、关注度较高的一类知识领域产生了丰富的网络评论实践。人们通过网络评论这样一种传播形式，直接、迅速地接触到原本小众的专业知识，甚至参与到此类评论的生产分享过程中，从而指导自己的现实生活实践。

一、科技领域知识类评论特点

科技领域知识专业性强、创新空间大、生产环节复杂，因此科技领域知识类评论呈现出以下特点。

（一）技术传播小众化

从一般意义上讲，科技领域知识类评论的内容是围绕着科技信息做出的，包括科技知识、新兴领域动态、科学精神和思想等。由于科技知识类别较多、发展较为迅速，而受众的信息接受能力则是有限的，因此除去转基因、区块链、人工智能等与受众日常生活息息相关、影响较大的科学领域外，大部分科技领域话题呈现出小众化的特点，专业性较强，普及程度不高。小众化一定程度上意味着局限性，能够对某一科技话题做出深度评论的人有限。然而，从另一个视角来说，小众化也意味着更有机会发挥长尾效应，易于充分利用各传播渠道和资源，产生集中性强的现实效应。

（二）知识传播碎片化

随着互联网媒介应用的发展，传播内容越来越碎片化，精准渗透进人们日常生活的每个瞬间。传统的知识传播大多是成体系化的、基于线下固定场景的，而虚拟空间的开拓使得知识传播不再局限于课堂上和研究者之间，人们可以迅速通过网络评论的形式了解某一专业领域的知识，无须投入大量的时间精力学习。碎片化一方面意味着知识评论实现更加快速的传播，获得大量的用户热度；而另一方面而言，碎片化也意味着传统知识权威的消解，这为越来越多草根评论者的崛起提供了机遇。

（三）传播主体专业化

由于科技领域知识存在专业性强、传播范围小众的特点，信源的可靠性成为影响此类评论传播效果的重要因素。其中，传统主流媒体由于专业性强、信息渠道权威，成为科技类评论传播过程中重要的意见领袖。根据 2020 年"中国公民科学素质调查"对浙江省公民进行的调查结果显示，浙江省公民认为对新冠疫情防控最有帮助的信息来源是权威媒体渠道、权威数据信息和权威科普知识。[①] 这说明主流媒体在科技类网络评论生产过程中所发挥的作用不容忽视，主流媒体应当加快推进高质量科技知识内容生产，发挥在科技领域中的舆论引导作用。

二、科技领域知识类评论面临的新挑战

科技领域知识类评论小众化、碎片化、专业化的特点一方面给其发展带来了适应传播趋势的助力，但另一方面而言，如何扩大科技领域知识类评论的影响范围、如何引导其发挥正向影响等问题也给知识类评论的发展提出了新的挑战。

（一）传播渠道和资源受限

观察科技知识的生产过程可以发现，其生产和传播主要依靠两个环节：一是生产链上游的科技专业工作者们，他们集中于科技探索和知识挖掘，是科技知识的制造者。二是生产链下游的科技知识传播者们，他们通过筛选选择适合进行传播的专业知识，选择多种媒介形式承载原本只流通于专业生产者之间的知识，对知识进行普及。两个环节之间的配合意味着知识评论生产的效率和传播的效力。然而，传媒市场中传播资源的分配是由用户的注意力决定的，相对而言，用户群体较小、理解门槛较高的科技知识类评论就会受到传播渠道和资源的限制，由于短期的利益追逐而忽视了科技传播带来的长远效益。

（二）"伪科学"传播造成内容问题

相对于其他知识内容生产形式而言，网络评论的生产较为草根化，这使得部分知识类评论生产者随意解释一些专业信息，甚至为了吸引流量朝着"标题党"的方向歪曲解释专业领域，带来谣言和社会危害。而且，科技领域知识类

---

① 周海鹰，蒋一琛，郭贝妮，李顺利，吕悦．媒体融合助力科学防疫知识传播创新路径研究——以浙江科学传播融媒体联盟为例［J］．科技通报，2022，38（02）：115-116.

视频的强专业性还使得对其进行核查的专业门槛较高，监管者难以准确核实评论中出现的专业科学知识，不少"伪科学"大行其道，评论者们为了哪方是正确的争论不休，逐渐忽视了科学传播原本的目的。

（三）知识鸿沟加剧

科技领域知识类评论作用的发挥基于用户的主动选择，因而用户的选择动机、知识水平、批判能力、数字素养水平等现实社会因素依然产生较深影响，这带来了用户之间的信息接触行为的差异，扩大了原有的知识鸿沟。原本拥有更多信息资源的主体更易通过科技评论的消费获得对自身有益的信息，而原本就处于弱势地位的信息匮乏者获得的则是有限的信息，且备受谣言、"伪科学"的干扰。特别是老年群体，更容易被评论中一些冲击性、情感性强的要素吸引，从而忽视了对信息推理论证过程的质疑，成为被数字社会遗忘的一群人。

三、科技领域知识类评论的创新路径

尽管当前不少大众化科技知识评论已经家喻户晓，但许多专业性强、解释难度大的科技领域知识依然没有得到充分的评论传播，在克服挑战的同时，科技领域知识类评论还可以考虑从以下几点入手，推动评论创新。

（一）推进分众传播

分众传播指的是针对不同受众需求运用不同的方法传递差异化的内容①。面对部分科技领域知识类评论研究规模较小、受众数量较少的条件，科技领域知识类评论可以借分众传播找到适合特定传播用户的途径。相比以往在大众传播渠道大规模传播的成本，分众传播占用资源较少，且能够做到精准投放。明确小众用户的需求偏向，找到小众科技评论的受众群体，媒介只需要投入极小的成本就能够将传播效益最大化。而且，目前许多社交平台的集聚模式也已经为小众科技评论分众传播提供了条件，以有孔虫知识传播为例，豆瓣、知乎、百度贴吧等平台已经聚拢了部分有孔虫爱好者，他们致力于分享和科普相关知识，且收获了数量可观的阅读量，小众化正借助新媒体传播的优势朝着普及化发展。②

（二）重视情感因素

科技领域知识类评论传播并不是冰冷的，知识与情感总是相互依存的，新

---

① 熊澄宇. 从大众传播到分众传播 ［J］. 瞭望新闻周刊, 2004（02）: 60.
② 刘成盼, 刘济超. 小众化科技知识传播突破沉默螺旋之探——以有孔虫知识传播为例 ［J］. 科技管理研究, 2021, 41（19）: 200.

媒体平台中的传播基于关系进行，在这个过程中，用户寻求的不仅仅是信息，提供较多情感共鸣、趣味性较强的内容更容易受到用户的欢迎而成为热点。以自然生物类科普账号"无穷小亮的科普日常"为例，账号主体为《博物》杂志副主编张辰亮，截至 2024 年 10 月，其 B 站粉丝数已达到 991 万。"无穷小亮的科普日常"以通俗易懂的表达，将不少专业领域的生物、地理知识转化为新媒体语言。并且与网友开启互动式科普模式，以对话的形式回答来自网友的各种问题，用户仿佛亲身在和科技工作者进行对话，提高了用户的在场感和参与性。该账号对于粉丝群体的运营和维系也使得许多用户对此账号有一种情感上的认可，科技知识不再被束之高阁。

（三）发挥专家效应

科技领域知识类评论的繁荣使得不少专家在评论过程中成为专业领域的网红，获得大量流量的同时也取得了更好的传播效果。不少和人们日常生活相关的科技知识理解难度大，其评论者更是鱼龙混杂，普通用户难以分辨信息的真实性，因此，一些得到官方权威背书的专家发挥了极大的作用。首先，家喻户晓的科技专家大多得到了主流媒体的认证，这使得他们的权威性高，解释更易令人信服。其次，人格化的传播策略更易给用户留下深刻印象，相比拗口的专业名词，一个颇具亲切度的专家形象更易得到用户的信任和关注。例如，钟南山、李兰娟等院士用平易近人的口吻、草根化的表述科普了有关防疫的一系列知识，不仅传递了正确科学的医学信息，还在一些特殊时期起到了安稳人心的情感作用，充分体现了专家角色在科技传播中的作用。

第五节　网络评论对知识传播的作用与影响

在互联网普及之前，人际间的知识传播往往会受到时间、地点等外界因素的极大局限，但网络评论却使得知识传播的速度更快，范围更广，内容更加多元。当一篇知识评论文章或者是一条视频发布在网络上之后，除了内容推送到的既定受众外，还会有其他层面的人能够接收到这则消息，比如通过用户的主动搜索行为，或者是该内容被转载到其他平台，推送给更多的人。百度信息搜索和微信公众平台文章分享到朋友圈这两个案例都能体现上述内容。除了这两点以外，互联网还有更多功能让一则知识信息内容被更多人看到。比如，在 B 站中常常被各大 UP 主挂在口边的"一键三连"（即点赞、投币、收藏功能），当一则视频被更多人浏览、点赞、投币、收藏之后，这则视频就会被网站后台默认为优质视频，同时会利用大数据计算推送到更多可能对该类视频感兴趣的用户的首页。

B站的案例极大地体现了网络评论对知识传播起到的推广作用。本节内容将从网络评论对知识传播的作用、网络评论对知识传播的影响、信息搜索难度增加以及网络评论造成的知识传播困境四个方面对相关问题进行讨论与分析。

一、网络评论对知识传播的作用

网络评论为知识传播带来了极大的促进作用，当知识与互联网结合到一起后，就会产生"1+1>2"的效应。网络评论不仅使知识传播的效率大大提升，还使知识传播的范围更加广泛，不再受到场地等因素的限制。对于受众来说，因为网络评论的原因，受众能够接触到的知识的种类也更加多元。

第一，使知识的传播效率更高。传统的线下知识分享往往是课堂教学式的，知识传播的效率很大程度上取决于知识传授者的分享速度。即使是通过图书等渠道获取知识，也取决于图书、报刊的出版速度。但网络评论的产生却使知识传播效率更高，人们在网络上可以通过搜索引擎获得自己需要的信息，然后根据自己的阅读习惯或者是观看视频的习惯获得知识。这种知识获取的方式将主动权归还给用户，用户可以选择更加快速的知识获取方式。

第二，使知识的传播范围更广泛。传统的教与学的传播范围是一个较小的群体，即使是一场较大的讲座，也会受限于场地等问题，从而导致传播范围不够广阔。但线上的网络评论的使用，却能够极大地扩大知识传播的范围。知识传播的接受者不再是特定的人群，潜在接受群体包含了整个互联网的用户。以知识整合分享平台为例，这些课程视频所承载的内容原本只限于特定的部分学生群体，但互联网却使它面向了大众。

第三，使知识的传播内容更多元。由于网络评论表达的灵活性和符号的多样性特征，网络评论在知识传播中的适用范围更广。网络评论中的知识传播包括社会热点分析、科普知识简介、学科思想学习等方面，其涉及领域也不局限于传统的学科领域，还包括生活常识、趣味知识等领域。传播内容的多元化提升用户兴趣，更好地满足了受众需要。

二、网络评论对知识传播的影响

网络评论给知识传播带来了两方面影响：一方面，网络评论可以使许多细分领域下的知识更加精而深，推进了知识内容的深入发展和内容领域的深耕探索；另一方面，这也造成了知识内容量过载，进而造成冗余信息带来的信息压力和信息焦虑。

（一）知识类内容深耕细化

以往普及式的知识传播更加强调覆盖领域的扩展，在内容细分和深化等方面未做过多探索。除了专门从事某种领域的研究人员以外，受众并没有可靠且有效的途径去了解一个自己从未涉及过的领域的知识，但互联网上的知识传播却改善了这一情况。以音频内容分享平台喜马拉雅为例，喜马拉雅通过音频内容这一形式构建了知识内容创作者和用户之间的传播平台。深耕知识传播领域的市场，喜马拉雅在平台分区中专门设立了"知识"分区，并下设"儿童""历史""商业财经"等八个频道涵盖各专业领域的知识内容，每一频道内部还继续细分了知识标签，这使得各个细分领域都可以形成各具特色的内容传播格局，用户可以使用多种平台功能参与到网络评论的生产和传播中，人们的个性化需求被充分满足。

（二）碎片化知识传播成为常态

伴随着诸多社交平台参与到知识传播之中，原本带有一定理解门槛的知识学习不再意味着较高的时间和精力成本，微博平台上的一段话、短视频平台中几十秒的小视频都可以帮助用户迅速理解一段知识，碎片化的知识传播成为网络评论中发布和分享知识的常态。以抖音平台为例，《2021抖音泛知识内容数据报告》显示，抖音泛知识类内容播放量已达平台总播放量的20%，生活技能类和科普类是用户最喜爱的内容类型，这证明了碎片化知识传播的强大渗透力①。

三、信息搜索难度增加

互联网虽然为人们提供了更多信息，但同时也造成了一定的"信息泛滥"，这为人们获取正确的有价值的信息带来了一定困扰。"信息泛滥"是指在经济发展、科技进步的社会背景下，信息的流传速度大大提升，越来越多的信息出现在人们面前，造成信息冗余②。当人们在搜索引擎中输入相关信息的时候，会出现无数的搜索结果，但这些内容却是参差不齐的。对于需要在未知领域查找信息的人来说，这无疑增加了人们搜索有效性信息的难度。

以百度百家号为例，百家号是百度所建立的为内容创作者提供的内容发布、

---

① 《2021抖音泛知识内容数据报告》发布［J］.新闻世界，2021（12）：15.
② 陈思宇，黄甫全，曾文婕."互联网+"时代行动研究的知识建构法［J］.中国电化教育，2017（01）：71-77，98.

内容变现和粉丝管理平台。许多创作者在百家号上发布文章传播知识。但由于百度平台的管理问题，百家号中账号的内容产出者的水平参差不齐，同时还有许多企业为了抢占营销位置，注册了许多百家号以供自身宣传。所以当用户在百度搜索引擎上查找某些信息资料的时候，百家号的文章往往会占据搜索结果页面的前端，但百家号中的文章内容质量普遍偏低，这为用户带来极糟糕的信息搜索体验。

四、网络评论造成知识传播困境

第一，信息把关环节不到位。在互联网上的网络评论的自由度往往比较高，因此产出的内容很多时候缺失了信息把关机制，这使得大量"内容农场"式账号产生，这些账号为了获取高流量，生产了大量的同质化、低质化内容，侵袭知识传播领域正常的内容生态。例如，抖音知识博主排行榜前十名中的"超自然研究所所长""绝密研究所所长""这不科学啊"等账号，对知识的探索仅停留在"六大已灭绝动物""人类眼睛罕见的八种颜色"等浅层次知识上。平台忽略信息把关环节的重要性导致知识传播的质量参差不齐，干扰知识传播的作用。

第二，平台内容整合不到位。国内的知识整合分享网站不断涌现，曾经红极一时的"分答"占领过大众视线，加之社会名人的入驻，更是吸引无数人眼球。"分答"采取的付费提问与付费观看答案的模式曾为该平台赢得大量利润，但由于平台自身定位不当，没有恰如其分地做好内容整合，使得该平台的内容充斥着娱乐八卦向、放松搞笑向的问题与回答，营养的优质问答无法被更多人看到，所以随着大量精英回答者的离开，该平台也逐渐走向下坡路。无法对平台的资源做到恰当整合是许多知识分享传播平台共有的问题。用户登录平台看到的都是低质量的内容或者是娱乐八卦，那久而久之就会对这类平台失去信任与热情①。

随着互联网络的用途不断扩大，网络评论中的知识传播也受到越来越多人的重视。人们可以看到网络知识传播带来的优点，它丰富了用户知识生活、提高了网民文化素养和知识见解。但同时，许多知识分享网站的运营仍存在一定的不合理之处，低质量内容仍然占据很大的比例，这些都是平台方和内容生产者们需要面对的问题。

---

① 陈海鹰，朱爱敏. 从内容角度分析知识付费平台的发展现状——以知乎 Live、分答为例 [J]. 今传媒，2019，27（01）：63-65.

第十二章

自媒体评论

在"人人都有麦克风"的时代，只要愿意，每个人都可以在互联网上发言。自媒体打破了新闻评论时代官方主流媒体对于网络评论的垄断，使得普通网民个体或内容生产团队、公司都能在互联网上生产评论。自媒体评论成为非常重要的一种评论类型。本章首先聚焦自媒体评论的定义与发展，关注自媒体评论的独有特点，并从评论写作生产的角度探讨自媒体评论的生产与操作，其次着重探讨自媒体评论过度被商业利益主导后会产生的隐性及显性问题。

第一节 自媒体评论定义

"自媒体"定义是在 2013 年由美国的谢因波曼和克里斯·威理斯两位学者提出的，他们在研究报告"*We media*"中指出，自媒体是普通大众经由数字科技强化，与全球知识体系相连之后，一种开始理解普通大众如何提供与分享他们本身的事实、他们本身的新闻的途径。[①] 自媒体又称"个人媒体"，是指私人化、平民化、普泛化、自主化的传播者，以现代化、电子化的手段，向不特定的大多数或者特定的单个人传递规范性与非规范性信息的新媒体的总称。而随着大量自媒体的出现与迅猛发展，不少成熟的自媒体机构与平台逐渐成为趋势，自媒体这一媒体形式不再仅仅意味着普通个体的发声，其信息在一定情境下也体现着商业利益，影响力不断扩大。

随着科技的发展和信息水平的提高，以及国家对互联网产业的支持，我国陆续出现了 BBS、博客、微博、微信公众平台等平台，个人可以在上述平台分享和获取信息。尼尔·波兹曼提出的"媒介即隐喻"中，认为一种新的媒介更像是一种隐喻，用一种隐蔽但有力的暗示来定义这个世界。自媒体的崛起就是

---

① 郭庆光. 传播学教程（第二版）［M］. 北京：中国人民大学出版社，2011.

一种新力量的隐喻，其出现必然会引起媒介环境以及信息传播方式的变化。

伴随自媒体的发展，自媒体评论也在不断兴起、茁壮繁荣。自媒体评论是Web 2.0时代网民们在自媒体平台进行发声的一种表达形式，是自媒体平台中表现的内容之一。自媒体评论是网民群体在互联网平台上发表意见并进行互动的一种评论形式。相较于新闻评论，其评论的形式更加平民化、自主化和电子化，但需要注意对于自媒体评论的引导和管理，避免商业利益侵蚀自由平等的互联网价值。

随着博客、微信公众号、微博、头条号、知乎等平台的发展，涌现出一大批自媒体人，他们中有新兴的自媒体人，也有从传统媒体评论者转型而来的自媒体评论者。相较于前者，后者的专业素养更高，评论内容的专业性也更强。自媒体评论者可以通过文字、图片、音频、视频等方式发表内容，并与网友进行互动，这大大丰富了评论的形式，以及评论者的选择空间。从评论的内容来看，自媒体评论可以分成娱乐类、商业类、美食类、知识类等多种形式，相较于传统媒体的评论，自媒体评论的内容和形式更加多元化，文风也相对自由。但需要注意的是，相对宽松的表达环境使得诸多自媒体评论体现出越来越浓重的商业利益，专业MCN机构与社交平台通过商业手段和技术手段引导自媒体内容的生产，越来越多的自媒体账号体现出单一的盈利化倾向，违背了自媒体这一概念的本义。

随着自媒体平台的出现，网民们也有了更多阅读和评论的选择，这在扩大了网民选择范围的同时，也会暴露出许多传统媒体时代原来没有的问题。一方面，自媒体评论的自由度增加了内容的多元性；但是另一方面，相对自由的自媒体评论和自媒体平台的低门槛也导致了许多低质内容的出现，这在一定程度上会导致网民的信息过载，并可能引发网络暴力和网络侵权等不利情况，片面、极端的言论侵蚀传统的社会价值观，给社会带来负面影响。因此，媒体监管单位和平台方需要加强对自媒体内容的监管，以此来提升信息的质量。

当然，很多自媒体评论是具有一定的见解力的，拥有正能量的网络评论会净化网络环境。广泛的自媒体评论者发表的评论更会起到社会以及网络的监督作用，并反映了基层群众的生活，这对于意见的公开化表达是一个很好的方式。此外，自媒体评论形成的口碑等意见也会为其他网民的意见决策形成参考，丰富网络评论的内容。

总体而言，自媒体评论分为广义和狭义两种，从广义上讲，自媒体大V、普通网民等各种互联网上的网民群体在各个平台上发表的意见都是自媒体评论的一种，因此，自媒体评论的主体可以说是所有网民和组织，发声渠道包括了所有可以发表意见的互联网平台。从狭义上讲，自媒体评论是指拥有众多粉丝的自媒体大 V 们在其各自的互联网领域发表的留言评论，一定程度上起到了引领网民意见走向的作用，而且这些大 V 往往借助专业机构的力量进行运营。本章所描述的自媒体评论更侧重于狭义上的定义，但是也不乏对广义评论上的见解，后文将对自媒体评论的发展历程、功能作用和存在的问题进行探讨和解析。

第二节　自媒体评论的发展历程

自从互联网发展以来，微博、微信公众平台、快手、抖音等基于普通大众提供与分享他们的事实、观点等平台也随之蓬勃发展，对于网民而言就有了一系列的发声平台。而由于平台发展的不同，自媒体评论也呈现出各自时期的特征。本节从平台渠道入手，介绍自媒体评论不同时期的特点及其各自不同的发展状况。

一、博客独占鳌头（2000—2010 年）

自从 20 世纪 90 年代以来，互联网进入了大众传播领域的视线，这时的传播主要是以门户网站为代表的大众传播渠道，并在此后的十多年中独领风骚，这种一对多的传播模式是传统大众传播方式的延续。与此同时，在 21 世纪初，社交网站（SNS）中的评论文章以雨后春笋般的速度出现，一开始则是以博客为主的自媒体评论。

2000 年以及之后的几年，是博客的发展阶段，根据 Jesse James Garrett 编写的一份名单①，1999 年互联网上共有 23 个博客。到了 2006 年中期，博客总数达到 5000 万个②，博客的增长有着"指数爆炸"的态势。2000 年到 2010 年中期的中国互联网中，博客成为主流，新浪博客自 21 世纪初上线以来，在短短几年时间内逐渐成为一个拥有每日数千万访问规模的个人原创写作与用户分享浏览的交互平台。

以博客时代的代表性人物韩寒为例，2005 年 10 月 28 日，韩寒正式开通新浪博客，而韩寒的博客文章经常就一些社会事件和现实问题进行评论，表达自己的观点，进一步引起网民的热议。如其博客文章《国人的奇特心理》就针对

---

① Jesse James Garrett. 用户体验要素 [M]. 北京：机械工业出版社，2007.
② Technorati. 博客圈状态报告 [R]. 2007.

刘国梁驾驶豪车的新闻进行点评，以调侃的语气分析网民对于一个世界优秀运动员的经济水平的质疑，揭示出网络中弥漫的"仇富"情绪的原因，"一是穷，二是根子里的习性"①。其博客评论往往以小见大、紧追热点、揭示出一定的社会问题。以韩寒为代表的知名博主在博客上发表原创性内容，他们在本身自带的粉丝资源为平台引流的同时，通过博客内容创作在平台中也收获了大量粉丝，在互联网中提升了知名度。这个时期的博客内容主要以科技、文化等社会性评论和个人感情抒发性的评论居多，商业化态势并不显著，评论的形式也以文字为主。此时评论文章博主以原创评论为主，但是也不乏与其他用户的留言互动。《第24次中国互联网络发展状况统计报告》数据显示，截至2009年6月底，博客用户规模达到了1.81亿人，博客空间超过了3亿个②。在2010年之后，随着微信和微博的发展，博客的发展逐渐开始式微。

二、两微各分天下，平台初现端倪（2011—2015年）

社交媒体在成为人们的社交领地的同时，也是内容集散与分发的阵地。社交媒体对于整个新闻评论行业影响深远，因为它将公共信息转向了社交化传播。自2009年微博上线、2011年微信上线、2012年微信公众平台上线以来，公民新闻的兴起有了相应的载体，自媒体逐渐成为信息传播的一种重要途径。在微博、微信、新闻门户的主动扶持下，自媒体领域也随之蓬勃发展，相应的自媒体大V们通过平台流量得到盈利，与此同时也通过流量红利反哺平台。

《2014年微信社会经济影响力研究报告》数据显示，800万个微信公众平台中有近200万个账号有着自媒体的性质③，此时的自媒体大V的事业在"两微一端"中有着如火如荼的发展。以同道大叔、回忆专用小马甲等为代表的自媒体大V们在平台上各抒己见，其中发表的内容以娱乐、日常、社会等信息为主，评论的形式以图文结合为主，通过其自身的特征吸引一大批粉丝。例如，像同道大叔在微信公众号上发表以星座类、情感类关系为主题的文章，以漫画形式图文结合，内容搞笑有趣，吸引大量用户的关注。在粉丝经济的引导下，这时自媒体评论的内容也有了一定的商业性质，出现了一些软广告等相对应的推文。在推送星座文章的同时，同道大叔还推出星座系列周边产品线上的售卖，并线下开展周边产品展览，线上线下结合，获得商业利益，这也代表着此时在自媒

① 黄钰钦．初探韩寒新闻评论［J］．新闻研究导刊，2014，5（14）：47-48，63.
② 第24次中国互联网络发展状况统计报告［R］．2009.
③ 环球网．《微信社会经济影响力研究报告》发布［EB/OL］．2014-12-26［2022-12-01］．https://finance.huanqiu.com/article/9CaKrnJGgkj.

体经济中初现电商经济的端倪。与此同时，自媒体评论者们与粉丝的互动也较多，形成了多对多的互动模式，粉丝也通过评论转发等对大 V 的评论起到二次传播的效果。

在这个时期，不少有预见性的互联网公司也做起了自媒体平台，希望在UGC（用户生产内容）时代分一杯羹。例如，2012 年 8 月，今日头条上线头条号，迅速吸引大量自媒体评论者；2013 年 3 月，知乎平台向公众开放，成为知识类网络评论的平台等。这些平台的发展在丰富了自媒体评论的渠道之外，也预示了自媒体平台的下一个时期。

三、平台群英荟萃（2015 年至今）

随着"两微一端"评论阵地的发展，除了主流媒体的产业化特征日益突出以外，各大公司也纷纷瞄准互联网带来的红利。从 2015 年发展至今，随着微博、微信公众号发展的成熟，以一点资讯、企鹅号为代表的新闻类平台，以 B 站、抖音、快手为代表的视频平台，以斗鱼、虎牙为代表的直播平台相继兴起，与此同时还有以果壳、知乎为代表的知识付费类 APP 和以大众点评、小红书等为代表的点评类 APP 的蓬勃发展，带来了自媒体评论发展的繁荣期。

此时的自媒体评论的形式也更加多种多样，各种平台不同的定位也决定了其平台评论发布的内容形式。除了传统的文字、图片的评论形式之外，各个平台还通过音频、视频甚至直播的形式来发表评论内容，一些自媒体账号团队开始以新的媒体类型制作、生产和发布新型网络评论。不同的网络评论形式也取决于平台的定位。例如，快手以简洁明了的下沉类视频为主，虎牙以直播游戏评论为主，而像小红书 APP 则以女性美妆美食类分享为主。本书针对 B 站、快手、抖音、虎牙、小红书五个自媒体平台列了一张表格，能够简洁明了地体现不同平台的不同评论形式和参与人群（见表 12.2.1）。不同的评论形式丰富了这个阶段的网络评论，市场化的调控下，自媒体评论的内容也呈现更加多元化的态势，这促进了自媒体的繁荣发展。

表 12.2.1 B 站、快手、抖音、虎牙、小红书平台自媒体评论特点

	主要内容	主要评论形式	主要人群
B 站	动漫、番剧、游戏、生活类	视频为主，文字、图片为辅	一、二线城市，以 95 后为主的 Z 世代
快手	日常生活、搞笑娱乐类	短视频为主	二、三线城市的年轻人

续表

	主要内容	主要评论形式	主要人群
抖音	音乐生活、娱乐类	短视频为主	一、二线城市的年轻人
虎牙	游戏、娱乐、综艺类	直播形式为主	新一线城市年轻人
小红书	美妆类、社交类、电商类	文字、图片为主，短视频类为辅	新一线沿海城市的年轻女性

第三节　自媒体评论的特点

随着信息技术的发展与信息化程度的提高，传播者们在互联网平台上随时随地就可以传递私人化、平民化、泛普化、自主化的评论信息，并以现代化的手段，通过文字、图片、视频等各种形式表达出来。由于自媒体本身就是一种信息即时共享和交互的平台，因此对于网民而言，自媒体就是一个声音相对自由传递与交互的渠道，网民通过评论在自媒体上与其他网民进行信息互动，信息的影响力也就迅速提升。自媒体评论因此呈现出一定的传播特征。

一、标题吸睛，获取流量

对于内容工作者而言，一篇文章的浏览量多少决定了其影响力与收益，而对于一篇"爆款"文章而言，标题的"吸睛"与否是至关重要的。因此，自媒体大V们的自媒体评论，往往都有一个非常噱头的标题，以此来增加商业流量，谋取商业利益。一篇浏览量众多的自媒体评论往往具有相当有卖点的标题，而标题中的时效性、冲突性、人情味、情绪性等决定了标题的吸引力，因此这是自媒体大V评论者们所追逐的标题制作方向。

例如，虎嗅在2020年9月写的一篇分析型文章《背叛乔布斯，库克做对了》，利用情绪性和冲突性的开头吸引网友的关注，并在文章内容中体现了库克跟乔布斯运营模式的不同，使得网友在被标题吸引点击进文章的同时也获得同样的阅读快感。文章分析清晰、数据翔实，短短时间内就拥有了"10万+"阅读量。此外，自从微信上线了"拍一拍"功能以后，许多自媒体评论者的标题变成了《……拍了拍你，并向你发送……》，新颖并符合潮流导向，吸引年轻人的注意，以此增加文章的阅读量。

在新媒体时代，网民们越来越倾向于观看有吸引力的标题，因此，主流媒体在网络上发布的新闻也从原来的刻板、严肃变为现在的新颖、有趣。例如，新华社 2020 年 9 月 11 日的微信公众号推文《官宣！3 万只羊要来了！》，运用简洁明了的文风，强烈的语气词，留悬念的标题内容，吸引网民情不自禁点开新闻，了解到蒙古国向中国捐赠 3 万只羊这一事件①。主流媒体的标题和文风的改变也大大增加了趣味性和人情味，引发网民的点击、留言和互动。

在流量为王的时代，网络评论拥有一个吸引人的标题确实会大大增加文章的点击率，这是无可厚非的。但是网络评论者，特别是自媒体人在标题创作吸引人的同时也需要标题真实、符合主流价值观以及与文章内容相契合，避免出现"标题党"等违背媒体人从业道德的情况。

二、内容丰富，表达民意

随着移动互联网的兴起，各种手机平台和 APP 等发展迅速，草根新媒体也随之崛起。自媒体评论的主体来源于社会基层，庞大的基数使得自媒体评论的内容丰富多元，很好地反映了基层的生活，切实做到了反映群众生活、表达群众立场的作用。自媒体言论相对自由，因此反映的声音也多元化。以微博传播为例，微博通过身份认证，以个人主页展示的方式，相对清晰地与他人进行分享与互动，微博用户可以采用评论等方式与他人产生链接，或者分享所见所闻，成为网络新闻制造者的一员，对于主流新闻的产生起到一定的补充作用。这种传播同时具有人际传播、群体传播和大众传播的特质，网民们通过互动参与公共信息的生产流通过程，重构媒介空间内的信息格局。因此可以说，自媒体的出现为网民赋权，将网民从"受众"的角色转变为"用户"和"传播者"的角色，网民能够参与到新闻的制作过程中来，并发表意见进行全民讨论，一定程度上促进了网民的自主新闻生产。

网民们在自媒体平台上发表的新闻内容能够充分体现基层的生活，反映民生，以最日常的内容吸引网民、触动网民。在新冠疫情前期，大家对最早受灾区武汉情况的了解来源除了主流媒体报道的视角之外，还有自媒体平台上来自武汉本地市民的声音，这扩展了网民们信息获取的渠道，是对主流媒体报道的一种补充。例如，在 2020 年正月武汉封城期间，B 站 UP 主（B 站自媒体人）林晨同学，在出门采购食物时，用手机记录下了笼罩在疫情中的"空城"武汉。

---

① 新华社. 官宣！3 万只羊要来了！［EB/OL］. 2020-09-11［2022-01-30］. https：//mp. weixin. qq. com/s/v6KrEnna7ezEg6A-CBGb-g.

他以一个普通武汉市民的视角，记录了武汉封城期间有条不紊的秩序和市民们警惕又温暖的状态。医护人员、超市售货员、快递小哥、外卖小哥、物业管理等自媒体人透过自己独特的视角，记录了疫情期间生活中普通人平凡而又不平凡的举动，触达网民的内心。这些疫情期间自媒体平台上的内容在记录生活、感动网民的同时，更在无形中坚定了网民战胜疫情的决心，为抗疫贡献出了一份力。

自媒体评论对于主流媒体的评论起到了重要的补充作用，是扩宽信息渠道，表达公民意见的很好的方式。但是由于自媒体评论发表的门槛较低，众声喧哗，因此在一定程度上会产生鱼龙混杂、好坏难分的现象，这需要评论者、用户、平台方三者的共同努力，制造、筛选、辨别优质内容，营造清朗的网络环境。

三、情感叙事，强化联系

自媒体创作人的草根文化的属性使得其评论叙述的内容更加多元，与此同时也更加善于把握底层公众的情感与利益结构。与传统媒体时代的受众研究主要侧重媒介接触不同，自媒体评论往往还要关注情感和态度、参与和行为等维度。通过点赞、评论，用户阅读文章时的情感可以被更加精准地记录和研究，同时，通过把握用户相对普遍的情感结构来激发用户的情感，这成为自媒体网络动员的主要策略。

基于这种现实，一些自媒体为获得更多粉丝，往往选择时下热点事件，通过"共情"的叙述，抓住读者的"心理痛点"，激发读者的同理之情，获得更多的阅读量。在这一过程中，自媒体评论内容的情感动员，以用户的情感符号为工具，来激发或改变人们的认知、态度和评价，以此博得眼球，获取流量。在自媒体评论中，情感叙事是自媒体动员公众、强化与用户亲密关系的叙事模式之一。以新华社记者张扬的B站自媒体账号"小羊在鲜花社"为例，相比于新华社作为媒体的宏观视角，该账号更多地从贴近观众生活的角度出发进行评论，回应观众的情感需求。在她的Vlog视频《在"冰丝带"滑冰，真的好费摄影师啊》中，张扬以一位普通参观者的身份进入国家速滑馆进行参观体验，分享速滑馆的使用体验以及冰场的制作过程，并就自己的直观感受进行评论，表达对冬奥会场馆的先进管理与充足准备的自豪之情。在这种评论中，评论者始终站在普通用户的视角去观察和思考问题，并多处使用表情包、网络热词来拉近与网友的距离，直观进行评论者的情感表达，使网友产生认同和呼应。

当然，自媒体人在发表情感性评论的同时，也应该注意情绪性评论中的正确价值观，使得网民解读评论以后有一种健康良好的心态，能够乐观面对生活。

自媒体中的情感类叙事应当避免一味追求商业利益，为博得眼球而制造的"毒鸡汤"的出现。

四、声音多元，进行监督

在新媒体环境下，自媒体拥有的监督功能，影响着主流媒体的议程设置。自媒体评论依赖平台的推广和用户关系的蔓延，打破了传播者与受众之间的界限，同时也满足了信息时代日益多元化发展态势下网民的知情权的需求，使得传统媒体的信源结构发生了变化，因此有利于公众监督。

媒体评论的监督作用在一定程度上可以推动政策的完善。例如，在2020年6月，高考"落榜"16年的陈春秀打算报考成人教育学校，但是在学信网填报信息的时候发现陈春秀已经在山东理工大学毕业，然而学信网上的照片却是另一个女孩的头像①。这件事在社会上引起轰动，在主流媒体《人民日报》、新华社相继报道以后，自媒体纷纷报道关注事件的后续。例如，"吐槽青年：曹林的时政观察"在同年6月22日发表评论文章等，通过更加透彻的调查和与主流媒体不同的视角，以说理的方式对高考顶替案发表评论、关注事件始末和后续，引起网民同情和共鸣，一时间在网络中获得大批量的阅读和关注。在主流媒体和自媒体的共同施压下，"高考顶替"事件在社会上引起了轩然大波，并查出了许多类似的事件。最终山东理工大学注销了陈秋媛学信网的学历信息、彻查了与此事件相关的十余人，与此同时，教育部完善了高考相关的保障措施，相关立法部门也推动完善立法的提议。

由此可见，自媒体评论构建起的舆论场反映了基层的诉求，充分发挥了自媒体舆论监督的作用，是构建新时代全媒体评论机制的重要内容之一。

五、"节点"互动，助力传播

数字技术的发展带来了传播渠道的变化，网民们的发言、评论可以通过互联网中的平台随时随地进行传播，于是有了"万众皆媒"，形成人人都可以参与的全民传播情况。每个网民也因此成为互联网传播中的一个"节点"。节点是通过数字互动媒介接收和发送信息的媒介用户，以及与用户捆绑在一起的一体化的信息。

在Web 2.0时代，每个用户都可以在互联网平台上进行发言、评论，实现

---

① 人民日报. 女子高考"落榜"16年才知被顶替！官方回应［EB/OL］. 人民日报，2020-06-11［2022-01-30］. https：//mp. weixin. qq. com/s/i6NB6h8hRkGYcE5faHw4bw.

"节点共享"，以及节点间互动新信息的生产。例如，BBS、微博、微信等自媒体就是非常典型的节点传播模式。在用户生产内容时代，每位用户都是节点中的一环，有自己的关注者和被关注者。每位用户都可以以评论或者转发等形式创造或者分享内容，成为节点的一环，实现信息的"节点共享"。正如保罗·莱文森所言，人们在互联网上发布信息的同时，自己也成了网上内容的一部分，成为关注者和被关注者信息节点互动的环节。从传播结构角度看，每个节点对网络都具有一定的控制能力，可以推动或阻止信息的流动。每个个体节点都连接着广泛的社会网络，社会网络中的关系便成为影响网民行为和能力的重要因素。一方面，个体拥有将自己的力量转化为社会性能量的更多可能；另一方面，他们也在随时受到社会关系的影响。作为社会连接单元的个体节点，也承载和连接着各种社会资源，在网络的协同中，这些节点也可能成为资源的贡献者。

不仅仅是网民本身是节点的一环，在互联网中，每个网民发表的信息和评论内容都成为自媒体评论的舆论场中的一个节点，也可以说，每个节点成了一个自媒体。信息生产能力赋予了用户自我表达的权利，也赋予了用户信息接力的权利，与此同时，在节点化传播中，用户往往"足不出户"就能获得他人的信息并通过评论等形式与之互动①。因此，自媒体评论作为节点化用户发表的看法，在网络传播中起到了信息源、信息互动和传播的作用，由此推动网络舆论的发展态势。

以微博为例，微博赋予了网民参与互动的权利，微博用户可以通过手机终端、电脑、邮件等各种网络产品接入微博，随时发送信息以及评论别人的微博信息。此时，该用户账号、发表的内容及其与其他网民的互动就成为网络中节点传播的一环：通过该用户在微博上的行为影响到其他与之相关的用户，并影响那些人的想法甚至行为。此外，自媒体的这种及时性和互动性极大地促进了节点传播的活力以及创造力，促进了节点传播之间的交互性，使得网络上信息传播的速度大大增加。

因此，在当前网络环境下，每一个用户和其言论都是自媒体时代的一个节点，在其发布的信息和与其他用户的互动之中，又会增添新的信息，改变了其原有的信息传播的路径和状态。与此同时，这些信息都是开放共享的每一个用户无论是自媒体信息的提供者还是索取者，都会以自己为中心形成规模各异的"节点共享"的信息传播网络。

---

① 彭兰．新媒体用户：节点化、媒介化、赛博格化的人［M］．北京：中国人民大学出版社，2020：27.

六、口碑讨论，影响用户

口碑是指人与人之间关于产品、价格和服务等方面的信息交换，是一类不为商业利益的无偿性交流①。而数字技术的发展为消费者在线分享消费体验提供了有效的渠道和平台，在消费者的评论中逐渐形成了网络口碑。

自媒体评论是网络口碑评论的重要内容形式。自媒体大 V 和普通网民们在诸如大众点评、豆瓣、小红书等自媒体评论网站打分、写评论，为其他网民的消费决策提供重要的意见参考。在电商购物中，自媒体评论产生的"口碑评论"为消费者购买提供参考的同时，也为消费者购买提供了一定的保障。消费者可以通过在购物平台看评论、提问等方式，了解所购商品的体验信息，并以此做出相应的决策。但是在利益至上的情况下，许多商家可能会利用口碑评论刷好评甚至是差评，影响到消费者的客观判断，因此在观看评论的同时，也需要消费者自身有一双甄别好坏的慧眼。

此外，在电影界，口碑营销是电影营销的重要形式，因此在新电影上映之前，制作方会安排一些自媒体大 V 和普通网民观看电影，在各大预售平台写电影评论并打分，自媒体大 V 的影响力和普通网民的评分也构成了新一轮的营销传播，这些网络评论可以在上映前几天最大限度地引导舆论走向，增加电影的入座率。例如，为了给 2019 年 7 月 26 日上映的影片《哪吒之魔童降世》造势，7 月 8 日，片方宣布将在 7 月 13、14 日两天举行限量点映，点映规模均在400 场左右，且 80% 以上的排片占比集中在一、二线城市（见图 12.3.1）。《哪吒之魔童降世》一经点映就获得了超高口碑，其中豆瓣、微博、朋友圈都是一片好评。八爪鱼数据显示，13 日《哪吒之魔童降世》单日全网的有效评论数从两位数飙升到了 1000 条以上，其中 997 条为正向评论，占比超过 95%。而在这轮口碑的带动下，截止到 7 月 19 日，影片已经获得了近 12000 条正面评论，占总评论的 95% 以上（见图 12.3.1）②。各大自媒体账号、网民纷纷为电影精良的制作点赞，在 18 日的点映结束后，豆瓣（8.6）、猫眼（9.6）、淘票票（9.5）就陆续开分，各大平台纷纷推广，认为这是各大平台上近年口碑最好的国漫。这种点映评分模式极大地增加了电影后期的入座率，为口碑和票房造势。

---

① Granovetter, Mark. Economic Action and Social Structure: The Problem of Embeddedness ［J］. American Journal of Sociology, 1985, 91 (3): 481-510.

② 毒眸编辑部.《哪吒》大爆，点映立了多大功？ ［EB/OL］. 虎嗅 APP, 2019-07-29 ［2022-01-30］. https://mp.weixin.qq.com/s/09ciirhYkS3LflIEtQeMUA.

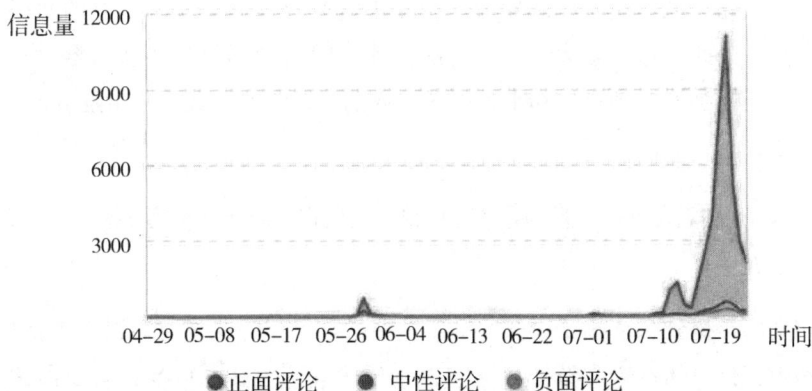

图 12.3.1 2019 年 4 至 7 月《哪吒之魔童降世》评论发展图

自媒体评论带来的口碑是网民们意见决策的重要参考，更是商业推广的一种重要手段。因此，对于商家而言，认真做好产品、提升口碑是增加盈利的重要手段；对于体验者而言，体验并如实写评论是对自己和其他消费者负责的一种表现。

七、专业生产，资本介入

在自媒体诞生初期，大多数自媒体均为个人账号，其网络评论写作和生产模式都更多地具有个人特色和非专业化特点，而随着自媒体的蓬勃发展和影响力的扩大，专业化的生产和运营机构如 MCN 机构成为自媒体背后的重要助力者。

首先，自媒体评论的发展特点具有一定的专业性。专业机构的出现为自媒体评论优质内容生产的专业和系统化能力，专业的自媒体运营机构可以为内容生产者提供资金支持、创作培训、内容推广、合作伙伴管理、数字版权运营、用户分析等全方位的专业化服务，这使得自媒体评论中生产优质内容的能力大大提高，其效率和效益都大幅度提升。[1]

其次，专业生产机构角色的增强意味着资本与平台对于自媒体评论的干预越来越多。商业属性逐渐成为大多数头部自媒体评论生产者都具有的特点，资本的介入一方面使头部的优质内容得以集中，平台与资本通过扶持优质的头部账号获得更高的收益；但另一方面，技术与资本的合力使得自媒体原本的多元

---

[1] 郭全中. MCN 机构发展动因、现状、趋势与变现关键研究［J］. 新闻与写作，2020（03）：75—81.

属性不断淡化，低俗化、标题党成为屡见不鲜的自媒体问题，市场的两极分化极为严重。因此，这也意味着对于自媒体评论的监管不仅仅要从内容生产者个体入手，还应当考虑到资本和平台因素，从整个行业的宏观视角出发进行考虑。

第四节　自媒体评论文章的生产与传播

前文已经提到，依赖于媒介的迅速发展，自媒体评论拥有着诸多表达形式。而在其中，自媒体评论文章依托文字这一传统表达方式，广泛、直观地传达网络评论意见，成为自媒体评论的重要代表，其中也出现了许多具有代表性的商业平台，如微信公众平台、头条号、百家号等。与传统媒体不同，自媒体评论有其独特的生产与运营模式，但是归根结底还是离不开正确价值观的优质内容的创作和完善的运营分发流程。因此，本节将结合自媒体评论文章这一网络文字评论形式，从自媒体号的写作模式和运营模式入手，以小见大，探讨自媒体评论的生产与操作形式。

一、写作模式

在追求流量的时代，一篇自媒体评论文章的浏览量的多少离不开文章的选材、标题和排版，这是自媒体评论者写作时应当遵循的常规流程。

（一）内容新颖

内容就是写作的素材，要从众多自媒体评论文章中脱颖而出，首先需要有新颖的选题和素材，这就需要自媒体从业人员有着敏锐的热点洞察力和分析能力，这样才能写出一篇有趣、有用、能引发人们共鸣的自媒体评论。

新颖的内容首先在于文章的选题立意上，优秀自媒体评论者的选题除了新颖、贴合实际以外，一般具有相当的可读性和价值，并拥有正确的价值观。评论的选题一般需要符合用户的心理诉求，并对内容找到合适的切入点，使得评论内容对于用户而言更有价值。选题可以紧跟热点，在符合实际的情况下，从不同角度发表与主流评论不一样的见解，例如"虎嗅"公众号，它的定位是一个有视角的、个性化商业资讯与交流平台，核心关注对象是包括公众公司与创业型企业在内的一系列明星公司。这给予读者与主流经济媒体不一样的视角。

在写作过程中，自媒体评论内容需要有鲜明的主题、严谨的写作逻辑和较为通俗易懂的表达。虽然自媒体较主流媒体而言更自由多元，但仍需要遵循语序通顺、避免语病和错别字等基本的表达规则。在这个基础上，自媒体的评论文章内容一般需要给予用户不一样的阅读体验，可以是给读者带来阅读的流畅感，也可以是通过恍然大悟式的伏笔给用户带来思维的快感，又或者是通过共情的方式与读者产生情绪的共鸣，并最终给读者带来阅读的满足感。此外，自媒体评论的内容形式也是多种多样的，除了文字之外，还可以通过图片、音频、短视频等形式，根据其各自的特质制造出不同的内容，以此吸引读者。

（二）标题瞩目

亮眼的标题在提升文章流量方面扮演着重要的角色，因此一篇爆款自媒体评论文章离不开一个吸引人的标题。对于标题的拟定，首先需要的是符合文章内容的立意，为了博眼球而将两者割裂开来就成了"标题党"的行为。

与主流媒体的评论文章不同，自媒体评论标题的自由度较高，因此有较大的创作空间。自媒体评论的标题往往需要符合用户的定位，站在用户的角度说话，引发情感的共鸣，使用户在看到标题的同时就想要分享给他人，这对于文章的转发非常有利。此外，制造悬念是自媒体评论的标题惯用技巧之一。此类标题往往利益点明确，让用户浏览标题之后就明白能够得到什么样的信息，同时制造悬念，吸引点击。例如，自媒体果壳分享的文章《吃甜这件事，代糖是智商税吗?》，利用提问的手法，明确提出当代人（特别是饮食节制者）关心的话题，吸引人点击浏览内容。此外，挑战常识、制造二元对立也是自媒体评论标题拟定中的技巧。评论者往往可以构建对立的因素，通过对峙和矛盾吸引读者浏览。例如，微信公众号"十点读书"分享的商业文章《活了 102 岁，600年贵族的后代，被嘲被骂的他凭什么火遍全世界》，利用"600 年贵族""嘲骂""火遍世界"等冲突性的对立，吸引读者点进去一探究竟，虽然是一篇商业推广文，但是凭借冲突性的标题和有趣的内容获得"10 万+"阅读量，得到一定的商业回报。

（三）排版完善

自媒体评论的写作，除了内容和标题需要新颖瞩目之外，完善的排版也是获得流量至关重要的一环。自媒体评论的排版包括文章的封面图、配图、文字的格式、行间距等部分。

对于排版而言，好的封面图和配图需要高清无码、尺寸合适、切合文章的主题。文章的配图就如同文章的宣传海报一样，需要突出文章的内容以此提升文章的质感。此外，自媒体文章的文字格式一般是符合读者的最佳屏幕体验的，因此颜色字体不宜超过 3 种，最好不要太鲜亮，字体大小也需要一定的统一。

内容较少的自媒体评论文章行间距一般比较大，一般是 1.75 倍，写文字的同时配上插图，达到图文并茂的效果。对于文字内容较多的评论文章，行间距与主流媒体的文章类似，一般是 1.5 倍左右，以此来凸显文章的文字内容。当然好的文章还是需要由内而外，排版只是一种形式，需要做得精致，但是更重要的是文章的内容和质量，以质取胜，吸引读者。

二、运营模式

自媒体评论的运营也是自媒体评论的生产和操作中很重要的一方面。一般而言，运营包括生产运营、粉丝的互动以及资本的融入三个方面。

（一）专业化生产

对于运营而言，自媒体内容的生产除了写作的常规步骤以外，更需要其有专业的垂直类内容。不同类型的自媒体评论号有着不一样的内容，以此吸引不同需求的粉丝。自媒体评论者需要根据自己账号应有的特性写出具有各自特征的评论内容。评论选题与内容可以紧跟时效性，在符合实际的情况下，从不同角度发表与主流评论不一样的见解，例如"36 氪"微信公众号的文章《人生需要摸鱼的时刻》，从工作者的角度提出与主流"996""007"不同的观点，由此获得读者的共鸣，收获阅读量。也可以迎合读者的情感需求，制造安抚情绪的"软文"，例如"十点读书"微信公众号每天推送的文章，在符合正确价值观的情况下与读者的情绪达到共鸣。还可以向读者每天科普不一样的小知识，例如果壳等自媒体账号，通过有趣的文章，向读者科普一些生活中的小知识。

一个优秀的自媒体评论者需要在其垂直类领域深入挖掘，拥有过硬的专业知识水平，才能成为自媒体行业中该领域的佼佼者。因此，对于自媒体从业者而言，专业素养和探究精神是必不可少的。

（二）强调粉丝互动

优质的自媒体评论自然会吸引众多的粉丝，此时，与粉丝互动，保持粉丝的活跃度就成为运营的一个重要环节。互动环节离不开与粉丝的讨论、福利以及作者持续更新的内容几个方面。

首先是作者的内容更新频率。吸引粉丝的是作者的内容风格等一系列的因素，因此，自媒体评论者持续发布内容也是与用户互动的一个部分，随着发布内容的增多，创作者的个人风格逐渐形成，质量也逐渐提升，由此可以保持粉丝的黏性、吸引更多的粉丝。其次是与粉丝的互动讨论。创作者可以根据平台的特征与粉丝进行不同形式的讨论。例如，在微信公众号中，作者可以通过精选留言以及回复留言的形式与粉丝进行互动；在虎牙等直播平台，创作者可以通过及时响应粉丝评论的方式与粉丝进行实时的交流。创作者在与粉丝互动的同时可以更加深入了解粉丝的属性，并以此完善内容。最后，偶尔的福利环节是创作者增强粉丝黏性的一种方式。自媒体运营者可以通过与粉丝的抽奖互动，增强粉丝的体验感，以此巩固老粉，吸引新粉。

（三）积极谋求盈利

盈利是自媒体评论生产的重要动力之一。自媒体大 V 的盈利离不开广告收入、平台收益、知识付费和电商收入等模式。

首先是平台和广告收入。在眼球经济时代，只要自媒体文章的点击率够高，就会产生流量收益，此时，以微博平台的创作者激励计划为例，微博会根据账号的活跃度、传播力、内容优质程度等多个维度进行账号激励，给予优质内容发布者奖励。其次，在此基础上，粉丝众多的自媒体账号还会吸引广告商的资金投入，在自己的文章中通过各种方式推销广告商的产品，以此获得收入。此外，一些自媒体评论者也会通过评论的方式销售自己的产品，用户点击购买链接就可以轻松购买到该产品，自媒体运营者也由此获得一定的电商收入。以微信公众号"十点读书"为例，该公众号的主要内容是针对经典文学、生活哲理、社会热点等话题发表评论文章，而在内容创作获得大量关注的基础上，十点读书发展出了十点读书商城，销售书籍、日用品、文创、美妆等商品，获得电商渠道的收入。还有一些自媒体评论者，通过用户向其知识付费的方式进行盈利，不少平台的会员制是其中的典型代表。以"知乎盐选"这一商业模式为例，通过付费成为会员，用户可以获得经过平台筛选的优质内容，包括直播公开课、电子书、专家领读内容等，以高质量的内容吸引用户付费，以创造商业效益。以知乎盐选专栏"戴锦华讲电影"为例，北京大学教授戴锦华老师通过点评经典电影来传递电影思想，用户在成为会员之后即可收听此专栏的优质电影评论。当然，对于自媒体评论者而言，盈利虽然重要，但不能唯利是图，在运营的同时保持初心是必不可少的。

第五节　当前自媒体评论存在的问题

在"流量为王"的眼球经济时代，除了有着纯粹分享动机的网民以外，大多数自媒体大 V 的评论还是非常关注利益的。在追求利益的同时，自媒体评论就自然而然会出现一些显性的问题，追求速度的时候忽略质量，吸引眼球的时候忽略真实性等，本节主要从标题党、真实性、碎片化等症结入手，分析自媒体评论存在的一定问题，并提出相应的策略。

一、标题噱头足，形式大于内容

在这个流量经济的时代，一些自媒体从业人员往往会不择手段来博得用户的眼球，其中最普遍的现象就是"标题党"。标题党的种类繁多，有浮夸、低俗、故弄玄虚、无中生有等特点，标题经常包括"震惊 10 亿人……""不转不是中国人！""哭着读完……"等哗众取宠的词语。虽然"标题党"的类型众多，但是都离不开直击人性弱点的"劲爆"标题和平淡甚至题文不符的内容，其最终目的是赚取点击量，以此扩大平台的曝光度，吸引广告主等的资金投放。

如果说平时的一些标题党只是为了博取流量红利的话，那么一些特殊事件和特殊时期的标题党则是通过造谣等方式引起读者恐慌，甚至会引发大规模骚动，这严重违背了媒体从业者的职业道德。因此，对于读者而言，应当有辨别能力，拒绝阅读、转发此类文章，在遇到此类文章的时候，可以使用平台的投诉功能举报此类文章。对于平台方而言，除了重视读者的举报和编辑审核以外，更应当完善平台监管措施，利用算法过滤技术识别"标题党"类的文章。此外，平台方应当完善文章分发效率的标准，将用户停留时间等其他因素纳入算法考核标准之中，最大限度地打压标题党。

二、评论浅薄化，利益驱使严重

在快速迭代、流量为王的自媒体领域，如何能够获得更高的点击率，适应迭代的速度，是每一个自媒体从业者需要掌握的核心，这就强迫自媒体从业者们逐渐迎合或者制造网民群体的各种心理，生产评论内容，以此延长读者在平台的停留时间。于是浅薄、泛娱乐化、情绪化、碎片化的评论内容就开始增加，占据了自媒体领域的半壁江山。此外，由于商业利益的影响，自媒体内容创造者们迎合广告商的需求，在各个平台上发布广告文。因此，网民屏幕上的自媒体的深度文章越来越少，更多的是"鸡汤""娱乐""软广告"等感官消费品，甚至连严肃的政治新闻也为了迎合读者的需要做了一定的"软性"处理。网民们看惯了文风简单、没有深刻内涵的文章之后，就逐渐丧失了阅读深度文章的能力，由此就产生了恶性循环。

然而在浅薄新闻泛滥、碎片化阅读的时代，有着深度思考的评论是迫切需要的，这关系到新闻领域的严肃性和真实性。因此，在媒体格局急剧变化的现在，对于自媒体人而言，需要有深度、有思想的评论，在娱乐化、情绪化的时代树立起新闻界屹立不倒的标杆。例如，虎嗅、36氪就是很好的深度评论的自媒体代表，其通过理性的分析吸引了大批量的粉丝，这就说明严肃的文章照样能获得"10万+"，也为其他自媒体人提供了很好的参考。

三、真假难辨，真实性引人质疑

如今各个平台的自媒体层出不穷，许多自媒体人往往为了获得更多的浏览量而夸大其词，写一些片面的、虚假的甚至是价值观扭曲的评论内容，而不去调查事件的真实性和客观性。这些文章由于切合热点，迎合读者的猎奇心态，往往有很大阅读量。然而这些文章经常会有"反转"现象，因为自媒体评论的核心要素是"共情"，而为了煽情引发传播，评论者们就会选择性陈述一部分事实乃至捏造谣言，因此文章与事实情况会有很大的出入，当其他人对这些文章中的漏洞进行反击的时候，出现舆论反转也就不足为奇了。此外，在监管不力的情况下，自媒体评论的一些"黑公关"、有偿新闻的现象屡见不鲜，在侵犯用户隐私的同时，甚至会导致网络暴力的出现。

读者浏览此类信息的同时就容易受到其内容的影响，影响价值判断。因此，对于读者而言，可以从多方信源与渠道获取信息，包括自媒体和传统媒体，通过辩证的视角看待新闻事件。而对于自媒体本身而言，需要有一定的自媒体从业规范限制和优质内容奖励，遵守媒体从业道德，使得自媒体行业自觉推崇优质内容，坚守社会责任。同时，平台媒体需要对自媒体生产的内容进行大力把关，以防止虚假新闻的出现。

四、入行门槛低，内容良莠不齐

相对于传统媒体，自媒体是一种平民化的媒体，因此在自媒体平台发布内容的门槛也相对较低：只要有一台终端设备，人人都可以在平台上发表自己的评论和看法。这种较低的门槛也使得自媒体评论内容良莠不齐，且存在一定的同质化。以短视频平台为例，目前大多数短视频作品的内容属于娱乐的主题，为取得更多的流量，短视频的娱乐化倾向明显。大多数短视频作品尽管能够给受众提供一些有用信息，但格调不高。有些短视频作者甚至猎取低俗、庸俗的内容来招徕受众，以求赢得关注。例如，2018年4月初，一则"未成年孕妇炒作"的视频，把主打"平民化"路线的快手推到了政策悬崖，遭到央视的点名批评。国家广播电视总局严肃约谈快手主要负责人，令其短视频平台将低俗、暴力、血腥、色情节目立即下线。

因此，对于自媒体平台而言，在保证人人都能参与内容发布的情况下，需要加强平台监管审核的力度、明确优质作品的奖励机制和内容的筛选机制，将低俗的内容筛选过滤掉。对于内容创作者而言，需要在"内容为王"的时代进一步提高作品的质量，以优质而不是低俗的作品吸引用户。

五、平台推荐，用户困于算法

算法推荐是指依托互联网与大数据技术，对用户的阅读偏好进行跟踪，经过计算和分级后得出用户画像，并据此进行新闻的生产与分发。算法推荐技术是搜索引擎算法的一个升级。一方面，算法推送把个性作为算法的核心变量，凸显了个人偏好的意义，它在一定程度上会减少人们在信息消费中付出的成本①。另一方面，算法的推送会使得用户越来越失去对外界环境的全面感知，使得人们困于算法给他们营造的世界里。

如今，几乎全部的平台都有算法推荐功能，其中，例如今日头条、一点资讯等更是以算法作为其核心配置。算法推荐诚然能使得用户在信息爆炸的时代获得精准化、个性化的新闻推送，从而使得内容制造者能够更加垂直化深耕其内容领域，创造优质内容。但是，在算法推荐主导的机制下，具有商业属性的算法更加倾向于利益至上，导致一些假新闻和标题党的泛滥。此外，对于用户而言，也会在流行个性化信息服务的今天，倾向于选择性接触。当用户只选择自己关注或者符合自己需要的信息的时候，结果就会作茧自缚，使得自己失去对外在环境的完整判断，困于桑斯坦所说的"信息茧房"② 之中。

因此，以自媒体评论平台为代表的新媒体平台在顺应人们的本性的同时，更应该协助人们突破自我的局限性，使得人们打破自我局限的状态，获得较为完整的信息，这是将来平台应该达到的目标之一。

---

① 彭兰. 网络传播概论（第四版）[M]. 北京：中国人民大学出版社，2017：19.
② ［美］桑斯坦. 信息乌托邦 [M]. 北京：法律出版社，2008：8.

第十三章

网络评论人才培养

新时代下，网络评论不仅依赖于政府的舆论引导，更需要动员更多社会群体的关注。高校作为社会发展的中流砥柱，大学生是整个社会精神风貌的体现，也是活跃在互联网空间的重要主体，在网络评论中具有极高的参与热情与参与意愿。为此，重视高校角度的网络评论课程体系建设与学理研究，能够充分发挥高校群体的网络评论自主性，为网络评论发展提供指导意见，为网络评论队伍输送人才。此外，媒体主体、人才培养、政府主体的顶层设计也十分关键。

网络评论人才培养方面要强调主体合作，学界、业界中的不同主体需要摆脱"各自为战"的情况，以网评高素质人才培养、网评专业化内容生产为目标，进行合作模式的探讨。

第一节 高校教学：重视课程体系，强调专业发展

高校在网络评论人才建设和培养中属于关键主体。这里的人才培养既包括专业化媒体从业人员的培养，培养主体是各大高校的新闻与传播学院、传媒学院，需要针对网络评论这一领域开展一系列培养方案，培养学生能够发布多内容领域、多呈现形式的网络评论，为优秀网信人才队伍储备和输送人才；也包括高校对不同专业的学生进行网上评论能力和网络媒介素养的教育与培养，让大学生能够对其互联网生活和网络评论行为进行自律，在互联网上客观发声、理性评论。本节侧重介绍高校中新闻传播学院的专业化网评人才培养。

一、完善培养方案，增设网络评论类课程

新闻评论学作为一门政治性和实践性很强的应用型学科，是新闻宣传的基本手段之一，也是作为新闻传播类学生的一项基本功。新闻评论作为媒体的"声音和旗帜"，在引导主流舆论、促进社会和谐稳定等方面都发挥着重要作用。

伴随着新闻评论类相关课程的开设，新闻评论工作的重要性正在被越来越多的人所认识。通过新闻评论类相关课程，学生可以较为全面地了解到新闻评论的基本原理、基本知识、写作规范和写作程序，掌握新闻评论的各种形式，提升新闻评论的素养和能力。

过去一段时间内，我国北大、清华、复旦等高校的新闻传播专业大多开设了新闻评论相关课程。以北京大学"新闻评论"课程为例，该课程已经连续多年邀请《中国青年报》编委、知名时事评论员曹林作为主讲老师授课，参与该课程的北大新闻与传播学院学生的优秀评论结集《北大熏出来的评论》一书在2016年业已出版。这类课程以提升新闻专业学子的新闻评论能力为授课目标，是新闻教育在改进新闻实务教学的重要尝试。

然而，随着新媒体时代的到来，正从新闻评论阶段走向网络新闻评论阶段，相伴随的高校课程也应与时俱进，高校要对传统媒体时代的人才培养方案进行改革，紧随时代发展，结合网络与新媒体的发展特征在不断调整完善，培养出在传统媒体和互联网平台上均能进行专业化内容生产的新时期传媒学子。

高校各大传媒学院需要重视起网络评论人才培养，可以通过开设"网络评论""新媒体评论"等专题课程来增强高校学生对于网络评论的理解程度、运用能力，教育学生能够正确分辨网络评论内容，尤其是需要提升新闻传播专业学生对于互联网上评论的辨别能力和媒介素养，进而让传播专业学生能够更好利用网络评论进行新闻选题的深入。

开设针对互联网和新媒体的网络评论相关课程，有助于学生更好地把握互联网发展特征，与时俱进，探索新媒体时代下新闻评论的新标准、新变化，掌握新本领、新技能。引导学生正确运用网络评论参与社会热点事件讨论，同时为新闻传播业界储备人才，培养一批可以利用网络评论引导主流舆论、宣传中国特色社会主义文化的新青年，为我们中国特色社会主义事业添砖加瓦。

二、开设技术课程，实现人才全方位培养

在传播技术越来越重要的当下，纸媒时期以内容为重的教育理念并未脱节，但是需要不断更新，而且在人才培养时不仅要关注内容生产端的新闻专业人才，也需要关注其他新媒体技术领域的人才。长期以来，学界存在和业界"脱节"现象，高校内部往往重视理论教育，而忽略了实践能力的培养。

随着新媒体与互联网技术的快速发展，各种新型传播技术层出不穷。随着人工智能的快速发展，一批能够自动生成网络评论、回复用户观点的"社交机器人"出现，极大地提升了新闻工作者的工作效率。同时，新媒体的快速发展也使得网络评论的表现形式发生了诸多变化，例如聚焦于大数据的"数字新闻"带来的通过"数字"说话的网络评论，以短视频为主要表现形式的视频型网络评论，及人们喜闻乐见的H5、动画类网络评论，等等。新的媒介技术和表现形式对网络评论人才提出了更高的要求，他们不仅要掌握网络评论相关的理论知识、文字功底、正确的思想观念和意识形态，同时必须具备对于新兴互联网技术的使用能力。

而"数字新闻"的诞生对人才培养提出了更高的要求，数据新闻在新闻实践的具体呈现方式中，不再是枯燥、冗长的表格，而是有了更丰富、更生动的表达。动态的数据图形，配以准确的说明，这种可视化效果不仅满足了当前大数据时代下用户对于直观化信息的需求，也赢得了更多的注意力，使得新闻信息的传递更加清楚和透彻，增强了新闻产品的感染力和可信度。针对目前层出不穷的新兴传播形式，高校内应当开设新媒体技术相关培训课程，锻炼网络评论人才的实操能力和实践能力。例如，培养新闻传播专业学生的微信公众号排版、制作能力，短视频策划、拍摄、剪辑能力，H5制作能力，以及抖音、微博等新兴媒体平台运营能力，等等。

《数据新闻教育研究报告2018—2019》显示，目前国内有包括中国人民大学、中国传媒大学、清华大学等一类本科院校和浙江传媒学院、武汉学院、山西传媒学院等地方院校共14所高校开设了与数据新闻相关的课程①。不可否认，作为网络原住民的新青年群体，对于新媒体拥有"天然"的使用能力，长期浸润在互联网和移动设备的环境之中，但系统性的课程学习可以使之将新媒体使用能力更好地应用于网络评论工作之中，针对不同平台调性、不同舆论风向选择合适的表达形式和技术手段，使得其网络评论内容拥有合适的传播载体，促进理论和实践相结合。

新闻人才的培养要强化科技素养和技能的培养。地方高校教师应摆脱数据新闻课程的传统教学模式，将教学重点逐渐从新闻的文本分析转向数据的图像叙事，在大量的教学实践中，逐步提高学生的技术素养。目前，网络评论较多基于互联网平台开展，不管是微信、微博、抖音还是主流媒体自主建设的客户端，都离不开大数据的支持。对于平台用户的数据把握，将成为未来网络评论人才乃至新闻传播行业人才的核心竞争力。通过大数据提取出用户画像，可以更加精准、更有针对性地为用户推送网络评论相关内容；通过大数据来探寻舆

---

① 地方高校数据新闻课程教学与实践的探索 [EB/OL]. 2021-11-21 [2022-07-21]. https：//baijiahao. baidu. com/s? id=1683129567283427067&wfr=spider&for=pc.

论风向，能够更有方向性地调整网络评论导向，把握网络评论的传播效果。

为此，许多高校专门开设了如 Python、"爬虫"、R 语言等计算机编程相关课程，在具体教学中，可以让新闻学专业教师讲授新闻学和传播学的基础理论知识，计算机专业教师讲授数据处理技术，界面设计专业教师讲授数据可视化技术。这种授课方式将全面扩展学生的实操训练范围，有效提高学生的专业技能，切实提升网络评论人才的技术水平，并有利于将新闻传播领域内学子培养成复合型人才，为网络评论工作在新时代的开展储备和输送人才，提高核心竞争力，与时俱进，应对时代变化，提升网络评论的传播力和影响力。

三、加强产学合作，提升学生实践能力

高校作为我国网络评论人才的储备基地，在培养网络评论人才、促进主流舆论深入青年人群体中发挥着不可替代的作用。而高校在设计培养方案时，不仅要重视学生在课堂上的学习，也要加强学界和业界的合作交流，提升学生的实践动手能力。

学界与业界的通力合作，能够有效带动网络评论从理论向实践发展，提高网络评论人才的实践水平和实践能力。例如，湖北省高校联盟推出的"湖北高校网络评论人才培养基地"，采取与报业集团和传媒集团合作的方式，提升大学生群体的网络评论实践能力，为网络评论队伍输送了人才。

例如，2015 年 6 月 27 日，武汉大学、华中科技大学、华中师范大学、中南财经政法大学、中国地质大学、湖北大学 6 所高校开展了"湖北高校网络评论人才培养与基地建设"研讨会，并促进当地新闻学院与媒体组织达成合作，提倡新闻学院的老师持教师证和记者证双证上岗。其中，荆楚网"东湖评论"和湖北大学新闻与信息传播学院举办了 8 期文艺沙龙，有 100 多篇文章产出，被包括人民网在内的各大媒体转载，培养的优秀学生发表 80 多篇文章，并多次获奖。网络实训基地的搭建，增强了学生的信心，激发了他们的写作欲望。

2021 年 1 月，北京高校文艺评论联盟成立，这是一个由北京市文联、北京文艺评论家协会发起，吸纳了北京大学中文系、清华大学新闻与传播学院、中国人民大学文学院等 22 家来自北京地区的知名高校及科研机构作为联盟的首批成员的单位。北京高校文艺评论联盟将组织基础理论课题研究、开展文艺评论人才系统培训、建立文艺评论观摩研讨机制、强化文艺评论行业引领、建立文艺评论发声阵地、建设签约评论家队伍，推动不同高校、不同艺术门类之间文艺评论资源的共建与共享，合力打造北京文艺评论界的行业引领平台、学术研

究平台、人才培养平台①。

在职业教育方面，山东省城市服务技师学院率先推出了数字媒体技术应用专业，在校生可以拿到腾讯公司的官方认证，该校与企业和产业园区共建三个校内学习工厂，学生在校期间就可以全流程参与实际项目运行，把握行业动向，更好地理解互联网运作发展模式，使用多媒体技术进行网络评论。

人才培养基地与评论联盟，有利于为新闻传播业界输送人才，提高大学生群体撰写网络评论的技能、解读社会热点的能力，能够使得大学生拥有更强烈的家国情怀，承担起时代使命。在未来，学界与业界的融合将是大势所趋，培养一批能够洞察社会热点、解析社会问题、引领社会思潮的青年将会是大势所趋。

第二节　学术研究：加强学理研究，提供理论指导

目前，我国新闻传播学期刊中整体学术水平较高，但期刊内容以传播学经典理论研究、新媒体发展变化研究为主，缺少网络评论相关学术成果。

在发表方面，已有的以"新闻评论""网络评论"为主题的图书数量较少，一些图书如《时评写作十讲》《新闻撞武侠——央视评论部创作秘笈》等大多为媒体从业人员从实践运用角度进行的评论技巧或方法总结。从理论角度来对新闻评论进行分析的研究或图书较多也是聚焦新闻评论，对近几年新兴起的网络评论缺少学理层面的分析和阐述。网络评论研究是促进网络评论领域学术厚度、学理深度的关键，只有学界、业界都对学术研究加以关注，实现厚积薄发，才能为网络评论的发展注入持久的生命力。

一、设立专业智库，聚焦重点议题

作为媒体的旗帜和灵魂，评论历来是引导舆论直接且有效的方式之一。然而，在网络舆论新阵地，网络评论的传播逻辑、演变路径发生了根本性变化，这要求评论不仅需要摆事实、说道理，更需要符合传播逻辑的情感和耳目一新的传播形式，即传播学理论与评论写作实践高度结合。因此，应当成立新型网评智库，募集业界、学界的专业人士，针对网评内容进行选材、语言、网络互

---

① 团结凝聚首都文艺评论工作者发出有责任有情怀有态度有锋芒的北京文艺评论之声 [N]. 中国艺术报，2021-01-29.

动方面的分析，针对重点议题形成网络评论联盟和专业化的评论工作团队。网络评论高质量发展离不开创新驱动、理论支撑、智库发力，以政府、高校、智库等为主体共同参与进行的网络评论研究，能够推动各大平台网络评论的建设发展，从而将学术与实践运用相结合，实现网络评论良性发展。

其中代表性的案例是 2018 年起始至今的网络评论蓝皮书项目。自 2018 年起，由国家互联网信息办公室网络工作局指导的年度网络评论蓝皮书项目正式开启。该项目邀请众多高校参与，旨在全面、系统地分析网络评论传播规律，立体呈现年度网络评论的发展现状和趋势。2020 年的蓝皮书项目由南京大学紫金传媒研究院赵曙光主持，南京大学紫金传媒研究院与社会科学文献出版社联合发布，人民日报社研究部、北京大学新媒体研究院、清华大学社会科学学院、中国人民大学新闻学院、中国传媒大学新闻传播学部、复旦大学新闻学院、上海交通大学媒体与设计学院、浙江大学传媒与国际文化学院、武汉大学新闻与传播学院、华中科技大学新闻与信息传播学院、中山大学传播与设计学院、上海社会科学院新闻研究所等机构的专家学者参与指导①。

从政府而言，每年的蓝皮书将成为舆论引导战略的重要参照，创新网络评论的渠道、内容和手段，为各级机关单位正能量宣传提供更强有力的支撑；从媒体行业而言，蓝皮书对优秀案例的分析，既是对每年网络评论工作的总结，又是引导网络评论工作者提升媒介素养的重要渠道，有利于网络评论工作者领悟与践行社会主义核心价值观；从学界而言，定期、全面、系统地深入解读网络评论研究前沿，将为网络评论实践路径提供更扎实的理论依据，有利于进一步创新传播路径、传播议题、传播渠道方案等，提升网络舆论传播力、引导力、影响力、公信力。

二、成立组织机构，关注新兴领域

未来，网络评论可以跳出既有组织架构，转变为以话题和内容为导向，围绕某一重点或新兴议题建构研究联盟，吸纳专家学者、业界精英、民间爱好者等更多主体参与到新兴领域的研讨当中，形成围绕社会突出、重点发展领域的网络评论组织。

近年来，网络游戏作为文化产品的一个新类别，受到社会广泛关注。国家

---

① 新华网.《网络评论蓝皮书：中国网络评论发展报告（2019）》在京发布［EB/OL］. 2019－12－31［2020－10－01］. http：//www. xinhuanet. com/politics/2019－12/31/c_1125407636. htm.

文化产业创新与发展研究基地与北京大学文化产业研究院将负责在已有的游戏产品内容评估研究成果的基础上，组建专门从事游戏文化评论工作的团队"游戏评论联盟"，构建游戏文化评论理论体系，由国内文化、艺术研究领域的专家学者，对游戏文化进行理论建设，通过特定的媒体发布平台，定期不断地对市面现有游戏产品进行文化评论。该"联盟"举办了网络游戏评论征文选拔活动，吸引着游戏爱好者把对游戏的关注转移到游戏创作的艺术性、文化性、思想性上来，通过此次活动促进了中国游戏创作实践与评论的互动影响，并带动了中国游戏理论研发水平的提升。

互联网发展产生了网络直播、网络红人等多种新兴社会现象，自媒体大 V评论、短视频评论等新演变出来的网络评论也需要被学术界关注并加以研究讨论。为此，未来各类新兴领域的网络评论可以借鉴"游戏评论联盟"这一组织机构的形式，促进重点议题的共同参与，邀请专家学者、行业从业者等共同参与，对特殊议题引发的社会文化现象、热点事件进行分析和点评，让更多民众深入了解，共同探讨网络空间内新兴产业、新兴议题的发展方向。

三、开展学术活动，实现系统研究

学术活动是促进学术领域相关研究分享、交流的重要平台和中介，也是创造学术成果的重要方式。当前，网络评论研究领域可以政府或高校为主体，开展学术沙龙、学术研讨会等活动，实现学术交流，促进评论发展。

目前，不同内容的评论研讨会或是学术沙龙活动中，举办得比较成熟并具有一定规模的是文艺评论类学术研讨活动，其中中国文艺评论家协会等主体对活动举办发挥了重要作用。2022 年 9 月 17 日，中国文艺评论（首都师范大学）基地揭牌仪式暨"新时代文艺评论的趋势与建设"学术研讨会在京举行，来自全国十所高校和研究机构的专家学者及媒体共 60 余人参加了会议。与会专家学者主要围绕"新时代文艺评论的任务、品格与路径""中华美学精神与当代审美追求的结合""新时代学院派批评的困境与重建""新媒介、新艺术与文艺批评转型""网络文艺评论"等议题展开了深入广泛的讨论。① 文艺评论类学术研讨不仅有全国性的活动，不同省份也常常举办文艺评论研讨会或学术沙龙，以研讨促学理发展，这种积极的学术理论探索对促进文艺评论的发展具有重要意义。

---

① 中国文艺网 . 推进新时代文艺评论建设　共创文艺评论和谐生态——"新时代文艺评论的趋势与建设"学术研讨会综述［EB/OL］. 2022-10-14［2023-01-01］. http：//www. cflac. org. cn/ys/wx/rdtj/202210/t20221014_ 1261338. html.

在未来，可以更多开展网络评论相关学术活动，通过举办网络评论相关学术沙龙、学术会议、专家研讨会，扩大网络评论议题的学术价值，邀请网络评论领域内专家学者甚至是专业化的自媒体评论员，来为广大高校学子做讲座分享，并与其进行交流互动，通过学术活动带动高校学生学习网络评论知识、掌握网络评论技巧，壮大网络评论研究队伍。同时，在学术研究方面可以针对网络评论的历史溯源、发展态势、目前存在的问题、解决问题的方法、治理策略等方面进行更加系统性的研究，补充网络评论相关学术成果，为网络评论的研究和实践提供有效的理论指导。

第三节　媒体平台：强化技能训练，夯实人才队伍

尽管网络评论的参与主体日益多元、数量增多，但主流媒体中的专业媒体从业人员仍然是网络评论人才队伍中的中流砥柱。无论是文字评论还是视频评论，专业的媒体从业者往往会以自身的专业性和内容的深度，成为影响舆论、推动事件发展的重要评论者。因此，网络评论的人才培养，也离不开主流媒体对其麾下的专业人才进行技能提升，形成一批有创新性、有战斗力、有影响力的评论人才，从而更好地在各大网络平台中发布更多优质网络评论。

一、主动拓展评论队伍，提升评论员综合素质

主流媒体作为网络评论的"领头羊"，承担着宣传主流价值、引导舆论风向、促进正能量传播的重要作用。在未来，主流媒体的专业性水平和多元化视角将会得到更多重视。主流媒体可以采取"特邀"方式，邀请各个领域的专业人士对重点议题进行专业化解读，促进相关政策更好落地，主流思潮更加深入人心。如中央电视台邀请《中国改革报》副社长杨禹担任特约评论员，主要负责时政、经济领域的评论，对涉及政治、经济等领域的专业性问题进行解读，其出镜节目包括《朝闻天下》《新闻直播间》《东方时空》《环球视线》《共同关注》《焦点访谈》《中国新闻》《今日关注》等主流新闻评论栏目。杨禹在2010年全国两会期间所作的《四部委记者会现场评论》，获得了2010年底颁发的首届中国电视新闻评论优秀节目评比一等奖，体现了作为特邀评论员的专业水平。邀请专业人士参与到主流媒体的评论当中，不仅能够加强评论的专业性，有效促进观众对社会议题的深入理解，为网络评论提供多元视角，也在一定程度上加强了主流媒体的评论人才队伍建设。

此外，主流媒体也将会更加紧跟时代发展步伐，顺应互联网时代的评论发展模式。如2017年，南方报业传媒集团开启"南方名记培育工程"计划，推出首批15位南方报业集团优秀记者，力图打造主流媒体网红，15名记者平均年龄为32岁，评论内容涉及政治、经济、军事、娱乐等多个细分板块，体现了主流媒体的专业能力和与时俱进的新媒体素养。在未来，打造主流媒体网红是应对媒体行业变革的必然选择，也是顺应网络评论发展趋势的现实抉择。

二、创新完善奖励机制，保障人才长期发展

对于主流媒体来说，机制体制的完善，尤其是激励奖励机制的健全，能够更有效地鼓励专业化人才生产更多优秀的网络评论内容，对一些质量比较高的网络评论采用优稿优酬机制，加强网络评论的激励反馈。例如，2021年《关于加强新时代文艺评论工作的指导意见》就指出，中央和省级主要媒体平台要加强评论选题策划，推进重点评论工作。做好支持保障，健全激励措施，可通过优稿优酬、特稿特酬等方式为文艺评论工作提供激励，改进学术评价导向，推动把具有较大影响力的重要文艺评论成果纳入相关科研评价体系和专业技术人才职称评审制度①。

媒体平台通过优稿优酬、特稿特酬等激励方式，能够有效地激励评论员去生产出更多优质评论内容。此外，激励形式不是仅停留在物质奖励层面，而是用在职能评定等领域，也能将具有重要社会影响力的网络评论和新闻评论一样都纳入专业化的评定内容中，则能更有效地激励专业媒体从业人员进行网络评论内容生产。

除了针对评论员进行特定激励外，也需要考虑到在媒体内部实现部门间的打通流转，其他媒体部门的记者也能写评论并能获得相应报酬。例如，《嘉兴日报》就专门设立了"嘉兴时评"栏目，并明确规定：评论记者是一种岗位名称，并不是指评论部的具体的某个人，其他部门记者通过深入采访写出的评论稿件，一样可以纳入评论记者名下，报酬与评论部成员写作的稿费相同②。这种稿费激励方式，能有效弥补各个地方媒体中专门进行评论生产的人员较少的现实困境，实现记者人才和评论人才的"一举双得"。

---

① 新华社．中央宣传部等五部门联合印发《关于加强新时代文艺评论工作的指导意见》[EB/OL]．2021 - 08 - 02［2023 - 01 - 10］．http：//www. gov. cn/xinwen/2021 - 08/02/content_ 5629062. htm.

② 徐宁，王垚烽．多岗位流动　多部门联动——《嘉兴日报》评论人才建设之路［J］．中国记者，2012（07）：40-41.

三、举办网络评论比赛，以赛促学培养后备军

主流媒体不仅能够依靠自己的评论人才队伍去实现各个内容领域的发声，还可以通过设置一些活动和比赛的形式，在社会各界发掘网络评论人才，尤其是鼓励学生群体参与网络评论，促进大学生群体关注社会议题，了解国家大事，也能够使优秀作品的诞生让更多的青年评论者在社会中引领风尚，促进青年群体向上向善，达到社会治理的目的。

如为庆祝中国共产党成立 100 周年，人民网于 2021 年举办了首届"人民红"网络评论大赛，以"新时代·新青年"为主题，面向在校青年学生公开征集优秀网评作品。来自全国各地高校的选手同台竞技，最终评委选出进入决赛作品 10 篇和纪念奖作品 90 篇，并举办线上决赛，十名参赛选手分别围绕"自主创业""游戏成瘾""容貌焦虑""追星现象"等当前大学生关注的热点话题发表评论。参赛选手在比赛中，根据自己的人生经历和切身感受发表看法，从青年人的视角针砭时弊，不仅展现了评论的独特魅力，更表现了当代新青年的见识、风采和活力。新颖的比赛形式和青年人息息相关的社会话题，以及全国范围内大学生群体的踊跃参与，不仅扩大了优秀网络评论的传播范围，也使得当代正能量的青年声音深入人心。

除了由人民网举办的网络评论大赛外，一些网络平台也在举办相关比赛，吸引着广大学生群体的参与。例如，截至 2023 年，人民网网络评论部已经举办三届人民网评大赛。2023 年，第三届人民网评大赛主题为"凝心铸魂 奋进新征程"，向全国在校大学生征集"青春之我看时代""活力之我讲生活""坚定之我当奋斗"三大主题的评论作品，并经过专业评委打分决出获奖作品。这类大赛鼓励学生群体发表优秀正能量的评论内容，促进了学生群体网络评论能力的提升。

这种由主流媒体主导的网络评论类竞赛，在具有专业性的同时，也大大充实了网络评论队伍，培育了优秀的新媒体人才，也使得青年力量能有效发挥到社会治理之中。当然，在这一过程中，高校也可以配合这类主流媒体，积极引导传媒专业学生参与到大赛中。这是因为参加专业大赛是检验教学成果最直接、最有效的方法。借此机遇，以参赛为抓手，教师可以有的放矢地组织教学，激发学生的学习热情和兴趣，并以赛代练，有效提高学生这一网评人才队伍未来储备军群体的实践能力和专业技能。

第四节 政府：加强顶层设计，各领域全面发力

前文谈到的人才培养模式和方法，都离不开政府主体在顶层设计层面进行高瞻远瞩的统一规划和制度引导。政府主体虽然无法直接以奖励形式鼓励网络评论人才发展，但是可以通过规章制度建设、网信办培训班等方式来实现人才培养。

第一，出台相应规章，完善制度建设。例如，《关于加强新时代文艺评论工作的指导意见》就是由中央宣传部、文化和旅游部、国家广播电视总局、中国文联、中国作协等部门联合发布。

需要指出的是，目前政府部门对评论的指导意见也以文艺评论类为主，网络评论领域主要是以"底线意识"对网民跟帖评论进行规范和约束，但缺少对媒体平台以及媒体从业人员的引导类文件和指导意见。未来如果能够有意识加强网络评论领域的规章制度建设，对网络评论人才培养将大有裨益。

第二，设立培训班级，实现专业技能训练。除了规章制度的引导和约束外，政府主体也可以开设一些专业化的培训班，例如当前中央网信办和各个地方网信办就在设立和网络内容生产、网络评论相关的培训班，培训对象往往是业界中的传统媒体代表和一些新闻平台的从业人员，通过这种专业化培训模式，来实现专业人才的交流，提升网络评论人才的专业能力。

第三，指导行业协会，为人才提供协会指导。在互联网内容治理领域中，行业协会往往由政府部门指导，是重要的主体。行业协会一方面带有官方政府机构主办和主导的政府特性，也具有官方立场带来的天然权威性和公信力；另一方面在定位上又与传统政府部门角色迥异，具有沟通、互动政府和自媒体账号的"中介者"和"协调者"的作用①。网络评论作为一种网络内容，也需要通过网络内容相关的行业协会对其进行监督和引导，相关的行业协会可以针对网络评论进行人才指导，或是设立专门的人才研讨环节，或是以行业协会交流形式实行不同领域人才交流，为网评人才的学习和成长提供良好的环境。目前，国内暂时没有成立专门针对网络评论这一领域的行业协会，如果未来能有相关的行业协会成立，并在政府部门下加强不同主体的合作，针对人才进行专门培

---

① 高庆昆，朱垚颖，宋琢. 网络内容治理中的行业协会：中介地位与协作治理［J］. 黑龙江社会科学，2022（05）：52–59.

训，相信会对网评工作的开展发挥长期作用。

第四，针对单位和个人组织竞赛，加强不同主体对网评工作的重视程度。例如，2022年"好评中国"网络评论大赛就是由中央网信办网络传播局、中央网信办网络社会工作局、教育部思想政治工作司、共青团中央宣传部等政府部门主导，围绕新时代党和国家事业发展取得历史性成就、发生历史性变革，结合各地方各行业各领域改革创新实践和人民群众生产生活巨大变化这一方向进行优秀网络评论的征集和评选①。这类政府主体主导的大赛和前文提到的媒体主导的大赛的区别是，评选对象不仅有个人评论员，也会评选出优秀组织单位，从而鼓励媒体机构和单位以及评论员自上而下实现对网络评论工作的重视，加强媒体机构对网络评论的人才投入度。

---

① 中国网信网.新时代 新征程 新青年 2022"好评中国"网络评论大赛征集公告［EB/OL］.2022－04－28［2023－01－10］.http：//www.cac.gov.cn/2022－04/28/c_1652670174207232.htm.

第十四章

网络评论的研究方法与效果监测

网络评论的作用及效果是学界和业界高度关注的研究话题。一方面,网络评论的效果可以依据其对现实社会和事件的影响来进行外部判断;另一方面,亦有多个学科关注网络评论文本本身的测量和分析,试图通过更加模型化、科学化、智能化的方式,来对文本内容进行情感属性、社交群组等方面的研判,从而为更有针对性地提出网络评论的引导和发展策略提供科学指导。

本章梳理并介绍了目前学界常用的网络评论研究方法,并从动力学角度对网络评论的内在发展动力进行了分析。此外,本章结合虚假评论类型的检测和治理,对网络评论效果检测进行了整体性的介绍。

第一节 网络评论的研究方法

网络评论作为文本内容,许多研究会将其文本内容转换为文本向量,进而转换为数据向量,最后采取数据分析的方式对评论文本进行深入研究。本节在对网络评论研究方法的介绍中,侧重于定量化的研究方法介绍。

一、网络评论的情感分析研究方法

网络评论情感分析是指在网络信息高速发展下对大数据时代海量的网络评论,包括网络电商平台商品评论、社交平台评论、直播短视频评论、游戏玩家评论等的评论文本进行分析,即通过分词、去停用词以及建立模型来发现评论里面的正负面情感属性,并得出一个决策。① 针对网络评论的情感分析研究方法,是侧重于通过数据算法和模型、深度学习、词汇研究,来为研究者提供深入了

---

① 彭梅,胡必波.基于大数据人工智能的电商用户评论情感分析 [J].电脑编程技巧与维护,2022 (06):123-126.

解评论内容和情感倾向的一种手段。

网络评论中运用较多的情感分析，主要是针对商业评论、营销评论等类型，该类型因直接与评论的商业化相关，更易受到开发者、发布者等主体的重视。具体定义包括，情感分析（Sentiment Analysis），又称评论挖掘或意见挖掘（Opinion Mining），是指通过自动分析某种商品评论的文本内容发现消费者对该商品的褒贬态度和意见①。此外，以微博为代表的社交媒体平台上的网络评论，也因其往往会针对某一公共突发事件或热点事件形成舆论场，相关话题争论不断，内容文本情感倾向突出，并会对现实社会产生深刻影响，因此也成为评论情感分析研究方法采用的重要对象。例如，在 2011 年的温州动车事故发生后，有学者就对相关论坛、新闻平台的帖子、评论等文本进行情感分析，分析出当时温州动车事故发生后的舆情演变阶段以及各阶段民众的情感极性，从图14.1.1 可以看出网民评论在不同阶段中的正面、中立、负面情感的不同比例及演变趋势。②

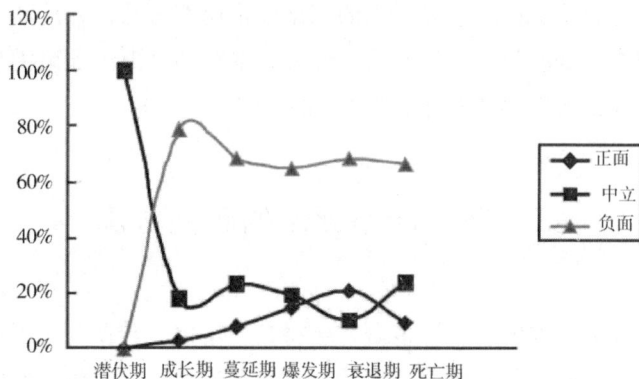

图 14.1.1　温州动车事故各阶段民众舆论的情感性变化

无论是聚焦商业评论文本的情感分析，还是针对社会事件民众评论舆论的情感分析，其本质都是将评论文本进行数据化处理，在对目前相关研究的梳理中可以发现，网络评论情感分析研究方法基本包含以下几个环节。

首先，是对评论文本进行内容的预处理，将文本顺利转换为可以进行定量化分析和处理的数据，其中包括去重、去除与主题不相关的文本内容、中文的

①　张紫琼，叶强，李一军. 互联网商品评论情感分析研究综述［J］. 管理科学学报，2010，13（06）：84-96.

②　金鑫，李小腾，朱建明. 突发事件网络舆情的演变机制及其情感性分析研究［J］. 现代情报，2012，32（12）：8-13.

分词处理、文本的特征表示等①。

　　其次，在完成文本的预处理后，开始利用模型进行分类训练和情感分析，常见的情感分析模型包括 SVM 情感分析模型、BTM 情感分析模型、CBOW 主题模型等。例如，其中 SVM 的基本逻辑是分类逻辑，能够将数据直接分类输出到不同的情感类型中，一般是正面、中立、负面的情感分析。

　　此外，部分研究者也会配合专业化的情感分析调研者，来实现人工进行的文本情感分析，通常使用人工处理是因为数据内容比较复杂、难以进行定量化的数据处理，有时也是为了研究的深入及研究目的的实现，采取定量和定性相结合的研究办法。通常这类研究会基于小型自建语料库，根据语义框架对评论文本的具体语料进行情感标注。这类研究不仅会有情感维度分析，还往往会对具体的一些评论内容进行议题的归类以及具体文本的深入解读，这是纯数据情感分析无法实现的。表 14.1.1 展现了部分温州动车事故评论的议题分析，就是研究者基于危机蔓延期的相关评论，采取定性研究方法后呈现的议题梳理②。

表 14.1.1　温州动车事故危机蔓延期的新闻评论（部分）

阶段	评论题目	评论议题	来源	日期
危机蔓延期	1. 动车事故有悲　生命安全无价	生命（惋惜）	中国新闻社	7 月 25 日
	2. 不能总以牺牲生命的惨痛代价"吸取教训"	安全	《羊城晚报》	7 月 25 日
	3. 高速时代尤须系好"安全带"	安全	人民网	7 月 25 日
	4. 珍视动车事故面前的人性力量——聚焦温州动车追尾事故	救援（温暖）	人民网	7 月 25 日
	5. 自发救援见证公民精神成长	救援（自发）	《新京报》	7 月 25 日
	6. 温州动车追尾　不仅是一起事故	事故原因	《上海商报》	7 月 25 日
	7. 尽快查清事故原因是重中之重	事故原因	《新京报》	7 月 25 日
	8. 动车温州追尾事故，直面公众质疑需要彻底	回应质疑（直面）	《南方都市报》	7 月 25 日
	9. 权威声音需及时回应公众一切	回应质疑（及时）	《京华时报》	7 月 25 日

　　情感分析研究是网络评论研究中极为常见的一种研究方法，它能够从评论

---

① 朱嫣岚，闵锦，周雅倩，等. 基于 Hownet 的词汇语义倾向计算 [J]. 中文信息学报，2006，20（1）：14-20.

② 崔晓玲. 危机新闻评论的情感研究——聚焦"7·23 温州动车事故" [J]. 西安外国语大学学报，2017，25（01）：27-33.

内容中挖掘出发布者的情感、态度、立场，进而能为商品的营销推广、舆论事件的引导和处理提供有针对性的意见和策略。对于研究者来说，网络评论情感分析能够发现除了评论内容本身的内容属性外，还能实现大规模数据的情感倾向分析，也是实现网络评论研究深入的一种有效研究方法。

二、基于社会网络分析的网络评论效果

社会网络分析方法是社会学家根据数学方法、图论等发展起来的定量分析方法。社会网络分析（Social Network Analysis，SNA）通过研究网络关系，有助于把个体间关系、"微观"网络与大规模的社会系统的"宏观"结构结合起来①。而在网络评论研究中使用社会网络分析，是指从评论传播和转发的角度，来分析评论中关键人物之间的网络关系，形成传播网络链的分析。

社会网络视角下的研究，网络结构和网络演化动力是分析群体性事件生成及演化过程的有效切入点②。大部分采用了网络评论社交网络分析研究方法的研究，会选择群体性事件或公众舆论事件作为分析对象，关注其在微博上的传播网络结构及演化过程，尤其关注舆论传播网络中的结构和主要节点。例如，有研究结合网络拓扑结构模型宏观呈现了上海"12·31"外滩拥挤踩踏事件的舆情概况，对此次突发事件中微博舆论传播网络的总体结构和凝聚子群的演化情况进行可视化分析，详见图14.1.2。该研究也深入指出，上海"12·31"事件爆发初期，该微博舆论传播网络只形成4个派系，但经过22天的演化，该微博舆论传播网络最终形成了56个派系，其中关键微博账号上海发布同时属于29个派系③。

从图14.1.2也可以看出，相比侧重于文本内容及情感分析的研究方法，网络评论及舆论传播的社会网络分析更重视对传播结构的分析，找到网络评论者和账号的核心传播主体和传播节点，对事件舆论的走向进行结构化梳理，进而为类似舆论事件的引导提供启发。

在研究方法的具体操作上，通常针对网络评论的社会网络分析会完成群体度数中心性和群体中间中心性分析，这一部分的分析主要是从群体层面来进行

---

① 唐朝生. 在线社交网络信息传播建模及转发预测研究［D］. 燕山大学，2014.

② 汪大海，何立军，玛尔哈巴·肖开提. 复杂社会网络：群体性事件生成机理研究的新视角［J］. 中国行政管理，2012（6）：71-75.

③ 贾瑞雪，李卫东. 基于社交网络演化的政府形象认知传播机制——以上海"12·31"外滩拥挤踩踏事件为个案［J］. 公共管理学报，2018，15（02）：28-42，154-155.

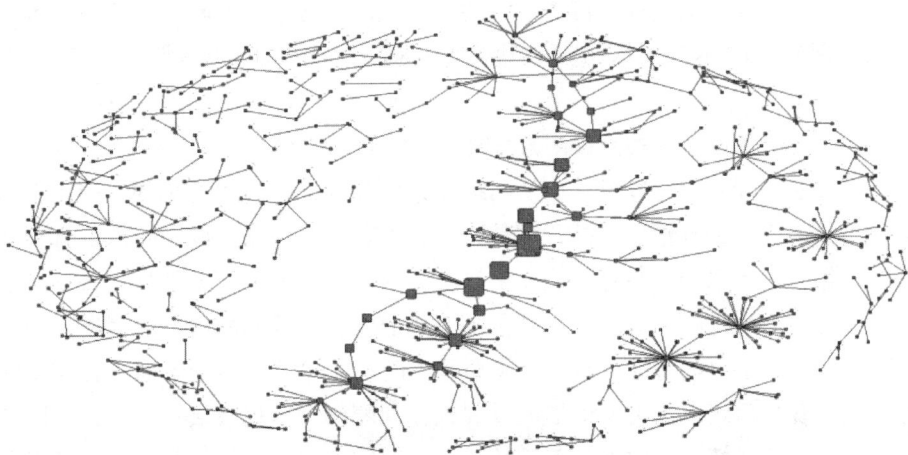

图 14.1.2 "12·31"事件爆发初期微博舆论传播网络拓扑结构模型图

中心性分析，强调整个网络在多大程度上向某些节点集中的中心化趋势①。中心性作为社会网络分析的重要指标，反映出了舆论事件中的中心地位，也往往反映出各个平台"意见领袖"的角色和地位。

另外，还主要会进行节点度分析，节点度分析主要是从出度（Out-degree）和入度（In-degree）两大类展开，度数分析往往能有效反映出一个网络评论平台内，不同账号和主体的受关注度和影响力的大小。如果一个账号的入度极高，往往能反映出该账号的被关注数量较多，那么它就更有可能在舆论传播网络中成为重要节点。

其次，进行密度分析和聚类分析，整体网密度是指网络中实际存在的关系总数与理论上可能存在的最多关系总数之间的比值，聚类系数是指各个节点密度系数的均值②。针对密度分析和聚类分析，能较为有效地发现评论信息的传播效率，密度越大、聚类系数越大，往往意味着该事件中的评论信息传递效率越高。

亦有研究会针对子群进行分析，凝聚子群分析能够看出在评论信息和意见传播过程中，形成了几类观点，甚至形成了几类派系。在一些政治意识形态冲突比较激烈的话题中，凝聚子群研究能够从网络评论内容看出背后的势力群体，甚至能折射出现实社会的矛盾和冲突。

相比情感文本分析，社会网络分析侧重于群体的关系和传播网络，其研究

---

① 刘军．整体网分析——UCINET 软件实用指南 [M]．上海：格致出版社，2014.
② 刘军．整体网分析——UCINET 软件实用指南 [M]．上海：格致出版社，2014.

意义往往体现在传播结构和传播网络的呈现，以及网络评论阶段演变中关键人物和关键节点的掌握，对于引导舆论甚至形成传播新方向都有重要的借鉴意义。

三、基于深度学习的网络评论倾向性分析

深度学习和倾向性分析，也是网络评论研究方法中较为常见的一种。它和情感分析研究方法有相通之处，都是关注文本背后的立场和倾向，但也有不同之处：第一，情感分析针对的往往是已有文本内容数据的模型处理，而且情感词往往需要人工构建，但深度学习主要是基于机器学习算法进行语言模型的训练，具有自动学习的特征，而且可能会基于已有的评论及舆论走向进行模型内的预测，分析后续评论可能的走向及舆论会朝着哪个阶段发展；第二，情感分析侧重的主要是情感倾向上的正面情感、负面情感和中立情感的分析，基于深度学习的网络评论倾向性分析，不仅包括情感上的倾向分析，还涉及如态度倾向等其他维度倾向性分析。

网络评论的深度学习方法，强调利用机器学习算法对统计语言模型进行训练，用训练好的分类器对文本进行情感分类，这种方法能够考虑到上下文语义信息，对句子整体的情感倾向判断更为准确①。而且相比人工抽取和分析的费时费力，深度学习方法的系统性和自运转性更强，当模型科学时，信息处理的效率也更高。

深度学习研究方法运用到网络评论中，一般也是以商业营销类评论以及突发公众事件类评论为主，有研究针对产品特征情感分类方法，利用特征评价词或情感词判断产品特征的情感倾向②。也有研究关注在线评论中的产品特征提取，利用计算机从大量的产品在线评论中自动获取消费者所关注的产品特征，对相关产品类评论进行分析③。亦有研究采用卷积神经网络进行短文本评论情感分类，以情感分类标签标注相应评论中提取的产品特征词，并利用词向量对产品特征词聚类，最终对所爬取到的笔记本电脑和手机评论进行模型训练和分析④。

---

① 李杰，李欢. 基于深度学习的短文本评论产品特征提取及情感分类研究 [J]. 情报理论与实践，2018，41（02）：143-148.

② 唐晓波，朱娟，杨丰华. 基于情感本体和 kNN 算法的在线评论情感分类研究 [J]. 情报理论与实践，2016，39（6）：110-114.

③ 李实，叶强，李一军，Rob Law. 中文网络客户评论的产品特征挖掘方法研究 [J]. 管理科学学报，2009，12（02）：142-152.

④ 李杰，李欢. 基于深度学习的短文本评论产品特征提取及情感分类研究 [J]. 情报理论与实践，2018，41（02）：143-148.

通过梳理目前国内外较多运用的深度研究方法可以发现，随着深度学习的不断发展，许多学者通过结合神经网络解决文本情感分析问题，卷积神经网络是近年来占主导地位的神经网络之一①。将卷积神经网络应用于文本分类中，首先需要将单词转化为词向量，然后使用多个不同尺寸的卷积核对词向量进行卷积，最后进行池化、分类②，最终得到邻近单词的语义关系的研究结果。

除了结合神经网络解决文本情感分析问题外，目前也有提出注意力机制的模型分析，基于注意力机制的神经网络模型被运用于各种自然语言处理任务中，能模仿人类的感知，将注意力集中在目标区域的重要部分，通过注意力机制将词语和语句间的相互关系加权到卷积神经网络模型中，以获得目标的关键特征③。运用该研究方法，可以获得比神经网络分析更为长距离影响的语义关系，也可以实现文本更好的分类效果。

需要指出的是，情感分析、社会网络分析和深度学习分析等研究方法，并不是完全割裂的，很多研究会搭配使用上述研究方法，例如采取情感分析和深度学习或是采取情感分析和社会网络分析的组合，进而实现最终研究目标。

第二节　网络评论动力分析的研究路径

网络评论的动力学分析，指的是分析进行网络评论发布的个体账号、媒体、机构、MCN 等究竟以何内在动能驱动，进而有着评论内容生产和传播的动力。网络评论的各个主体在生产网络评论的过程中具有差异化的动力机制：专业化媒体的网络评论发布依靠媒体机制体制的内在驱动，目的在于实现意识形态宣传工作，履行媒体的责任和义务；新闻网站有着扩大影响力，实现平台内容聚集效应，实现商业价值提升等方面的需求；自媒体人和专业化内容生产机构的主要诉求和目标则是提升账号粉丝数量，最终实现从内容到广告营销盈利的转换。

---

① 朱烨，陈世平. 融合卷积神经网络和注意力的评论文本情感分析 [J]. 小型微型计算机系统，2020，41（03）：551-557.

② Kim Y. Convolutional neural networks for sentence classification [C]. Proceedings of the 2014 Conference on Empirical Methods in Natural Language Processing（EMNLP），2014：1746-1751.

③ Yin W, Schütze H, Xiang B, et al. ABCNN: attention-based convolutional neural network for modeling sentence pairs [J]. Transactions of the Association for Computational Linguistics，2016，4（11）：259-272.

上述主体在发布网络评论时驱动力各有不同，在各自驱动力下，都努力不断提升评论的质量和传播效果。对网络评论的动力学分析，能够有效分析出网络评论的内在发展动力。

首先，网络评论发布有着政治动力，尤其是主流媒体有着引导舆论、实现意识形态宣传的目标。网络评论在不同应用领域，尤其是在重大事件宣传、思想理论阐释等关键应用领域中，有着特殊的政治目标。这类研究往往基于重要事件的宣传引导出发，探讨如何发挥媒体角色的作用，实现政治宣传的目标，也多见案例研究和专题研究。例如，有研究者以《解放军报》学习贯彻习近平总书记在全国宣传思想工作会议上的重要讲话系列评论员文章为例，明确指出，全面、准确、及时、有效地诠释好习近平总书记重要讲话和重要指示精神，是新时代党报评论的主业主责，也最能体现出党报的"喉舌"和"耳目"功能，最能检验党报评论员的核心素质①。

又如，有研究者关注了由中国国际广播电台推出，上线于 2015 年 6 月 1 日的"国际锐评"专栏，分析该专栏如何在全媒体时代以新闻宣传效用为先的呈现方式融合发展，指出以受众为主导的新闻宣传产品的个性化生产、智能化推送、互动化传播、可视化呈现极大地提高了新闻宣传的功能效应②。

上述专题研究和个案研究，都首要明确网络评论作为新闻宣传产品的定位，并基于我国党和政府宣传需求，探讨了在中国特色社会主义新时代中发挥媒体评论、党报评论、融媒体产品评论的宣传作用，其背后均是对网络评论生产和传播的政治动力因素的分析。

其次，网络评论内容平台有着技术动力，实行个性化推荐算法、分发算法等对评论内容的技术推动。目前，除了主流媒体外，也有以腾讯新闻、今日头条、网易新闻、抖音、快手等为代表的网络内容平台。这些网络内容平台每时每分都在发布着海量新闻，由专业评论员发文、自媒体评论发言、网民评论板块回帖等组成了丰富的网评内容场域。但平台内容过于海量，究竟哪些内容能够被得到分发和传播，进而让更多人看到、实现更大社会影响力，这背后是技术动力的驱动，是平台各类型算法的结果体现。

这类研究较多见算法研究和机器人评论研究。例如，有研究关注协同过滤

①　张顺亮，辛士红. 党报评论写作要坚持守正出新——以《解放军报》学习贯彻习近平全国宣传思想工作会议重要讲话系列评论员文章为例［J］. 青年记者，2018（35）：32-33.

②　谭笑风. 全媒体兴起下的新闻宣传及其文本重塑——兼议"国际锐评"的融媒体风格［J］. 新闻爱好者，2020（06）：71-74.

推荐算法研究，该算法是指基于兴趣相似的用户行为来实现个性化推荐，能够有效避免信息过载。例如，有些电子商务网站提供对评论的有用性评价，"赞"或者"踩"，这种互荐的机制可以纠正用户偏好识别误差，提高正确率，有研究者根据这类用户与系统之间的交互，结合情境因素对顾客消费的影响，构建推荐规则①。有研究针对这类算法模式，指出了要通过用户在评论中表现出来的情感倾向来计算用户的偏好度和相似度，进而推荐用户满意度高的产品给相似用户②。

在机器人评论、机器人新闻研究中，如果说，机器人写作是工业化生产方式在新闻领域的应用③，那么机器人评论是工业化生产方式在评论领域的应用。智能机器人评论有着标准化和高效化的优势，但目前往往被用于营销类商品评论中，存在低智能化的情况，例如重复评论和无效评论等充斥网络空间，这也会导致网络评论内容质量的下降。

对网络评论技术动力的研究，既有关注技术驱动带来的推送方式优化，肯定其正面影响，也有研究指出，过度依赖技术发布评论，甚至形成机器人自主发布评论的形式，有可能存在内容政治导向的风险，形成人们的算法依赖，以及互联网评论的过度扩张和无序状态。正面和反面的影响研究，背后也体现出研究者对技术的反思，以及未来网络评论技术算法该何去何从的担忧。

最后，网络评论尤其是商业化营销类评论的背后动力主要是商业动力和经济效率。有研究者基于社会交换理论，从网络评论信息交换的成本和收益两方面出发，研究了促使消费者在线发布正面评论的动力因素④，这背后也体现了商业利益的交换逻辑。消费者会因为商家的激励机制，或者是被平台的评论规则机制驱动，进行评论内容的生产和发布。例如，"大众点评"平台就是一个依赖于消费者评论打分的美食推荐类应用，为了很好地鼓励用户发布真实有效的就餐评论，实现平台生态的良性循环，该应用早期会通过长点评与带图平台后获取相应金额福利，包括商家也会提供相应礼品福利，中后期则以评论方式来为用户升级，以 VIP 升级制度和相应福利促使用户更主动积极地在平台发布评论，

---

① 金淳，张一平. 基于 Agent 的顾客行为及个性化推荐仿真模型［J］. 系统工程理论与实践，2013，33（02）：463-472.
② 王伟，王洪伟，孟园. 协同过滤推荐算法研究：考虑在线评论情感倾向［J］. 系统工程理论与实践，2014，34（12）：3238-3249.
③ 张海霞. 机器人写作时代新闻从业者的应对［J］. 新闻战线，2016（21）：110-112.
④ Jang Y J, Kim H W, Jung Y. A Mixed Methods Approach to the Posting of Benevolent CommentssOnline［J］. International Journal of Information Management, 2016, 36（2）：414-424.

分享自己的用餐感受。当然，平台也会设置类似内容社区的环境，当用户发布的评论内容受到更多人喜爱和浏览后，他发布的评论内容可能会登上主页，成为社区热门，这种方式有效地拉动了普通消费者发布评论的意愿和倾向，让更多评论内容自发诞生。在这背后，其实就是平台和商家利用了商业逻辑和经济效率，让用户主动生产内容。

在这一过程中，消费者发布在线评论的个体因素动力也包括自我效能和结果期望，根据个体因素动力的分析，自我效能和结果期望对消费者发布在线评论行为具有驱动作用①。评论者不一定能直接获得经济上的利益，但是在发表评论之后，商家的反馈、其他真实用户的点赞和评论，都会让用户感知到自我效能，实现了较好的内在需求反馈机制。这种评论板块的设置和热门话题的呈现，都能够使个体在内在的自我认同和尊重认可层面，获得较好的心理满足感，进而形成内容发布的良性循环。

因此，针对商业化的动力分析研究，一般都是以消费者评论为主，研究也往往是从社会交换理论、经济学理性人观点出发。有研究者就指出，基于理性人观点，每一个从事经济活动的人所采取的经济性行为都是力图以最小的经济代价去获得自己的最大经济利益，平台在设置评论区的时候也要尽量减少消费者和普通用户评论的难度，让他们用较高的效率而不是花费过多的时间去寻找评论功能的按钮②。

第三节　虚假网络评论的检测与处理

网络评论带来的影响逐渐渗入线上社会运行的方方面面，评论成为影响新闻舆论走向以及消费者决策的重要因素。伴随网络评论数量的迅速增长，歪曲事实真相、干扰用户判断的虚假评论也大量出现，与此同时，虚假评论现象不仅是个人行为，不少专门的虚假评论群体以营利为目的、有组织性地发布虚假评论。作为应对手段，虚假网络评论检测技术行之有效，或基于内容或基于评论者行为进行判断，蕴藏着较大发展空间。

---

① 张蓓佳. 网络购物环境下消费者发布在线评论的动力机制研究——基于社会认知理论的视角 [J]. 吉林工商学院学报, 2016, 32（05）：41-44.

② 邵兵家, 马蓉, 张晓燕, 高志欣. 消费者在线产品评价参与意向影响因素的实证研究 [J]. 情报杂志, 2010, 29（12）：185-189.

一、虚假网络评论的检测方法

对于虚假网络评论的检测，现有研究主要从虚假评论的特征入手，不断挖掘有效的识别特征并将各种特征组合运用到模型中，实现对虚假评论的识别。可识别的虚假评论特征主要分为两类：第一类是依据评论的文本特征，从内容本身出发检测虚假评论；第二类是依据评论者的行为特征，对异常评论者或群组进行识别。

（一）基于评论文本特征进行的检测

当前研究对于虚假网络评论的检测侧重于对评论文本的挖掘，基于评论文本特征进行的虚假网络评论检测主要可以分为内容重复性分析、情感分析和文体元数据分析。

内容重复性分析是最为常见的检测方式之一。研究表明许多虚假评论发布主体为了提高发布评论的速度，会对已发表的评论进行复制，稍加修改后进行发送，因此内容重复率指标在一定程度上能够有效地识别出虚假网络评论。①

随着虚假评论隐蔽性的提升，相应检测方法也进一步细化更新。情感分析是对评论文本中的正负向情感词的分布或关系进行归纳推理，从而识别虚假信息的方法。引入情感分析能够优化原有的检测方法，提高检测效果，如研究者通过量化用户评论的情感值，研究情感词的依存关系，得到了情感句的量化情感算法并用于电商虚假评论检测中。②

基于评论内容的语法分析主要考虑的是文本的语法特征，包括词袋特征及词性特征，基于此运用各种机器学习模型进行检测，词袋特征在某些情况下的性能远高于其他评论特征，实现虚假评论检测的创新。如有研究利用 PU-learning 结合词袋特征进行检测，对 1600 条酒店评论的语料库进行了分析，分析结果显示，该方法在正面和负面欺骗意见的检测上均具有较好的学习效果，分别比原来的方法平均提高了 8.2% 和 1.6%。③虽然现有语法分析大多针对线

---

①　邓胜利，汪奋奋. 互联网治理视角下网络虚假评论信息识别的研究进展 [J]. 信息资源管理学报，2019，9（03）：75.

②　彭庆喜，钱铁云. 基于量化情感的网店垃圾评论检测 [J]. 山东大学学报（理学版），2013，48（11）：66-72.

③　Fusilier D H, Montes-y-Gómez M, Rosso P, et al. Detection of opinion spam with character n-grams [C] //International Conference on Intelligent Text Processing and Computational Linguistics. Springer, Cham, 2015：285-294.

上购物领域的网络评论，但语法分析的重要性在大多数评论领域中都得到了证实。[①]

（二）基于评论者行为特征进行的检测

虚假评论对真实评论的模仿越来越细致，这给基于评论文本特征进行的虚假评论检测带来了困难，基于文本可以发现的特征往往是固定且有限的，因此越来越多的研究开始将重心转移到虚假评论者的行为特征识别上。虚假评论者往往会赞扬或贬低某一特定品牌的产品，在短时间内写出大量的评论，在评分上偏离大多数用户，评论态度比较极端，提供大量重复评论等。[②] 研究者通过分析评论者的行为特征数据进行判断，根据异常行为特征计算评论者的虚假度指标，从而判断是不是虚假评论发表者。

随着评论影响领域的扩大，虚假评论发布者的规模也在不断扩大，甚至出现多人协同形式的虚假评论团体。虚假评论团体大规模地发布虚假评论，从而引导舆论，破坏性更强。团体的评论行为有一定的相似性，如评论内容重合度高、评论发布时间接近等，因此对其检测主要从团体的结构特征、评论内容和团体行为等方面进行识别。[③]

二、虚假网络评论的治理现状

对虚假网络评论进行治理是保护用户权益的重要途径，也是维护网络舆论环境的重要保障，现行虚假评论治理方式主要从特征识别、认知引导、行为干预三个方向进行。

首先，识别虚假评论特征是治理虚假网络评论的前提。前文已经介绍了不少专业的技术方案，通过人工智能等技术建立虚假网络评论的特征识别算法是一种主流的识别方式，这是打击虚假网络评论的重要途径。

其次，用户对于虚假网络评论的认知影响着其后续行为，因此对用户的认知引导是治理的另一重要途径。一方面，管理者可以通过标记虚假评论来降低虚假评论信息给用户带来的影响，改变其原先观点；另一方面，主流媒体可以

---

① Li J, Ott M, Cardie C, et al. Towards a general rule for identifying deceptive opinion spam [C] //Proceedings of the 52nd Annual Meeting of the Association for Computational Linguistics (Volume 1: Long Papers), 2014: 1566-1576.

② 邓胜利，汪奋奋. 互联网治理视角下网络虚假评论信息识别的研究进展 [J]. 信息资源管理学报，2019, 9（03）: 76.

③ Li F H, Huang M, Yang Y, et al. Learning to identify review spam [C] //Twenty-second international joint conference on artificial intelligence, 2011.

通过求证专家、实践实验等方式证实虚假评论信息的不合理，发布正确的正能量的评论内容引导舆论提高网民的信息辨别能力，引导用户认知虚假网络评论的特征和危害。

最后，虚假网络评论的治理执行途径主要是对于用户的行为干预。一方面，多方治理主体明确规范的评论发布规则可以约束虚假评论的产生，完善的评论事前发布约束和事后监管体系可以从源头上减少虚假评论的产生和传播风险。另一方面，对用户信息行为的监测可以在一定程度上预测网络虚假信息的传播。有学者利用用户曾发布的内容，基于用户对突发公共事件的关注、关注的谣言、反应时间和发微博频率四个特征，设计了一种基于卷积神经网络的虚假信息转发行为预测模型，来预测微博平台上网络用户的谣言转发行为①。这说明用户的虚假信息传播行为是可预测可干预的，进一步而言可以应用于对网络评论用户的行为干预中。

三、虚假网络评论治理的完善

在现行评论治理策略的基础上，虚假网络评论治理也存在平台角色弱化、治理路径单一的问题，因此，未来的治理方式可以从以下几个方面进行完善。

（一）减少虚假评论形成的依赖因素

以在线商品交易评论为例，在交易主体的匿名性、评论内容的主观性以及评论对交易达成发挥的重要性等因素作用下，虚假评论大量产生。一条完整的评论包含消费者昵称、消费者信誉级别、评论时间、商品打分、评论内容等。其中评论内容为自由文本，主观性较强，极易滋生虚假评论。因此，可以采用半结构化评论文本来限制虚假评论的生成，即评论者在评论的时候需要遵从平台设定的规则从商品属性的若干角度出发，如衣服是否合身、是否存在色差等问题。通过半结构式的评论规则减少虚假评论形成的主观性依赖因素，实现更好的治理效果。

（二）完善优质评论激励机制

高质量的网络评论既能提供真实有效的信息，还能拉近与用户之间的关系，维护良好的网络生态，但在实际生活中，用户很多时候会由于评论的内容生产成本较高但实际回报较少而放弃评论或仅简单评论。因此，平台和被评论主体可以

① Tian Y, Fan R, Ding X, et al. Predicting rumor retweeting behavior of social media users in public emergencies [J]. IEEE Access, 2020, 8: 87121-87132.

通过奖励的方式鼓励网络评论的优秀产出内容，补偿用户的创作成本，可以通过赠产品、发红包、增加平台会员特权等方式定期给予优秀评论者奖励。重视普通用户对已发布评论的反馈渠道作用，通过评论点赞数、回复数、投票等指标衡量评论的具体价值并给予奖励，以高质量内容的产出抵抗虚假信息的泛滥。

（三）建立多主体协同的多重治理路径

一方面，虚假评论的产生大多与网络流量的获得密切相关，大量虚假评论的产生可以提高评论的排名，湮没真实评论意见，带来更多的网络流量。因此，平台应当优化现在的评论排名算法，鼓励真实评论受到更多关注，提升评论排名系统的稳健性。另一方面，政府管理者、平台政策制定者、自媒体运营者、评论关联利益群体等多主体都应认识到虚假评论带来的危害，完善管理措施、加大惩罚力度，将虚假评论检测技术普遍应用，建立起系统有效的反虚假评论机制。

第四节　网络评论效果的监测和评估

随着新媒体网络评论影响的扩大，传统的评论传播效果评估方法面临一定的局限性，综合性的评论效果评估方法和路径成为主流。本节将分别介绍现有的评价方式和评论传播效果研究方法，并提出未来评估体系的发展重点。

一、网络评论效果评价指标

在有关网络评论的效果检测和评估中，通过评论已有属性数据建立起客观的评价指标体系是一种最常见的效果评估方式。

评价指标通常依据平台的具体属性制定：微博的评价指标通常为转发量、点赞量、评论量、粉丝数、用户活跃程度和影响力等。在微信公众号传播中，其评论传播效果通常由显性指标和隐性指标两类因素组成，显性指标主要包括阅读总数、点赞数、评论数等数据，隐性指标包括评论文章质量、信息推送精准度、互动力度等。[1] 此类评价指标体系易于明确得到，测量操作难度较小，可以较为全面地测量人们对于评论内容的态度和行为改变等指标。

---

① 周荣庭，韩飞飞，王国燕. 科学成果的微信传播现状及影响力研究——以 10 个科学类微信公众号为例 [J]. 科普研究，2016，11（01）：33-40，97.

二、网络评论效果研究方法和技术

随着互联网评论数据的迅速增长，大数据技术逐渐成为效果研究与分析的重要工具，传统的效果研究方法在新媒体背景下的网络评论研究中得到不断创新。

（一）网络评论效果研究方法

传播效果研究使用的研究方法主要有内容分析和抽样调查两种，这两种研究方法分别有不同的适用范围和数据来源，对于网络评论效果研究也同样适用。

内容分析是效果研究的重要方法，通过内容分析可以将评论内容进行拆解和分类，提炼出关键内容，获得评论的主题、态度、信源等多个指标，通过构建这些指标与用户行为和心理反应之间的关系，进而明确评论信息与变量之间的重要关系。

抽样调查以用户为主要研究对象，主要目的是获取用户的反馈评价，以问卷、访谈等形式获取用户的认知及行为等数据。在网络评论效果研究中，不少研究机构、平台、政府等主体都会使用这一方法进行调查。

需要说明的是，效果研究与效果评估密切相关，但两者之间存在显著差别。效果评估更加宏观、整体，是综合多重维度和指标建立起的系统性评价体系；而效果研究则更具基础性特征，学术地位更高，为效果评估提供方法支撑和数据支持。

（二）网络评论数据处理技术

在网络评论具体效果评估中，可以使用的评估技术包括分词技术、数据信息的提取分析和关联分析等技术。其处理步骤可以具体分为以下几个环节。

提取关键词环节侧重主题挖掘，是网络评论数据处理的基础环节。在大数据时代背景下，数量众多的评论数据可以利用文本挖掘技术进行处理，分词技术和算法可以快捷方便地从中提取主题词和关键词。网络评论中的关键词往往具有总结概括功能，对快速掌控评论内容、评论归类有着重要作用，方便进一步按照不同的评论语境特点进行处理，便于开展针对性的处理工作，形成良好的评论数据处理模式。

分析舆情信息环节侧重舆情分析，是社会舆情应对的关键技术。网络评论数据信息是舆论信息中的重要部分，在评论效果监测的过程中，应注意监测其中的舆情热点问题。当前许多的舆情处理系统都可以通过自动化采集评论数据、自动聚类处理文本，从中提取主题、发现热点问题，从而及时做出舆情应对举措。

社会网络分析环节对于发现重要传播节点有着重要意义。影响网络评论效果的不仅是内容本身，不少关键的意见领袖更是评论产生传播效果的关键节点。通过使用社会网络分析技术可以梳理出评论的传播网络，准确识别意见领袖位置，明确影响力最高的用户，有针对性地提升网络评论传播效果。

情感倾向分析技术重在深入了解用户的情感态度。通过情感倾向分析技术，可以全面分析用户评价内容，了解到用户的情感态度，测量评价等级。网络评论文本情感倾向主要有两种分析方法：一是基于情感词典的方法，二是基于机器学习的方法。通过对评论关键词的分类处理，计算得到评论数据的情感倾向，明确用户的具体情感倾向特点。情感倾向性分析技术有针对性地研究和分析网络评论数据信息内容，从中提取到有价值的信息，提升效果分析的可靠性。[①]

三、网络评论效果监测和评估的重点

基于现有的评估方式和研究方法，未来网络评论效果监测和评估的重点和发展方向可以归为以下几条建议。

第一，提升不同评估方式间的平衡性。随着效果评估从原先的粗放型模式转为精细型模式，一些较为宽泛的数据体系已经不能发挥其对于效果评估的作用。网络评论效果监测和评估应当既注重传播的规模，又注重评论内容的质量，推动效果评估结果接近效果事实本身。看一条评论的传播效果不能只关注其点赞、转发、阅读量等外在量化指标，还应当关注传播的质量、传播范围、效果产生的实际影响方式等深层次标准，结合数据处理分析技术，关注评论传播效果的深度影响层次。

第二，增加不同平台评估指标的融合性。一条网络评论往往不止在一个平台上发布，表达方式往往也不止一种，其产生效应往往是综合性的、融合性的。因此，网络评论评估和监测指标的构建要融合多类平台、多个渠道和多种终端特点，并且由此结合不同的评估手段综合进行测量。比如一条视频型评论，在短视频平台上的传播效果可以通过观看量、完播率、点赞数、评论数以及评论内容等指标表现出来，而在非视频专业类社交平台如微博、微信中则可以通过转发数、分享数、阅读量等指标反映，可以运用不同的数据处理模型进行内容分析。视频型评论在传统媒体平台如电视、广播等渠道的传播，则可以运用收

---

① 杨康. 大数据时代的网络评论数据处理技术应用分析［J］. 大众标准化，2020（22）：176-177.

视率、用户反馈评价等指标进行衡量。需要建立起一个综合性的评估指标体系，全面、系统地衡量评论在不同平台的传播效果。①

第三，加强评估方式的针对性。一方面，不同的传播渠道有不同的特性，其评论传播效果评估方式并不相同，例如电商平台更重视评论的有用程度，视频平台更重视流量数据等。另一方面，不同的评估主体在进行传播效果评估监测时有不同的目标，需要根据自身目标来设定评估方式和操作模式。主流媒体在效果评估监测时应当更重视整体评估，关注评论传播的品质与影响，用统一的衡量标准和维度评价其触达的用户规模、传递的价值观、提供的内容品质等维度，促进网络评论内容质量的提升。

第四，提升评估模式的精准性。网络评论的传播正在向小众化、细分化、碎片化转变，这代表着对于网络评论的效果评估也应当精准匹配评论主体的特点、锁定核心目标受众，根据不同的传播策略对细分化评论内容进行评估。因此，网络评论传播效果的评估和监测不应只关注渠道特性和主体特性，还应当回到内容中去，依据对于内容的精细化分析选择适合的评估指标和体系。

第五，重视互动指标的作用。互动是新媒体传播与传统媒体传播最大的差异和变革所在，互动代表着用户的主动性进一步增强，用户的主动参与和主动创作是新媒体网络评论的最大特色。因此，对于影响更深、更直接的互动参与指标应当在评估体系中有更多赋值，单纯地依据经典传播效果研究的指标体系进行测量，很难精准衡量出新媒体时代网络评论所带来的深层次变化。

---

① 李宇. 国际传播效果研究的理论、方法与路径 [J]. 国际传播，2022（01）：30-38.

第十五章

网络评论的未来发展

网络评论自新闻评论而来，在新的互联网时代出现了新的评论主体，形成了新的评论类型，在不同平台进行传播发展，在多个内容领域及应用领域发挥着作用，在舆论引导、知识传播、社会治理等方面都作为重要的网络内容形态深入影响着网络生态和现实社会的方方面面。

纵览网络评论的发展和现状，分专题对网络评论进行深入研究，既可以发现网络评论未来的趋势和重点，也可以辩证看待网络评论的发展，为其更好地创新技术使用、丰富表现形式、实现主体合作、加强监督引导、推动内容建设而献计献策。

第一节　技术使用：关注人工智能，加强数据分析

总体来看，互联网和新媒体技术层出不穷、不断创新，网络评论作为网络内容之一，也需要与时俱进，善用巧用各类新技术，以期更好地服务用户，实现观点阐发和舆论引导的目标。

但与此同时，也需要意识到，网络评论有着"二次评论""二次创作"的独特属性，其传播力的扩散也往往离不开分发传播的团体或平台，因此这部分技术使用的分析是以专业网络评论个人或团队为主体，来探讨专业化网络评论的生产和分发如何更好地使用新的互联网生产及传播技术。

一、生产过程注重视频化、智能化

高质量、高影响的网络评论往往是由专业的评论个人或团队主导而发，这类团队需要关注前沿技术的发展，尽可能在保障内容质量的同时，生产出更符合用户阅读习惯、便利受众信息获取的评论。

媒介技术的核心是满足人的感官需求，在图文时代人们的感官需求没有被

完全开发，但到了如今的视频时代，尤其是 5G 技术等带来的"短视频时代"，人们的视频阅读需求被广泛开发，各类内容产品都不断向短视频平台延伸发展，其中网络评论也不例外。评论视频化是网络评论发展的关键技术趋势，如果说"评论视频化在 Web 2.0 时代，还只表现于门户网站的视频评论节目以及上网的电视新闻评论节目，但进入 Web 3.0 时代，随着手机终端摄像软硬件的迅猛发展，以及微博、微信公众号、直播平台、短视频等互联网产品的及时跟进，个人'点评式'视频评论全面开花"①。

因此，针对当下的短视频时代，网络评论的生产技术中需要格外注重视频化技术的运用，各大媒体、政府机构等专业化团队更要注重对于短视频评论账号的布局，尽可能在自媒体较繁荣的短视频领域中形成属于官方声音的自己的赛道。

除了视频化生产趋势外，网络评论者们还需要注重技术的智能化趋势，例如当前已经出现了智能主持人评论这类新技术、新形态。早期机器人记者更多是对体育、财经等领域的新闻生产进行参与，还未涉及评论这类需要观点和论证等形式的内容生产。但随着智能技术的不断发展，2018 年 11 月，新华社与搜狗联合推出"AI 合成主播"，再到 2021 年新华社宣布创建了两个主播（一个是英文主播，一个是中文主播），每个主播都可以"24 小时在其官网和各种社交媒体平台上工作"，AI 技术给传统内容生产技术带来新的革命浪潮。虽然目前 AI 技术还无法形成一个能够发布网络评论的主播或账号，但是至少已经初步具备了播报评论的功能。在评论播报方面，较为典型的例子如新京报"AI 小慧"播报员，她将文字评论的形式以虚拟主持人播报的方式进行呈现，让观众从"读评论"到"看评论"（见图 15.1.1）。"AI 小慧"使用了语音合成、唇形合成、表情合成以及深度学习等技术，能快速实现多篇文字评论转为视频评论，在可视性和传播性上效果较好。目前人工智能技术不断发生并逐步运用于传媒行业，但智能程度有限，类似虚拟主持人也存在表情僵硬、部分内容与唇形不匹配等问题。但总体来看，瑕不掩瑜，网络评论内容生产的智能化发展是无法逆转的趋势，媒体从业人员也应与人工智能技术开发者、技术工程师等通力合作，共同生产出优秀的评论内容。

---

① 王世华，敖翠莲. 网络评论的技术演变与发展趋势［J］. 青年记者，2019（09）：13-14.

图 15.1.1 新京报"AI 小慧"正在播报评论

二、分发过程注重智能算法运算

新闻评论者的视角只关注评论的生产，就算其关注到了分发，也往往仅看重首发平台。通常认为，如果是像《人民日报》、新华社等主流媒体首发，社会影响力更大，但如果是一个小的媒体平台或是个人发布一则网络评论，那么影响力会较小。

但是，到了现如今，传统的这一思维需要发生极大转变。首发平台固然重要，但并不是说小平台就一定没有大平台有影响力，只要内容生产得足够优秀、紧跟热点、观点立场鲜明突出、具有启发性等，自媒体也能获得极大关注。

此外，除了首发平台后，后续网络评论的分发、传播过程，会极大地影响该则评论究竟被多少人、哪些人关注到，直接影响着网络评论的社会影响力。甚至平台的属性，也许会对网络评论发布后受众对其的情感、态度、观点等产生影响。

认识到网络评论分发过程的重要性，就必须在网络评论技术发展中，关注到分发过程的技术运用。一方面，分发过程一定要注意多平台分发，尽可能形成传播矩阵，避免单一平台式传播带来的后续乏力。在多平台分发中，目前各地的媒体融合实验室等，均在积极尝试探索多元传播等智能功能。需要注意的是，多元传播不等同于"一键群发"，不同平台的表达方式会有较大差异，需要根据平台属性进行分发传播不同内容，提高传播力。

另一方面，网络评论分发传播时一定要关注平台的算法机制，尽可能熟悉各个平台的算法推荐机制后，相应地设置标题、标签、流量支持等，以确保优质内容能被更广泛的用户所获取。举个例子，在 B 站和抖音平台上，虽然都是视频内容，但 B 站以横屏视频为主，内容时长较长，评论者可以在观看过程中进行更多观点的阐发介绍；但抖音平台以竖屏为主，且视频时长受限制更多，那么发布者就需要根据不同的分发传播平台来对同一则评论内容进行剪辑调整后再行发布，以避免低效发布。

此外，无论是 B 站还是抖音平台，其算法推荐机制中视频所带标签对视频分发有着至关重要的作用，尤其决定其第一轮流量池的量，进而影响后续平台对其的流量支持。视频评论的话题标签，起到深入介绍事情、解释说明、呈现观点、内容扩散、方便搜索等作用。网络评论需要关注这类新型平台的传播分发逻辑，注重这类新传播技术的规则，尽可能使其内容在后续传播中能够得到平台的更多流量支持。

一些专业团队，如主流媒体或是一些大 V 账号等，也可以与各个内容平台进行合作，来获得平台更多创作者生产的优质内容的支持和扶持。在与平台合作的过程中，能够帮助评论者们更好地了解平台分发逻辑，实现智能化分发。

三、后续过程注重大数据分析

新闻评论时代，评论发出去了往往就结束了，当时判断评论对社会的影响力往往是需要结合评论内容和政治定位、民众调研等角度进行归纳总结。这也缘于当时评论内容数量并不多，媒体从业人员还可以进行一些重要评论的后续分析，为未来评论效果的提升来提供智力支持。

但到了互联网时代，网络评论海量化级别增长，评论质量良莠不齐，尽管目前仍然有中国新闻奖文字评论、中国正能量网络精品等专业化评选来突出好的具有优秀价值的评论。但是和海量网络评论相比，能纳入专业评选活动的评论数量和类型也往往有限。

因此，在这一背景下，对评论的分析环节可以考虑使用大数据分析技术，既可以使用情感分析技术来对某一事件或话题的评论情感趋势进行分析，也可使用数据舆情系统分析得到一段时间内备受关注的话题议题和核心观点。网络评论的情感分析在运用于网民评论、了解网民群众的观点态度时较多被使用，"情感分析的研究对象通常为网络用户主动发布的评论，按细粒度可分为篇章级和句子级。情感分析的研究目标是识别出文本中所包含的主观性句子，并对其情感倾向进行判断，从而挖掘出网络评论中的隐含信息"①。基于大数据的情感分析可以在面上把握整体倾向，也可为专业评论团队的后续评论观点生产提供支持。

除了情感分析外，主题聚类式、关键词聚类式数据分析技术也可运用于网络评论的后续分析和研究中。这类技术运用也能反映一段时间人们感兴趣的主题类型，或是在一个话题、现象、事件中人们较多关注的关键词内容，揭示评论者们和网民评论者们的关注焦点。因为"网络评论从本质上是一种意见信息，是个人或组织在网络媒体上就新闻事件或社会现象、社会问题发表的评价性意见"②。对这种意见的观点、主题、关键词的数据分析，能反映出社会意见信息，对于后续网评生产、舆论引导、社会治理也均会发挥极其重要的作用。尤其是针对贴吧回复、微博发言、豆瓣评论等网民评论的数据分析，可以有效实现观点挖掘模型的建立，进而为执政者们了解社会意见、民众诉求提供重要的技术支撑。这也是网络评论技术创新发展中，未来亟须重点建设的方向。

第二节　符号形式：形式多元化，表达方式更丰富

网络评论的符号形式，主要包括前文在符号分析中的文字符号、图片符号、音视频符号等符号类型。这些符号类型在不断丰富网络评论形式的过程中，评论者需要在组合运用更多符号、丰富网评表达形式的同时，保证效果的最大化。当然，内容一定是评论的灵魂，不能出现为了使用多种类型符号而刻意使用新符号的情况。

一、侧重符号组合搭配

网络评论符号形式应该服务于内容本身，在明确内容、保证观点的同时，未来网络评论的生产制作者们应当积极生产形式多元化的评论，也可以将文字、图片、视频等多种符号形式更好地组合到一起，从而产生"1+1>2"的效果。

在 2021 年中国正能量"五个一百"网络精品中，人民日报新媒体发布《百年图鉴》网络评论作品（见图 15.2.1），该作品是为了庆祝中国共产党成立 100

---

① 朱琳琳，徐健. 网络评论情感分析关键技术及应用研究 [J]. 情报理论与实践，2017，40（01）：121-126，131.

② 王振业，李舒. 新闻评论与电子媒介 [M]. 北京：中国广播电视出版社，2004.

周年。该多符号组合式网络评论以百年图鉴的方式，将漫画与文字相结合，梳理了从 1917 年至今中国共产党在中国的起源、发展和成就，"百年恰是风华正茂，百年仍需风雨兼程。这一代中国共产党人，已经接过历史的'接力棒'，阔步迈上新的征程"①。该评论也在 2021 年 9 月获得第 18 届中国动漫金龙奖"最佳绘本奖"银奖。

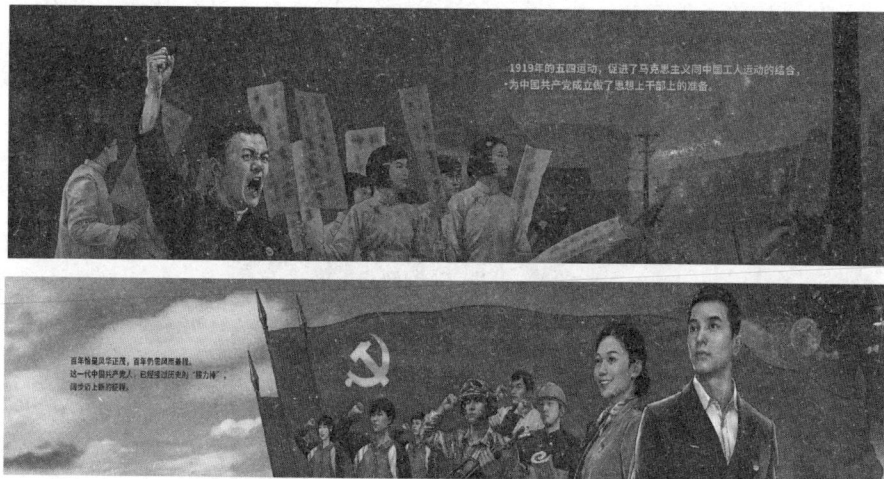

图 15.2.1 《百年图鉴》网络评论作品（节选）

像这类多种符号组合搭配形成的网络评论作品，往往需要更多专业人才的人力、精力的投入，在制作、生产上的确更为复杂。但是也需要认识到，这类多种符号组合搭配而成的网络评论在内容的震撼力和吸引力上有着极强的优势，往往会达到意想不到的传播效果，也会被网民群体所感知。因此，在这类重大事件宣传、重要思想阐释等主题中，要积极组合搭配使用网络评论的符号，生产出新媒体化的网络评论，以期达到更好的传播效果。

二、符号形式增强互动性

很多人对网络评论有一个误区，认为评论就是"我生产完了，网友就看或是听"。这样的误区其实忽视了网络评论功能的重点在于深入人心，观点不仅要入耳更要入心。

在实现网络评论观点"入心"的过程中，内容本身固然重要，符号形式也可为其助一臂之力。因此，网络评论符号形式需要加强互动性，可以使用虚拟

---

① 人民日报公众号. 百年图鉴 [EB/OL]. 2021 - 07 - 01 [2022 - 01 - 30]. https://mp.weixin.qq.com/s/j9dIIduyLuRidNI6RHPdLA.

互动或者直播等形式，来增强用户的在场感受和心理上的贴近感，从而实现受众和内容的更深互动。以央视新闻频道打造《三星堆新发现》特别直播为例，央视新闻新媒体全程并机直播，实时报道全景呈现三星堆遗址考古的最新发掘成果，在过程中也对中华文明早期历史的灿烂成就进行客观评价。央视新闻策划部还推出了《新年龙门阵丨三星堆奇谭来了!》，以夸张可爱的动画形象呈现出了三星堆中的各类文物，让人们感觉到自己可以和文物进行对话，体验感和互动感得到极大增强（见图 15.2.2）。

图 15. 2. 2 《新年龙门阵丨三星堆奇谭来了!》（节选）①

在增强互动性的过程中，可以巧妙设置一些贴近用户日常、让受众更感兴趣的形式。例如，人民日报新媒体在 2021 年最后一天，推出了《假如 2021 年会发朋友圈》这一多符号组合式评论，该评论将图片、文字、动画、视频等多种符号形式组合到一起，总结了 2021 年的多件重要事件并发表了观点和看法（见图 15.2.3）。尤其是该评论制作时模拟了人们日常的朋友圈，让 2021 年来发布朋友圈，这样新颖的形式极大地引起了人们的注意力和兴趣，也让人们觉得内容更贴近他们的生活，更贴近普通用户。

---

① 央视新闻策划部. 新年龙门阵丨三星堆奇谭来了! ［EB/OL］. 光明网，2021-02-10 ［2022-01-30］. https：//m. gmw. cn/sogou/202102/10/1302104095. html.

图 15.2.3 《假如 2021 年会发朋友圈》（节选）①

此外，H5 这一形式也被运用于网络评论创作中，相较传统文字形式，H5 在形式上更为丰富多元。但也需要注意，要避免将 H5、小游戏等新型评论符号变成文字的重新组合，某些网评 H5 其实就是把一些关键文字放到 H5 中，用户虽然要靠点击来不断推进内容，但事实上他们依旧是以看新闻评论内容的模式在看 H5，只是增加了多次点击屏幕这一步。要真正发挥出新型符号形式的作用，就需要生产者们用高沉浸、高互动式的方式来制作产品，例如可以通过选项导向不同的结果，或者让用户来进行回答等，这些设置会让受众更深入地去思考，也可以提高网络评论的互动性。

三、表达形式上注重对外传播效果

习近平总书记在主持中共中央政治局第三十次集体学习时强调，要深刻认识新形势下加强和改进国际传播工作的重要性和必要性，下大气力加强国际传播能力建设，形成同我国综合国力和国际地位相匹配的国际话语权，为我国改

---

① 人民日报公众号. 假如 2021 年会发朋友圈［EB/OL］. 2021－12－31［2022－01－30］. https：//mp. weixin. qq. com/s/uuYekXJTmbo6DFiEuocgxw.

革发展稳定营造有利外部舆论环境，为推动构建人类命运共同体作出积极贡献。① 面对国内外发展环境发生的深刻复杂变化，我国处于国际局势风起云涌的当下，中国亟须对外讲好中国故事、传递中国声音，提升对外传播能力。

网络评论更需要发挥其传递观点的作用，那么在符号形式上需要突出图片尤其是视频等传播障碍较小的符号形式。例如，在北京冬奥会举办之前，Tik Tok 平台上一个美国雪橇运动员展示运动员宿舍的智能床的短视频火爆全网，她在视频中讲道"这里不仅没有纸板床，而且北京奥组委好像在说'我们怎么可能只比东京强一点'"，并直观展示了智能床的一些功能，受到了海外受众和国内受众的广泛关注（见图15.2.4）。虽然该运动员只是分享自己的日常，但是可以看到，直观的视频内容会比文字和图文等都更高效直接地传递出中国奥运会的筹备情况，直面回应了国外的一些不实报道或是民众猜测。因此，短视频等评论符号类型更需要被对外传播者们所关注，很多时候人们更愿意相信自己眼睛看到的东西，而不是一篇文字。

图 15.2.4 "美国运动员被冬奥村的床震惊了"视频截图

而在网络评论的重要评论形式——文字评论中，也需要突出外文的传播效果，尽可能以贴近海外受众的案例和内容，吸引用户的眼球，获得受众的认可。在 2021 年中国正能量"五个一百"网络精品中，也出现了几个英文作品，如《深圳日报》英文版发布的 *UK father and son take on bias against China*（《英国父子为华发声双双成网红》），用英文介绍了一对现居深圳的英国父子李·巴雷特与奥利·巴雷特在国外网站推出了解读深圳抗疫措施的一系列视频，并先后拜访了重庆、长沙、太原、成都、西安等城市，并制作相关视频努力纠正西方对

---

① 央视网. 加强我国国际传播能力建设 习近平再作部署［EB/OL］. 2021-06-02 ［2022-01-30］. http：//www.qstheory.cn/qshyjx/2021-06/02/c_ 1127521408.htm.

中国的偏见和错误认知，通过社交媒体向世界展示真实的中国①。像这类英文评论，能打通语言隔阂，向在国内外的外国友人们更好地传递出中国声音，让他们了解真实的中国。

第三节 评论内容：多领域发力，形成传播合力

网络评论的内容始终是网络评论立足和发展的根基，只有好的内容和观点，网络评论才能在舆情复杂、观念交织的网络内容生态中，引导舆论，深入人心。评论内容的发力，既需要评论者们牢牢记住自己的使命，明确网评的核心要义；也需要在不同领域的内容建设中抓住重点，有的放矢，明确方向，突出发力。

一、主流议题评论内容：深入四全媒体建设，发挥主流评论功能

主流议题是指那些涉及国家大政方针和党的指导思想或其他影响到社会发展的重大议题。对于主流议题的报道是时代赋予主流媒体的责任与任务，习近平总书记在中共中央政治局第十二次集体学习时提出了"四全媒体"的概念，即全程媒体、全息媒体、全员媒体、全效媒体。习近平总书记指出，全媒体不断发展，出现了全程媒体、全息媒体、全员媒体、全效媒体，信息无处不在、无所不及、无人不用，导致了舆论生态、媒体格局、传播方式发生深刻变化，新闻舆论工作面临新的挑战②。新时代背景下，我国正在经历百年未有之大变局，这样的新闻舆论工作挑战将会更为严峻。主流媒体作为党的喉舌，是全党、全社会思想意识形态的风向标。因此，主流媒体在未来将会更加凸显"四全媒体"所发挥的重要作用，在网络评论的书写中体现出更多的专业性。

首先，主流评论内容的发布要"全程"，适应互联网传播的即时性、突发性、跨时空的特点，进行实时追踪，跟踪报道，在重大议题、突发性问题面前显示出更强的实效性。其次，主流评论内容的呈现要更加"全息"，运用多种新媒体技术，采取更加数据化、可视化的内容发布模式，满足不同设备、不同终端、不同人群的网络评论阅读需求。再次，主流评论内容要做到"全员"，增强

---

① Shenzhen Daily. UK father and son take on bias against China（英国父子为华发声双双成网红）[EB/OL]. 2021－05－25 [2022－01－30]. http：//szdaily. sznews. com/PC/content/202105/25/content_ 1035957. html.

② "四全" 媒体是媒体融合发展的必然趋势 [EB/OL]. 人民网，2019－04－01 [2022－01－29]. http：//theory. people. com. cn/n1/2019/0401/c40531－31005870. html.

主体之间的合作，扩充主流评论内容队伍，打破内容单一特点，使得内容能够引发广泛互动，更加深入人心。最后，主流评论内容要更为"全效"，真正做到使评论内容"有用"，满足群众对社会议题的关切，切实解决百姓遇到的问题，成为内容、互动、服务三位一体的主流内容。

二、社会话题评论内容：促进跨平台传播，谋求公共协商与共识

社会话题是指那些群众普遍关注的，影响到其生活方方面面的社会政策，如教育、房价、社会福利等有关规定；或者是社会中某些引发人们广泛情感共鸣的热点问题，如好人好事或社会某些阴暗面的曝光。

《网络评论蓝皮书：中国网络评论发展报告（2019）》（以下简称《报告》）研究发现，网络评论接触场景趋于碎片化，用户经常接触短文字、图片、短视频，而较少选择文章、长视频和音频。网络评论用户首要关注新闻，围绕新闻浏览相关评论，88%的用户认为网络评论与新闻同样值得看，甚至更值得看。用户接触网络评论最主要的动机是情感性动机，而信息性需求居于次要地位[①]。为此，社会议题的传播呈现出关注焦点化、表达情感化、传播碎片化的特征。在有关社会话题内容的网络评论中，研究者们应当关注这一"全民关注、全民表达、全民传播"的特征，媒体、意见领袖、专家、政府等各个传播主体都要探寻公共协商的可能性，通过寻找到合适的舆论发酵节点进行介入，以引导群众就社会话题产生共鸣。

与此同时，《报告》显示，用户下沉促使新兴网络评论传播渠道崛起，以拼多多、快手、趣头条等 APP 为龙头的新兴网络平台迅速占领了蓝海市场。同时，来自小城市、乡镇和农村的大量新用户涌入网络评论传播流程，形成了新的网络评论文化"圈层"形态。这就要求对涉及广大民生问题的社会话题评论，必须要采取不同的传播模式和话语模式以促进跨平台传播，使评论内容能够更加落地，从而寻求彼此更为广泛的共识，引导社会话题走向协调统一，避免产生过多分裂与敌对，促进社会的和谐稳定。

三、文艺娱乐评论内容：提高话题深度，避免盲目追逐热点

文艺娱乐类评论内容是指涉及文艺作品、文娱名人、影视明星、网络红人等内容的评论内容。2021 年 8 月，中宣部等五部门联合印发《关于加强新时代

---

① 赵曙光主编. 网络评论蓝皮书：中国网络评论发展报告（2019）［M］. 北京：社会科学文献出版社，2019：9–10.

文艺评论工作的指导意见》（以下简称《意见》），加强文艺评论阵地建设作为一项重要任务被摆在突出位置。《意见》指出，加强文艺评论阵地建设，既要巩固传统文艺评论阵地，也要用好网络新媒体评论平台①。目前，伴随着碎片化传播、算法推荐阅读的传播特征，文艺娱乐类评论内容变得越发商业化和娱乐化，挤压了公共性议题的空间，促使公众不停追逐新的热点，停留于碎片化、浅层化的认知，而非进行深度思考。同时，新媒体的赋权也使得涉及偶像与明星的议题呈现出对立和矛盾，多方意见的交锋使得社会共识的形成更为困难。而随着互联网的快速发展，网络红人、影视明星的影响力也在愈发壮大，对公众的审美观、消费观、价值观、生活方式等也起到示范效应。

为此，在未来，有关文艺娱乐类的评论内容更应当加深深度，提升质量，一方面是改善文艺娱乐评论内容的传播环境所迫，另一方面也是用户对优质内容的渴望越发强烈所需。正如习近平总书记在文艺工作座谈会上的讲话中指出，文艺批评是文艺创作的一面镜子、一剂良药，是引导创作、多出精品、提高审美、引领风尚的重要力量②。一方面需要平台方发力，加强对"热榜""热搜"上的话题内容的审核，避免内容过度娱乐化。另一方面也需要内容创作者发力，对时下文艺娱乐内容进行更为深刻的剖析，站在更加专业的视角从文艺作品内容、影视明星专业能力等角度展开深度评价，给予广大民众以正面的价值引导，使得文艺理论和评论工作"褒优贬劣，激浊扬清"。

第四节 评论引导：加强网络评论监管，促进网评法治化

新闻评论时期，对评论的引导和监管强调得不多，这是因为新闻评论自生产到发布都牢牢把握为党宣传的使命，由传统媒体在生产和发布时，流程极其明确，发布前编辑审核就比较严格。

但到了网络评论时期，多元化的评论主体和发布平台，过度商业化、娱乐化的倾向，使得一些质量很低甚至低俗、腐朽的网络评论内容也被发布在各个互联网空间角落中，较容易引发后续的舆论危机甚至是社会负面事件。因此，

① 中宣部等五部门联合印发《意见》 加强新时代文艺评论工作 [J]. 思想政治工作研究，2021（08）：20.

② 习近平总书记在文艺工作座谈会上的重要讲话公开发表 [EB/OL]. 人民网，2015-05-15 [2022-01-29]. http：//culture. people. com. cn/n/2015/1015/c87423-27699235. html.

在观点震荡、低质量网评不断涌现的环境中，更需要强调对网络评论的引导和监管，尤其需要出台相应的法律法规、强制举措和监管技术，从而提升网络评论内容质量，促进网络评论内容健康发展。

一、制定网络评论法律法规，指引网络评论法治化

自 2002 年起，国家相继出台了多部法规和制度，为解决互联网领域内的突出问题提供了管理办法，如《互联网信息服务管理办法》《互联网电子公告服务管理规定》《中华人民共和国网络安全法》等。2021 年，在立法层面上推出了《中华人民共和国网络安全法》《中华人民共和国个人信息保护法》，这两部法律的诞生表明了我国在保护网民个人数据、促进大数据信息安全方面的决心与重视。

在网络评论的监督与管理方面，国家于 2017 年推出了《互联网跟帖评论服务管理规定》，在监督管理机构、跟帖评论服务提供者、平台管理制度等方面提出了具体的规定，是一部针对网络评论较为具体的管理条例，但该规定并未规定出相应的量化处罚措施，导致威慑力不足。目前，针对相关评论可能涉及的法律问题，国家还未在法律法规层面进行具体规定，虽然网络中的谣言传播、侮辱诽谤行为可以参考刑法相关规定，但目前为止国家还未就互联网空间中的网络评论制定一部专门的法律法规。网络评论的管理涉及技术、内容、利益主体等多方面问题，为此，需要权威部门牵头组织各相关部门联合出台一部更为系统化、规范化的规章条例，并促进相关立法，以促进网络评论向法治化发展。

2022 年底，国家互联网信息办公室发布新修订的《互联网跟帖评论服务管理规定》，该规定自 2022 年 12 月 15 日起施行，其旨在加强对互联网跟帖评论服务的规范管理，维护国家安全和公共利益，保护公民、法人和其他组织的合法权益，促进互联网跟帖评论服务健康发展。这一新规的出台，进一步明确了网民发帖评论需要实名制，以及公众账号生产运营者应当对账号跟帖评论信息内容加强审核管理，及时发现跟帖评论环节违法和不良信息内容并采取必要措施①。

上述这些法律规章的出台，显示着我国在网络评论内容治理领域法律法规制度不断健全，治理模式日渐成熟。

---

① 新京报传媒研究 . 新闻信息跟帖评论先审后发！新规定 12 月 15 日起施行［EB/OL］. 2022-11-18［2022-11-27］. https：//mp.weixin.qq.com/s/2B_ G0Hx4YDwKrMMPXNLzEw.

二、监管部门加强协作，软硬兼施进行治理

作为网络内容之一的网络评论，也需要受到相关政府部门的有效治理，进而保障内容整体质量。政府作为网络评论管理的重要主体，自网络内容诞生并不断发展以来，政府专门管理机构的组织机构不断明确，已逐渐形成专门的监管部门。国务院曾在1997年成立国务院信息化工作领导小组负责协调、解决互联网的重大问题，并取得了显著成效。2000年4月，国务院新闻办公室成立网络新闻宣传管理局，将政府行政机构职能通过新建下属管理单位的模式进行细化、管理，并负责统筹协调网络新闻宣传工作①，网络评论在这一时期往往也属于网络新闻宣传工作之一，因此这一时期的网络新闻宣传管理局也是网络评论内容监督管理的主要单位。

2011年5月，国家互联网信息办公室成立。自2011年至今，中央网信办中的网络传播局、中央网信办网络社会工作局等都是针对网络评论内容进行监督管理的专职部门。

在这一时期，政府部门进行的治理手段既包括强制性的治理行动和约谈处罚等举措，也包括引导性的管理手段。强制性手段方面，治理专项行动和相关主体约谈较为常见，例如2021年，国家互联网信息办公室部署开展的"清朗"系列专项行动，从整治网上历史虚无主义、春节网络环境、算法滥用治理、打击网络水军、未成年人网络环境整治、PUSH弹窗新闻信息突出问题、规范网站账号运营、整治网上文娱及热点排行乱象、"饭圈"乱象整治九个方面展开，涉及互联网治理的方方面面，也对网络评论这一遍及各个领域的行为进行管理，有效遏制网络乱象滋生蔓延，切实为广大人民群众营造良好网络环境。

而在以引导性和鼓励性为主的软性治理手段方面，政府部门积极设置优秀网络评论内容比赛，开设网络评论培训班，引导更多评论者发布优质网络评论内容。例如，中央网信办网络传播局、中央网信办网络社会工作局、教育部思想政治工作司、共青团中央宣传部联合举办"新时代　新征程　新青年2022'好评中国'网络评论大赛"，该大赛设立的主要目标是切实推进网络评论高质量发展，大力弘扬时代主旋律、传播网络正能量，更加凝聚起团结奋进的磅礴力量。通过线上征集文字评论、视频评论、漫画评论等不同类别网络评论并从中评选出优秀作品，从而更好地引导个人和机构、平台生产高质量的网络评论

---

① 朱垚颖，张博诚. 演进与调节：互联网内容治理中的政府主体研究［J］. 人民论坛·学术前沿，2021（05）：102-107.

内容。培训班方面，中央网信办和地区网信办也都在积极地开设相关系统培训，从而提升网信队伍综合素质，其中也包括网络评论治理等相关工作能力。

在未来，需要进一步加强各部门间的协作配合，"软硬兼施"，有效治理网络评论。

三、平台提升管理意识，加强底层技术保障

传统媒体时代，体制机制审核是网络评论主要的内容审核方式，评论员及媒体编辑部在审核工作中扮演着"把关人"角色，严控网络评论的主题、内容和质量。

但在当下的新媒体时代，网络评论的发布主体和平台日渐多元，这一时期，平台方作为网络评论服务的提供者，成为治理网络评论的重要主体。相关内容平台方依靠丰富的网络内容资源获得了巨大的收益，为此平台有责任也有义务加强对参与主体的监管，对于不良网络内容进行甄别和删除，维护合理有序的网络空间，防止不良网络内容泛滥。一方面，平台可以通过设定相关规定，限定不良网络评论的范围，对于恶意辱骂、攻击、诽谤等言论加以界定，并进行事后追责，同时可以建立全行业范围内的诚信机制，在平台内发布虚假信息或违法犯罪信息的用户可以被"封杀"；另一方面，还可以采取用户内容举报制度，加强网民之间的互相监管。

在审核的手段和方式上，当前平台审核方面主要采取机器审核与人工审核相结合的方式，这在网络评论领域中也同样被广泛运用。主体在平台中创作和发布的内容首先通过机器进行负面关键词初步匹配，未命中关键词的内容视为审核通过内容，直接发送至平台。机器检测到可能存在风险的内容进入人工复审环节，涉及违法违规的"底线"内容将被进行封禁和删除处理。一些具有模糊性的内容则进入二轮人工审核环节，并根据内容可辨别难度的增加依次上递，最终确定对其的处理方式。在审核内容层次方面，一些平台也按照内容影响力进行优先级划分，重点关注大 V 账号发布的内容，普通用户发布的内容在达到一定热度之后才会进入平台审核库中①。

另外，保罗·莱文森指出技术演进的"补偿性"趋势，新技术对于旧技术具有"补偿作用"②，平台作为技术的掌握者，在网络评论的鉴别方面具有天然

---

① 朱垚颖，谢新洲，张静怡．安全与发展：网络内容审核标准体系的价值取向［J］．新闻爱好者，2021（11）：27-33.

② 陈功．保罗·莱文森的媒介演进线路图谱［J］．当代传播，2012（02）：27-29，38.

优势。网络评论的发展随着网络技术、移动通信技术等多种技术的演进而呈现出新的态势，如今新技术"区块链"，因其去中心化、可溯源的特质可以在网络评论溯源、追踪背后主体等方面发挥作用。在未来，平台方也可以采取"机器+人工"的协作模式，机器利用技术锁定违规内容，人工对其再次审核，加强网络评论内容的风险防控能力。

四、意见领袖秉持责任铁律，网民提升新媒体素养

在互联网场域中，广大网民既是网络评论信息的接收者，也是网络评论内容的发布者，若缺少网民对网络互动的积极参与，网络空间中将不再充满丰富多元的评论内容，但互联网空间中的氛围也在一定程度上取决于网民整体素质的高低。为此，需要网民有意识地进行自我管理与自我约束。正如一句网络流行语所言：当雪崩出现时，没有一片雪花是无辜的。网民的力量可以促进舆论监督，发挥社会民主的作用；但披上"键盘侠"的外衣，也可能使得整个网络空间乌烟瘴气。正确用好手中键盘，不盲目追求热点，理性发声，提高新媒体素养与自我管理，是新时代每一个网民的自我要求。

1960 年，戴维斯提出责任铁律，认为企业应当承担与其所享有的社会地位和社会权利相一致的社会责任①，该定律对于互联网空间中的意见领袖同样适用。意见领袖作为网络评论传播的关键节点，其对于某一社会热点事件的评论可能会影响到网民的意见走向。同时，新媒体时代下的意见领袖依靠其社会地位、内容深度拥有了大量粉丝，在流量经济时代下获得了大量收益，并在粉丝的拥簇下被赋予了更多的权利。为此，意见领袖更应当增强社会责任感，正确引导网络评论发展，成为网民追随的正能量"风向标"。

---

① Davis K. Can business afford to ignore social responsibilities ［J］. California Management Review, 1960（2）：70-76.

后 记

网络评论是互联网媒介生态之下的一种全新的信息产品与信息形态，是互联网对社会、政治、文化全面渗透和影响的重要体现。伴随着互联网媒介技术形态的升级，网络评论呈现出与传统评论不同的特点，它不仅是一种新兴的评论形态，更是一种新出现的网络内容形态，对社会舆论、网络内容建设、网络空间生态、社会治理、知识传播等领域有着深远的影响。对网络评论进行研究和思考，不仅仅是对新闻领域中评论发展的延伸思考，也是对30年中国互联网发展历程中重要研究对象的关注。

自2017年以来，我们始终高度关注网络评论的演变和发展，以期通过理论梳理和案例分析，对网络评论进行系统性、科学性、全面性的研究，既能厘清学术讨论中网络评论的概念界定、历史演变、主体角色等关键问题，也能从实践层面更好地指导网络评论的生产和传播。

本书一共分为十五章，第一章至第三章从学理层面介绍了网络评论的发展历程、网络评论在网络内容建设中的特殊地位、网络评论的特殊性，第四章至第八章分别从主体、应用领域、内容风格、传播平台、呈现形式五个方面详细介绍了当下网络评论的现状，第九章至第十二章深入介绍了网络评论与舆论引导、社会治理、知识传播的关系及自媒体这一特殊形式，最后三章则探讨了网络评论的人才培养、研究方法、未来发展，探索网络评论的发展重点。本书为国家社会科学基金重大项目"中国特色网络内容治理体系及监管模式研究"（项目编号：18ZDA317）的阶段性成果。

本书由谢新洲、朱垚颖撰写，参与资料和案例收集的有博士研究生宋琢、林彦君，硕士研究生张潇鹤、韩潇涵、沈漪澜、林沛彤、梅元龙、严开，参与审稿工作的有耿瑞林老师。在书稿形成初稿后，2022年4月22日，清华大学新闻与传播学院金兼斌老师、中国人民大学新闻学院周勇老师、中国社会科学院大学新闻传播学院漆亚林老师、中国政法大学光明新闻传播学院姚泽金老师，以及人民日报社原副总编辑张首映，中国网络空间研究院党委副书记宣兴章，光明网总裁、总编辑杨谷，人民日报出版社社长刘华新参加了本书稿的专家审稿会。各位老师在阅读书稿后从学界和业界角度给出了宝贵的建议，为书稿的后续修改和完善指明了方向。在此一并对上述老师和同学表示衷心的感谢！

此外，本书为了做到学术性和实践性相结合，在第二章、第三章、第五章、第六章等章节中给出大量的网络评论文章，引用了一线从业人员写作的优秀评论内容，在此也向各位媒体从业人员和评论员们表示感谢！网络评论的繁荣发展离不开相关从业者们在前行过程中被苦蒙荆、摸索尝试，对网络评论的研究更离不开实践和应用层面的总结和思考。

以历史为鉴，以未来为任。网络评论自评论而来，未来将持续影响网络内容领域。期待本书能对关心和关注网络评论的学者、研究者、传媒学生、媒体人士等有所启发，也期待网络评论发展日益繁荣，助力社会发展。网络评论在促进网络生态更好、主旋律更响亮、正能量更充沛方面，任重道远，大有可为。